합기·발경의 비밀을 푼다.
발경의 과학

吉丸慶雪 著
강태정 譯

서림문화사

머리말

    이 책은 ≪합기도의 과학≫에 이어서 주로 발경(發勁)이란 무엇인가를 해명하고 있다. ≪합기도의 과학≫의 테마는 「합기(合氣)란 무엇인가?」 하는 것과, 그 합기도 기술을 사용할 경우 힘의 운용(運用)은 「전달력」에 의해서 이루어진다는 것이었다. 그리고 이 전달력이 중국 권법에서 말하는 「경력」이며, 합기도에서 말하는 「기의 힘·호흡력」 또는 일본 씨름에서 말하는 「씨름의 힘」이라고 설명했다.
    원래 인간이 팔(상반신)에 의해서 물체에 힘을 주는 방식은, 힘에 의한 경우나 경력에 의한 경우의 두 가지 종류밖에 없다. 기예(技藝)란 초보자는 무엇을 하든 힘으로만 그것을 행한지만 조금 진보하게 되면 기술적으로 유효한 「힘」을 사용할 수 있도록 발전해 가는 것이다. 그리고 인간이 사용하는 「힘」은 체기(體技)인 한 역기나 합기도나 중국 권법이나 모두 똑같다. 즉 무술이나, 스포츠나, 무용이나, 어떤 노동 작업이나 팔(상반신)을 사용하는 모든 기예는 경력에 의해 운용되는 것이 이상적이란 것이다. 이 책에서는 바로 그런 시점에서 중국 권법에서 말하는「발경」을 해명했다. 그 결과 발경이나 합기는 동일한 힘의 원리에 이루어진다는 것을 밝히고자 한다.

　작년 말 일본에 온 17세 진발과(陳發科) 선생의 관문(關門) 제자인 풍지강(馮志強) 선생과 대담할 기회를 얻어, 여기서도「발경(發勁)과 합기(合氣)」가 동일한 원리에 의한다는 것, 합기 기술의 원리와 진식(陳式) 태극권 추수(推手)의 원리가 거의 같다는 것을 알게 되었다. 그것은 이 책의 이론을 뒷받침하는 것으로서 귀중한 수확이었다. 또 그의 교시를 참고로 하여 원고의 일부를 손질할 수 있었음을 다시 한 번 감사하는 바이다.

1993. 봄.

차례

머리말 ·· 2

제1장 사출 기법(射出技法) ································ 9
1-1 사출(射出) ·· 10
1-2 사출력(射出力) ·· 17
1-3 왼쪽의 벽 ·· 22
1-4 왼쪽의 벽과 축적(蓄積) ··· 29
1-5 축경(蓄勁) ·· 31

제2장 신장(伸張) 기법 ································ 39
2-1 팔 신장력 ··· 40
2-2 팔의 신장력과 자세 ·· 45
2-3 공동력(共同力) ··· 53
2-4 신장력 저해 ··· 59
2-5 근력(筋力) 트레이닝과 신장력 ································ 61
2-6 굴근 사용에서 신근 기술로 ··································· 65

제3장　합속(合速) 기법 …… 71
3-1　기세 …… 72
3-2　주동력(主動力) …… 76
3-3　원전(圓轉) 합속법 …… 79
3-4　사출 합속법 ①—순정지법(順停止法) …… 85
3-5　사출 합속법 ②—역정지법(逆停止法) …… 92
3-6　경력(勁力) 합력법 …… 96

제4장　투철(透徹) 기법 …… 105
4-1　반발력(反發力) …… 106
4-2　악장력(握張力) …… 110
4-3　투철(透徹) …… 119
4-4　손목 투철력 …… 123
4-5　투철 기법(技法) …… 131

제5장　탈력(脫力) 기법 …… 137
5-1　유효한 힘 …… 138
5-2　탈력 신장 …… 142
5-3　팔과 다리의 힘 …… 146
5-4　인간 특유의 운동 …… 151

제6장　경력(勁力) 기법 …… 161
6-1　경력의 개요 …… 162
6-2　왜 경력인가? …… 164

6－3　경력을 인식한다 ················· 169
6－4　각부(脚部) 신장력 ················· 180
6－5　개경(開勁)과 합경(合勁) ················· 183
6－6　전사경(纏絲勁) ················· 192

제7장　합기(合氣), 발경(發勁) 기법 ················· 205

7－1　힘의 집중력 ················· 206
7－2　발경(發勁)은 통합 기술 ················· 209
7－3　용의 연기법(用意練技法) ················· 212
7－4　호흡법의 비밀 ················· 216
7－5　일본 무술의 발경 ················· 220
7－6　합기술과 발경 ················· 225
7－7　추수(推手)와 합기 기법 ················· 228
7－8　합기의 연체(練體)와 참다운 쿵후 ················· 231
7－9　참다운 파워 원리 ················· 234

제8장　숙달론 ① － 체를 만들어낸다 ················· 245

8－1　체(體)와 용(用) ················· 246
8－2　일본의 긴축체 문화 ················· 248
8－3　긴축체와 언어 ················· 258
8－4　신장체 일본인가? ················· 264
8－5　신장체를 만든다 ················· 268
8－6　몸과 다루기의「체(體)」················· 273

8－7　연체를 생각한다 ·················· 277
8－8　투철체 문화 ··················· 284
8－9　개(開)와 합(合) ················· 288

제9장　숙달론 ② – 기술을 만들어낸다 ········ 291
9－1　스포츠 숙달 ··················· 292
9－2　형이란 무엇인가? ················ 294
9－3　현대 무도와 형 ················· 297
9－4　형의 본질 ···················· 302
9－5　용의 연기법(用意練技法) ② ··········· 305
9－6　사용과 학습 ··················· 311
9－7　기술의 절차 ··················· 318

제10장　숙달론 ③ – 기교를 만들어낸다 ········ 325
10－1　재주와 서투름 ················· 326
10－2　용의 불용력 ·················· 329
10－3　피드백 제어계(制御系) ············· 331
10－4　용의 연체법 ·················· 337
10－5　트레이닝법 정리 ················ 340

제11장　연체(錬體)의 실천 –
　　　　소림 내경 일지선(一指禪) ········· 343

제1장
사출 기법
(射出技法)

I-I 사출(射出)

물체를 격렬한 기세로 사출하는 방법이 있다.

고대에 발명된 그것은 활(보우:bow)일 것이다. 그리고 그 원형은 인류가 아직 동굴에서 살고 있었던 석기 시대일 것이다. 가장 오랜 활은 나무 막대기에 동물의 건(腱)을 친 것 뿐인 간단한 것이었다. 처음에는 사냥하는 도구로서 사용되었지만 그것이 곧 병기로서 고모로 발달하게 되었다. 중세 잉글랜드의 롱보우는 200m의 거리에서 두께 2.5cm의 떡갈나무 목재를 관철했다고 한다.

활은 그 구조상 단일 재료로 만들어진 「단궁(單弓)」과 단궁을 배접한 「강화궁(強化弓)」, 몇 종류인가의 재료를 합친 「복합궁(複合弓:合成弓)」의 세 가지로 크게 나눌 수 있다.

활은 기원전의 유럽이나 중국의 군대에서 보병, 전차병(戰車兵), 기병(騎兵)의 모든 군대에 사용되고 있었는데, 중국에서는 춘추(春秋) 전국 시대에 이르러 쇠뇌(弩)가 발명되었다. 쇠뇌는 보다 멀리 활을 날리고 살상 능력이 강력한 사격 병기로서 보병이 장비하였는데, 쉽게 진로를 바꾸지 못하는 전차에는 큰 위협이 되었다. 쇠뇌의 구조는 활의 부분과 그것에 직각으로 장치된 손으로 받치는 나무 제품의 태(台) 부분으로 이루어지고,

제1장 사출 기법 11

그림 1-1

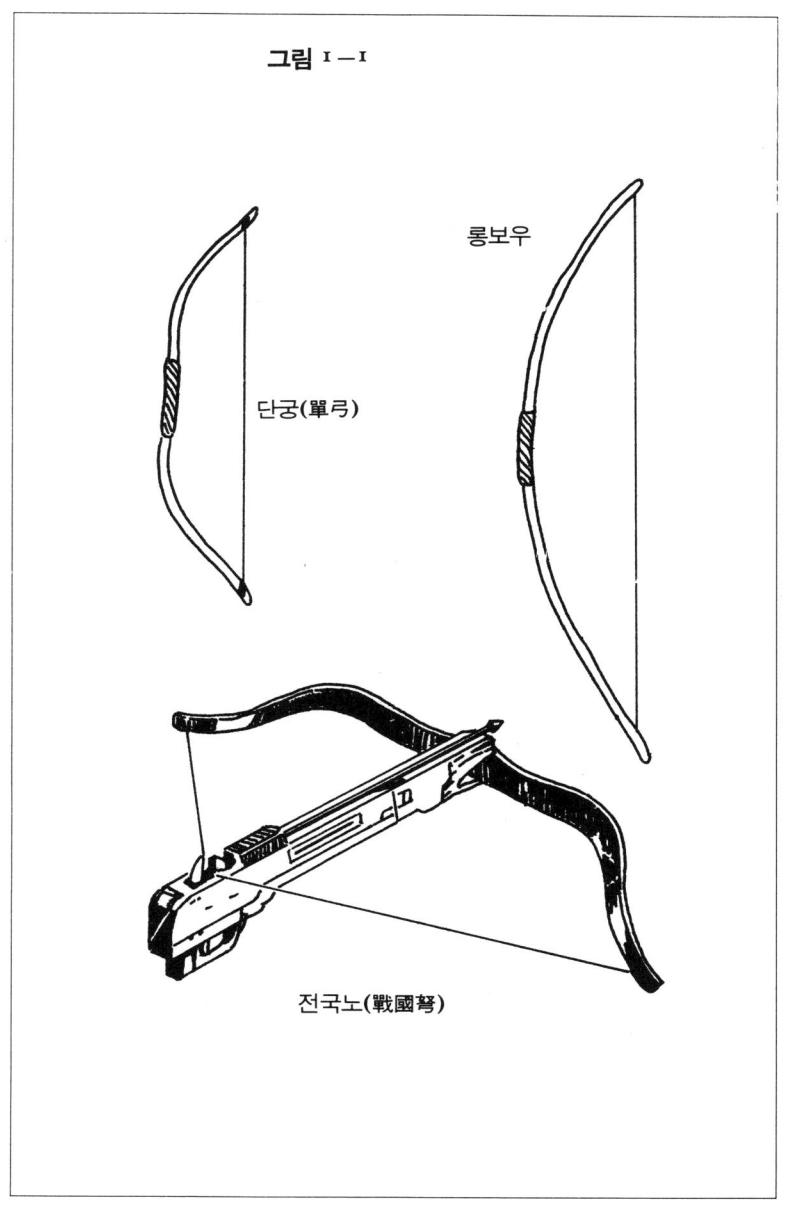

사격하는 방아쇠나 조준기(照準機) 등의 기계 구조가 장치되어 있다. 이것은 그 때까지의 활과 달리 오랜 세월의 훈련을 필요로 하지 않고 초보자라도 취급할 수 있다는 잇점이 있었다.

이 쇠뇌는 중세에 이르러 유럽에서도 크로스 보우로서 널리 보급되었다. 가벼운 것은 사냥용으로서 사용되고, 대형(大型)의 것은 성(城)의 공방용으로 많이 쓰였다. 그 대형의 것은 10개의 활을 동시에 발사하고, 최대 사정(射程)거리는 1km나 되었다고 한다.

크로스 보우의 활은 처음에 나무나 고래 수염으로 만들어졌는데, 15세기에는 모두 철로 만들어지게 되었다.

기원전 그리스 시대의 공성전(攻城戰)에는 이미 돌이나 활을 날리는 공성(攻城) 기계인 카타펄트가 등장하고 있다. 카타펄트는 활이나 쇠뇌에 화살을 끼우고 대좌(台座)를 움직이며, 대좌가 스토퍼에서 정지하여 돌 같은 것을 발사하는 것이다.

현대에서도 항공 모함에서 발진하는 함재기(艦載機)나 잠수함에서 발사되는 어뢰는 카타펄트에 의해 사출(射出)된다. 카타펄트의 동력이 근대적인 에너지로 바뀌었음은 말할 것도 없다.

이처럼 활이나 쇠뇌, 혹은 카타펄트 등은 목재의 휘어짐에 따른 탄성(彈性) 에너지에 의해 돌이나 활을 사출한다. 이밖에 「지렛대」를 이용해서 돌이나 철구(鐵球) 등을 사출하는 「포(砲)」가 있다. 이것에 사용되는 동력은 주로 저울추의 위치 에너지이다.

이런 포(投石機)는 중국에서 6세기의 당나라 때부터 자주 쓰이게 되었다. 기원전에 원나라 군대가 사용한 회회포(回回砲)는 이제까지 인력(人力)으로 밧줄을 당겨서 발사했던 것을 개량하

제1장 사출 기법 13

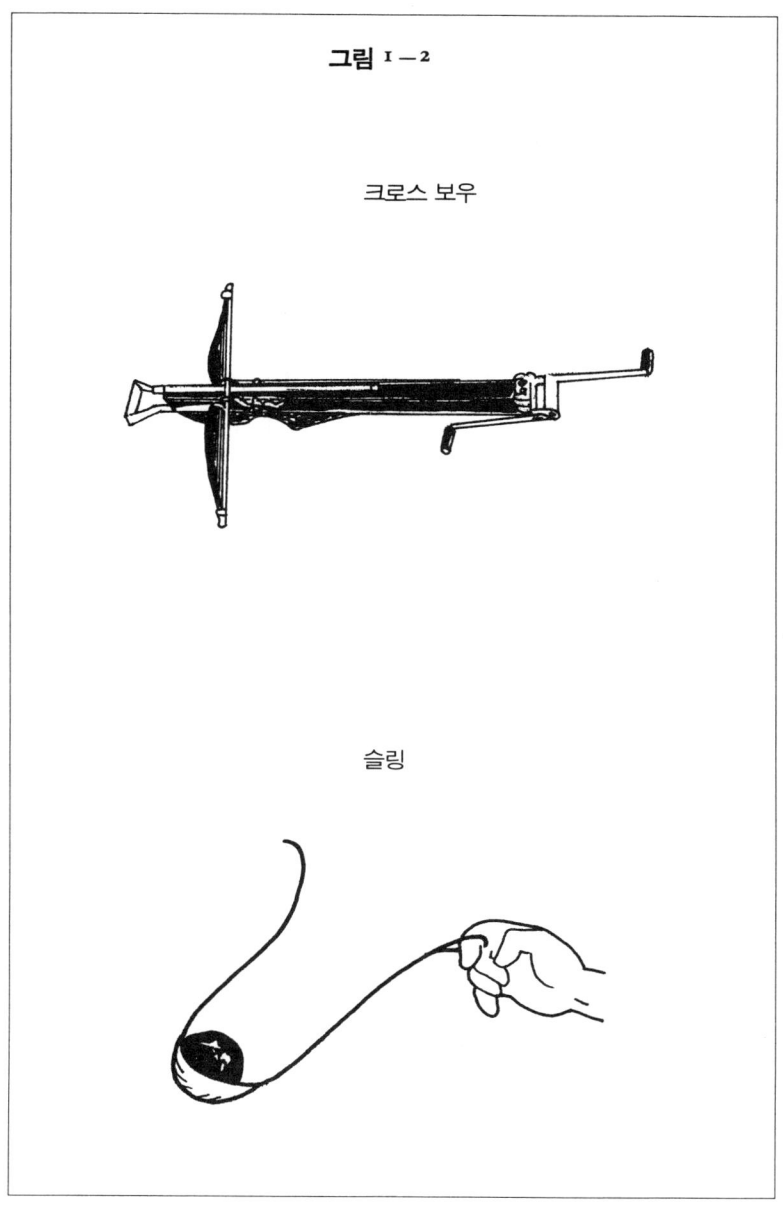

그림 1-2

크로스 보우

슬링

여 저울추를 사용해서 약 90kg이나 되는 석탄(石彈)을 발사할 수 있게 되었다.

활과 같은 정도로 오래되었다고 생각되는 용구에 「슬링」이 있다. 슬링은 간단한 돌 던지는 기구로 가느다란 가죽 끈의 중앙에 컵 모양의 주걱턱 입매가 있다. 이 부분에 돌을 넣은 뒤 끈의 양끝을 한 손으로 잡고 머리 위에서 휘둘러서 기세가 붙었을 때 한쪽 끝을 놓으면 원심력에 의해 돌이 날아간다. 그 역사는 꽤 오래되어 B.C 3,000년의 수메르에 이미 슬링거라는 투척병(投擲兵)이 존재했다. 슬링은 고대의 군대가 상비했던 병기의 하나였다고 한다.

이처럼 고대에서부터
   ① 나무나 철의 휘어짐에 의한 탄성 에너지
   ② 원심력
   ③ 무게 중심과 지렛대

등을 이용해서 물체를 사출해 온 것인데, 그것은 어떤 원리에 의한 것인가?

그것은 물리학의 대원리인 광의(光義)의
에너지 보존의 법칙
에 의한 것이다.

이것을 활에서 본다면 화살을 끼우고 활을 힘껏 당기면 활의 휘어짐에 따라 탄성 에너지가 축적된다. 그리하여 활이 활시위를 떠나면 활시위는 탄성에 의해 급속히 원형으로 복귀한 뒤 정지한다. 그리고 이 에너지는 활에 이전되어 활의 운동 에너지가 된다. 에너지 보존의 법칙에 의하면 휘어진 활의 탄성 에너지와

활의 운동 에너지는 똑같기 때문에 질량이 작은 활은 대단한 속도로 날아가게 된다. 즉

활의 탄성 에너지 = 활의 운동 에너지

인 것이다.

지렛대의 원리를 이용한 투석기(投石機)도 마찬가지로, 예컨대 원나라 군대가 사용한 90kg이나 되는 석탄(石彈)을 사출할 수 있었던 회회포(밑의 그림 참조)를 생각해 보면 지상에서 높이(h)에 있는 질량(M)의 저울추는

$$\text{위치 에너지} = Mgh$$

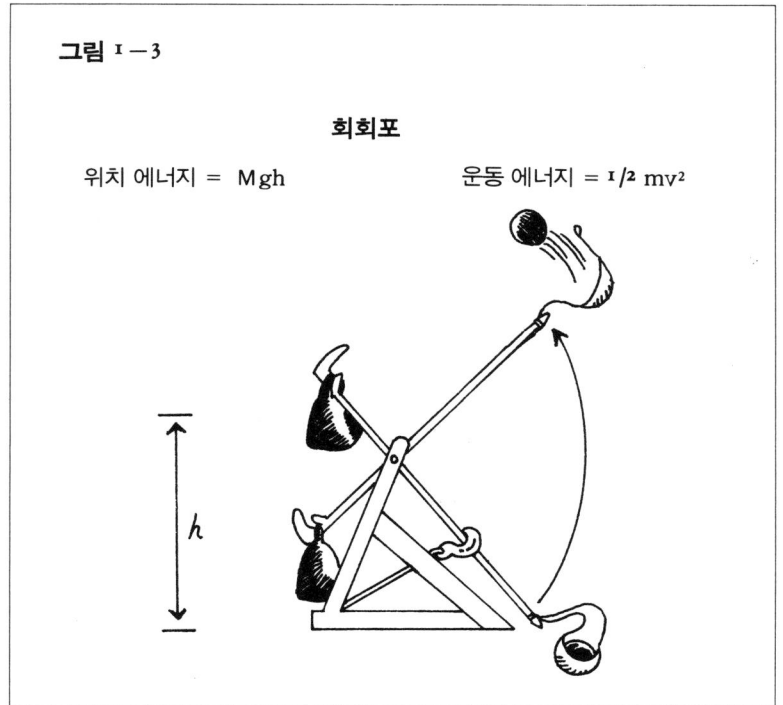

그림 1-3

회회포

위치 에너지 = Mgh 운동 에너지 = $1/2\, mv^2$

를 지니고 있다. 여기서 g는 중력(重力)의 가속도이다.

　지금 걸쇠를 풀고 이 저울추를 낙하시켜 지렛대의 한쪽 끝에 떨어뜨리면 지렛대는 지점(支点)을 중심으로서 회전하고 지상에 이르러 운동을 정지한다. 그 때 지렛대의 다른쪽 끝에 붙여진 질량 m의 포환은 사출하게 된다. 이 때 포환이 갖는

$$운동\ 에너지 = 1/2\ mv^2$$

는 에너지 보존의 법칙에 의해 저울추가 갖는 위치 에너지와 같다. 단 m은 포환의 질량, v는 포환의 속도이다.

　즉 여기에서 저울추가 낙하하여 지렛대가 정지한 순간에 저울추의 위치 에너지는 포환의 운동 에너지로 변환(變換)되는 것이다. 즉

$$Mgh = 1/2\ mv^2$$

가 된다.

　슬링의 경우도 마찬가지로 휘두르던 팔의 운동을 정지함으로써 돌은 회전에 의한 원심력의 에너지와 같은 양의 운동 에너지를 보유하고 날아가는 것이다.

　그런데 왜 이와 같은 이야기를 장황하게 늘어놓고 있는가? 요컨대 이 운동의 치환(置換), 사출한 물체에 운동량을 주는 수단, 활의 탄성 에너지를 활의 운동 에너지를 변환(變換)하는 방법이 무엇인가를 알고 싶은 것이다. 그것은 당연한 일이지만

본체 운동의 급정지

에 있다.

I-2 사출력(射出力)

앞에서는 인류가 고대부터 사용해 왔던 물체를 사출하는 도구에 대해서 말했다.

이와 같이 물체가 사출되는 케이스는 수많이 볼 수 있다. 예컨대 차가 충돌하여 조수석에 타고 있었던 사람이 차의 정면 유리

그림 I-4 자동차 사고

를 깨고 앞으로 내던져지는 일 따위는 주변에서 자주 듣게 된다. 얼마 전에도 조수석의 엄마 품에 안겨 있던 어린아이가 급정거하는 바람에 차 밖으로 튕겨나가 뒤따르는 차에 변을 당한 가슴 아픈 사고가 보도되었는데, 그럴 정도는 아니더라도 급정거로 큰 상처를 입는 경우는 흔하게 일어난다. 그것이 바로 안전 벨트의 착용이 법제화되는 까닭이다.

또 전철이나 버스를 타고 가다가 사고로 급정거하게 되면 진행 방향으로 넘어져서 큰 상처를 입기도 하고, 또는 추돌 사고를 당하기도 하는 일은 일상적으로 생긴다.

여기서 운동량 보존의 법칙을 생각해 보기로 하자.

외부의 힘이 작용하지 않는 한 물체계 전체의
운동량은 변하지 않는다.

이것은 물리학의 대원리인 광의(廣義)의 에너지 보존의 법칙을 역학적 운동으로 한정한 법칙이다.

이 법칙에 의해 물체가 직선상에서 분렬하는 경우를 살펴보기로 하자.

지금 V속도에서. 직선 운동을 하고 있는 질량 M의 물체 A가 분렬하여, 질량$(M-m)$에서 속도 V'의 파편 B와 질량 m에서 속도 v'의 파편 C로 분렬했다면 운동량 보존의 법칙에 의해

$$Mv=(M-m)V'+mv$$

이다.

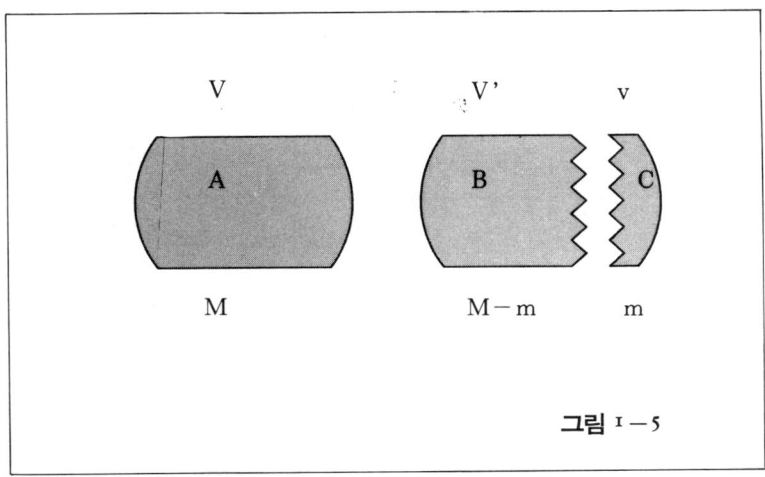

그림 1-5

여기에서 차가 충돌하여 급정거하고 조수석에 앉았던 사람이 앞유리를 깨고 밖으로 튕겨나갔을 경우를 생각해 보자. 지금 차와 사람의 합계 질량을 M, 사람의 질량을 m으로 하고, 차가 속도 V로 달렸다고 하자. 그러다가 차가 충돌하여 정지하고 사람이 차에서 튀어나왔다고 하면 운동량 보존의 법칙에 의해 앞에서와 같은 식이 성립한다.

그러나 차는 급정거하여 속도 V'는 제로이기 때문에

$$MV = mv$$

가 된다. 이 때 차의 질량 M에 대해 사람의 질량 m은 너무나도 적으므로 인간은 믿을 수 없을 정도로 튀어나가게 되는 것이다.

$$v = MV/m$$

이것으로 알 수 있는 것은 차가

충돌로 급정거하여 속도가 제로가 되는 것이
사람이 심하게 사출되는 조건이 된다는 것이다.

 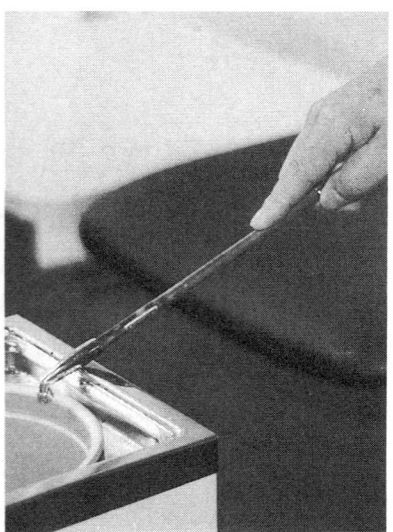

　이와같은 원리가 작용하는 사례는 일상 생활에서 항상 볼 수 있다.
　예컨대 담뱃대의 예가 있다. 현재는 별로 쓰이지 않지만 예전에는 담뱃대로 담배를 피운 뒤 재떨이에 담뱃대를 똑똑 두드려서 담뱃재를 털어냈다. 이것도 담뱃대를
급정지
시킴으로써 담뱃재가 튀어나오는 것이다.
　대패의 예도 있다. 대패날을 조절하는데, 날을 두드려서 너무 많이 들어갔을 경우 쇠망치로 대(台) 끝을 똑똑 두드리면 날이 다시 튀어 나온다. 이 역시도 대를 두들겨서
급정지시켜
날을 사출시킨다.

또 체온계의 수운주를 내리게 하기 위해 체온계를
흔들어서 멈추고
또 스푼에 담은 음식물의 나머지를 흔들어서 떨어뜨리고, 혹은 젖은 손을 흔들어(멈추기) 물기를 없애는 등등의 행동은 일상적으로 행하여지고 있는 동작이다.

이처럼 어떤 물체를 사출하자면 그 물체를 내포한
본체의 운동을 급정지
시키면 되는 것이다.

이 본체가 급정지했을 때 사출되는 물체에 작용하는 힘을
사출력
으로 부르기로 한다.

즉 본체 운동의 힘, 신체 운동에서는 전진력이거나 허리를 비튼 힘이거나, 혹은 원심력이기도 하다. 그것들은 본체 운동이 급정지하여 소물체(小物體), 예컨대 주먹이 사출되었을 때 주먹의 사출력으로 바뀌는 것이다.

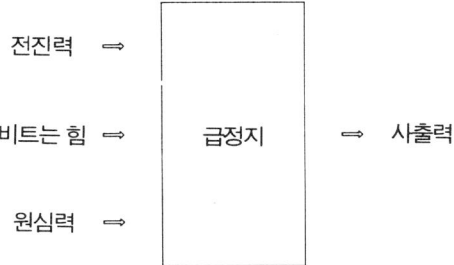

I—3 왼쪽의 벽

이 급정지에 의한 사출력을 무도에서는 기술의 위력을 높이기 위해 옛날부터 사용해 왔다. 중국 권법에서는 이것을 발경(發勁)을 구성하는 기술의 일부로서 인식했는데, 일본 무도에서는 기술로서 분명하게 인식하고 있지 않은 것 같다. 왜냐 하면 그런 명칭, 예건대 「발경」 같은 명명(命名)이 없기 때문이다. 요컨대 기술이라는 것은 명명되고 논리화되고서야 비로소 기술이라고 할 수 있는 것이다.

단 기술로서 인식하건 하지 않건 간에 모든 체술(體術)에 능숙하다고 하는 사람들은 그런 요령을 터득했다고 말할 수 있다.

현대 스포츠에서도 강타(強打)·장타(長打)를 요구받는 스포츠에서 잘 한다는 말을 듣는 선수는 자연히 그것을 터득하고 있는 것이다. 그러나 감성적인 터득에 그쳐 기술로서 논리화되지 않고 명확히 인식되어 있지 않다면 일단 슬럼프에 빠졌을 경우 갈피를 잡지 못하게 되고 그것을 남에게 전할 수도 없게 된다.

골프의 타격이나 야구의 타격이나 권법(拳法)의 타격에서도 마찬가지이다.

①뒷다리에서 앞다리로 체중을 이동하고(체중의 이동)
②허리를 틀어서(허리의 비틀기)

제1장 사출 기법   23

그림 1-6 골프 「왼쪽의 벽」

골프 「왼쪽의 벽」

몸의 왼쪽에 벽을 이미지하고 거기서 체중의 이동을 급정지시키면 클럽이 사출된다.

그림 1-7   추돌 「앞면의 벽」

공수도(空手道)에도 「정면의 벽」이 있다.

공수도의 추돌에서도 몸의 정면에 벽을 이미지하고, 거기서 급정지하면 주먹이 사출된다.

가격한다. 이 때의 요령으로서 골프에서는

왼쪽의 벽

이라는 것을 가르치고 있다. 우선 자기 몸 왼쪽에 벽이 있다는 가정하에, 체중의 이동을 그 벽에 충돌시켜 급정지하는 것이다. 그렇게 하면 차가 충돌하여 급정지하고 사람이 튀어나온 것처럼,

몸의 급정지에 의해

클럽 또는 배트가 심하게 휘둘려지는 것이다. 즉,
「사출력을 사용하기 위해서는 급정지를 하지 않으면 안되므로」
그 때문에 골프에서는 몸의 왼편에 「왼쪽의 벽」이 있다고 이미지하여 거기서 급정지하는 것이다. 이것은 골프 이외의 어떤 스포츠의 타격법이라도 모두 똑같다. 예컨대 공수도의 「추돌」에 대해서 생각해 보자.

「추돌」은 전진하여 뛰어든 발과 같은 쪽의 주먹을 내미는 방법으로, 전진력을 이용하여 찌르기의 위력을 높이고자 하는 것이다. 골프의 「왼쪽의 벽」처럼 「정면의 벽」을 상정해 보면, 정면을 향해 직진하고, 그 벽에 충돌하여 급정지한 순간에 주먹을 사출하면, 전진력은 주먹의 사출력으로 치환(置換)되어 유효하게 사용할 수 있게 된다. 몸 전체의 질량에 대해 주먹의 질량은 적으므로 주먹이 사출되는 속도는 매우 커지게 된다.

필자도 초보자일 때는 전진하면서 내미는 것인지, 혹은 전진하여 멈춘 뒤에 내미는지가 의문이었다. 시합에서는 멈춘 뒤에 찌르는 것은 이미 늦기 때문에 거의 모든 사람이 「전진하면서 내밀게」된다. 그리고 이런 경우 발의 뛰어들기와 가격이 동시에 끝나는 것이 보통이다. 왜냐 하면 인간(초보자)의 신체 동작은,

힘의 구분 감각을 의지해서

조작되기 때문이다.

　언젠가 필자는 어떤 구립(區立) 체육관의 검도장에서 한 지도자가 「기검체(氣劍體)의 일치」라는 것에 대해 설명하고 있는 것을 옆에서 들은 적이 있다. 그 이야기는 요컨대 장단 소리와 치기(가격)와 뛰어들기가 일치하는 것이

기검체의 일치

라는 것이었다.

　즉 검도에서는 기세좋게 뛰어들고서 다음 순간 가격하는 것이 보통인데, 그렇게 하지 않고 뛰어들기와 가격을 일치시키는 것이라고 가르치고 있었던 모양이다. 하지만 과연 그런 것일까?

　여기서 이 양자의 기술적인 위력에 대해서 생각해 보기로 하자. 우선,

발을 내딛고서 가격

할 경우 이것은,

멈추고서 찌르는 것과 같은 위력

일 것이다. 왜냐하면 그렇게 해서는 전진력이 전혀 이용되지 않기 때문이다. 다만 접근해서 가격했다는 것에 그치는 것이다.

　그러면 발의 내딛기와 가격이 일치할 경우에는 어떨까?

　이것은 멈추고서 찌르거나 혹은 뛰어들고서 가격하는 것과 같든지, 또는 약한 찌르기밖에 할 수 없을 것이다. 왜냐하면 이동하면서 하는 동작이기 때문에 그 자리에서의 찌르기에 비해 안정감이 없기 때문이다. 그러나 이것은,

위력은 어떻든 동작은 빠르므로

거의 모든 사람들이 이런 기술을 쓰고 있는 것 같다.

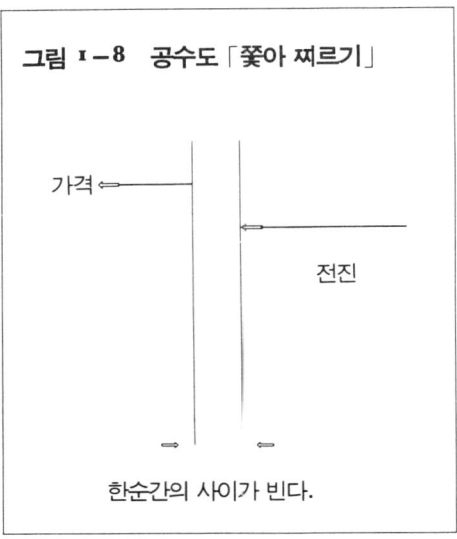

①뛰어들고서(한순간의 사이가 있다) 가격한다. 그 자리에서 찌르는 것과 같은 위력이다.

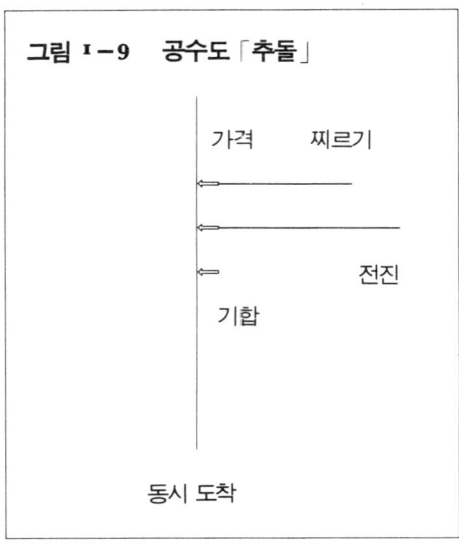

② 뛰어들기와 가격이 일치하는 것은 위력이 약하다.

검도에서 「기(氣)·검(劍)·체(體)의 일치」를 기합(발성)과 가격과 뛰어 들기가 일치한다는 데는 의문이 있다.

제1장 사출 기법   27

그림 I-10 전일본 검도 선수권에서

이것이 「멋진 공격」인 것일까?

　동작이 빠르다는 점에서 보면 다음과 같은 기록이 생각이 난다. 그것은 어떠한 해의 전일본 검도 선수권 기사에서 앞발이 아직 마룻바닥에 닿지 않았는데도 몸을 뻗어서 죽도로 상대의 면을 맞히고 있는 결승전의 사진을 해설하여 「멋진 가격이다. 과연 우승자」라고 절찬하고 있었다. 그러나 이것으로는 전혀 가격의 위력이 없다. 위력은 생각하지 않아도 되는 스피드만의 죽도 경기인가? 골프에서는 이런 기술은 도저히 쓸 수가 없다.
　이처럼 이러한 방법은 뛰어들면서 하는 찌르기나 가격이면서도 결국 뛰어들기의 힘을 유효하게 쓸 수가 없다.

그럼 공수에 능숙한 사람은 어떤 식으로 찌르고 있는가? 몸의 전진을

급정지시켜 주먹을 사출

하는 것이다. 이처럼 몸의 전진이 급정지한 순간에 주먹을 사출하면,

전진력 ⇨ 사출력

의 변화를 할 수 있는 것이다. 이런 기술은 의식적으로 훈련하지 않는 한 완전할 수가 없다. 왜냐하면 이 기술은 인식이 없는 사람이 보면 뛰어들기와 가격이 일치하는 경우와 똑같이 보이기 때문에 외견(外見)을 아무리 모방해도 그 기술의 본질을 모방할 수는 없기 때문이다.

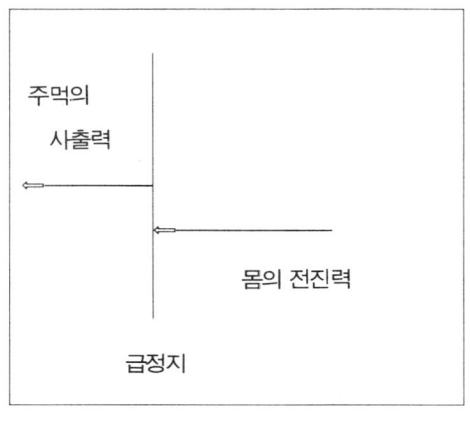

「**공수도의 (추돌)**」

급정지 하는 바람에 사출하면 전진력은 사출력으로 바뀐다.

그림 I-II

I-4 왼쪽의 벽과 축적(蓄積)

축적(蓄積)이라는 것은 에너지를 비치해 놓는다고 하는 것을 의미할 것이다. 어떤 물체를 어떤 방향으로 움직이려고 하는 에너지를 축적시킨 채 정지시켜 놓고, 그것을 단숨에 해방함으로써 그 에너지를 짧은 시간에 사용하여 기세를 낼 수가 있다.

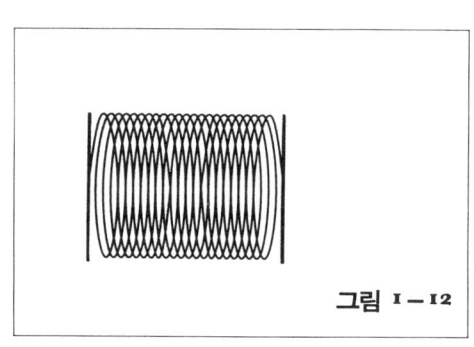

용수철이 뻗는 것을 눌러서 에너지를 축적한다. 누르기를 그치면 에너지는 급격히 해방된다.

그림 I-12

골프에서도 축적은 중요하다. 골프에서 이 축적은
   왼쪽의 벽과 한 쌍이 되는 테크닉
이다. 이것은 체중을 이동해서 이미지된
  왼쪽의 벽에 부딪치기까지는 스윙 동작을 행하지 않고

부딪지치기까지 가격 동작을 축적해 놓는 것이다.

즉 「왼쪽의 벽」은 스윙 동작을 어디까지 축적하는가의 위치를 가르치고 있다. 그렇게 축적해 놓으면 클럽은 몸이 왼쪽의 벽에 충돌하여

급정지했을 때 사출하게

된다. 그럼 여기서 비축을 무시하고 왼쪽의 벽에 부딪치기 전에 클럽을 휘둘러 내면 어떻게 되는가를 생각해 보자. 이런 경우 클럽은 허리의 회전에 동조해서 거의 함께 움직이므로 헤드의 원심력으로 가격하게 된다.

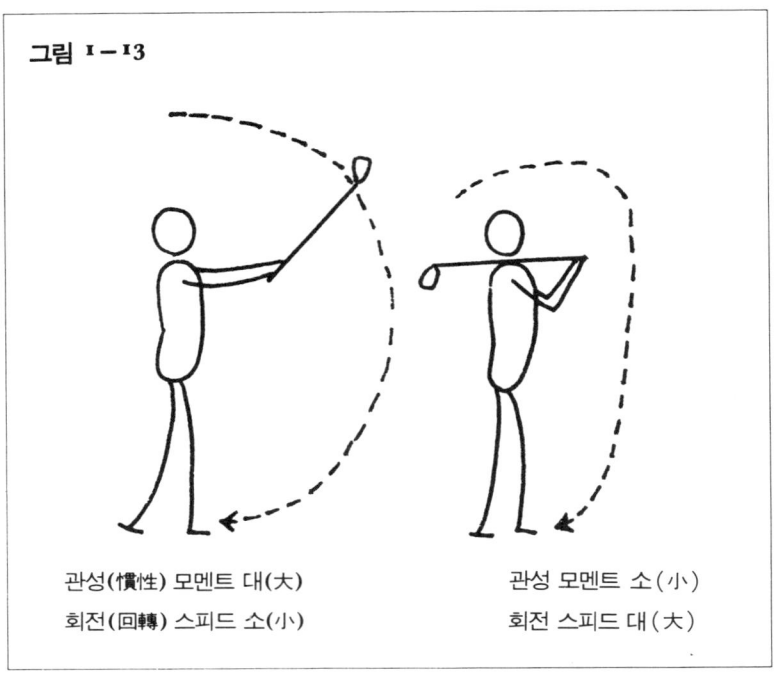

그림 1-13

관성(慣性) 모멘트 대(大)　　　관성 모멘트 소(小)
회전(回轉) 스피드 소(小)　　　회전 스피드 대(大)

즉 이 운동에서는 헤드의 스피드는 몸의 회전 스피드에 의해 제한받게 된다. 또 헤드는 큰 원 운동을 하게 되기 때문에 관성 모멘트가 커지고 헤드의 스피드가 늦어지게 된다. 그 때문에 가격력은 작아지게 되는 것이다.

골프나 야구 서적에서는 이 「축적」의 의미를 관성 모멘트를 작게 하기 때문이라고 설명하고 있다. 그러나 그것은 축적의 주된 목적은 아니다. 스윙에서의 축적은 어디까지나 「왼쪽의 벽」에 의해 사출력을 사용하는 것이 목적이다.

사출력을 사용하기 위해 스윙 동작을 축적하면 필연적으로 관성 모멘트는 작은 움직임이 된다.

Ⅰ-5 축경(蓄勁)

발경은 흔히 활을 쏘는 것에 비유된다. 태극권 비결에는
축경은 활을 벌리는 것과 같고
발경은 활을 쏘는 것과 같다
고 한다. 이처럼 활을 충분히 당겨서 활의 탄성 **에너지가 충분히 축적된 상태를 축경**이라고 한다.

거기서 활을 쏘면 활시위는 급격히 뻗어서 급정지하고, 축적된 탄성 에너지는 같은 양의 사출 에너지가 되어 화살이 날아간다. 그 사출력은 화살의 위력 그 자체이기 때문에 발경은 활을 쏘는 것 같다고 하는 것이다.

그러나 「권법에서의 발경」일 경우에는 활과 달라서 이것이 주먹치기의 파워 전체가 아니다. 이런 점의 의문을 제기해 푸는 것은 매우 중요하다.

야구의 타격에서도 마찬가지로 활의 예를 들어 「몸을 비트는 것이 타격의 파워」이므로 충분히 비틀지 않으면 안 된다고 설명하고 있다.

골프의 스포츠란에서 다음과 같은 기사를 본 적이 있다.

일간(日刊) ○○○○   91. 9. 18호
잘못 투성이 스윙론을 바로잡는다.
다화라(田原紘)의 경쾌·이축(二軸) 타법
　　　　유별나게 비틀어진 크기가 파워의 원천
밀착된 발로 하반신을 굳히고 상체를 비틀 수 있는 데까지 비튼다.

「우선 백스윙입니다. 많은 사람이 오해하고 있는 일이지만 백스윙은 단지 클럽을 톱까지 들어올리는 동작이 아닙니다. 백스윙의 유일한 목적은 다운 스윙의 파워를 축적하는 것, 즉 날리기의 에너지를 낳는 일입니다.(중략)

제1장 사출 기법 33

그림 1-14

축경은 활을 벌리는 것 같고

발경은 활을 쏘는 것 같다.

데일리의 왼발을 보아주기 바랍니다. 그렇게 큰 톱을 하고 있는데도 발은 여전히 밀착시키고 있습니다. 즉 하반신을 고정하고 상반신을 비트는 것으로 날리기의 파워를 축적하고 있습니다. 이것이 가장 효율적이고 임팩트시의 스윙 스피드를 앞당기는 방법입니다.」(밑줄친 부분은 필자.)

이「밀착된 발로 하반신을 굳히고 상체를 비틀 수 있는 데까지 비튼」상태에서 에너지를 축적하는 것을 축경이라고 하는 것이다. 대부분의 사람은 이 기사처럼 허리에 축경된 에너지가 그대로 타격의 파워가 된다고 생각하고 있는 것이다.

확실히 활의 경우에는 이 축경된 에너지가 그대로 화살의 운동 에너지가 되지만 야구나 골프의 타격에서는 사출력으로 변화될 뿐이다. 또 앞에서의 신문 기사에서「이것이 가장 효율적이고 임팩트시 스윙 스피드를 앞당기는 방법」이라고 했지만 단순히 축경의 크기로 스윙 스피드가 앞당겨지는 것이 아니다. 그 에너지를 해방하여 급정지하는 사출 기법에 의해 비로소 스윙 스피드는 앞당겨지는 것이다.

이것들과 마찬가지로 주먹을 쳐내는 경우에도 허리를 충분히 비틀어 그 허리가 제자리로 되돌아가려는 힘을 이용해 격렬히 쳐낼 수(사출)가 있다. 그러나 이런「몸을 비트는 것으로써 생긴 에너지」는 어디까지나 사출력을 만드는 것이며「배팅에서 필요로 하는 힘」의 하나이기는 하지만 가장 중요한 것, 즉 타격의 주동력이 아니라는 점에 주의해야 한다. 타격의 주동력에 관해서는 제2장에서 언급한다.

> 축경 해방 + 급정지 ⇨ 사출력

허리를 비트는 축경에서 주의해야 할 것이 또 있다.

일반적인 경향으로서 허리와 엉덩이를 혼돈하는 잘못이 있다. 이것은 무술에서나 골프 등에 있어서도 똑같다. 따라서 「허리를 비튼다」고 하면서 정작 「엉덩이를 돌리고 있는」 사람이 많다.

만약 허리를 비튼다고 궁둥이(골반·장골 등)를 돌리면 허리와 양어깨의 중간에 긴장성을 만들어 낼 수가 없다. 축경이란 이 허리에서 등에 걸친 근육의 긴장성인 것이다. 즉 몸통의 중앙부에 꽉 죄어진 느낌을 만드는 것이다. 이 등의 긴장을 만들어 내기 위해서는 골반을 움직이지 않도록 발가락으로 땅을 붙잡는 듯이 하고, 대퇴부의 근육 및 발가락에 긴장을 만들어 낼 필요가 있다. 이처럼 땅바닥에 서는 것을 「십지 조지(十指抓地)」로 불리고 있다. 그리고 이 허리와 등의 근육 긴장(축경)을 해방하는 것이 바로 허리를 넣고서 찌르는 것이다. 즉 허리와 양어깨 사이에 있는 근육의 긴장성이 해방되어서 허리가 처음으로 되돌아가는 것을 말하는 것이다. 허리를 비틀어서, 즉 근육의 긴장감을 높여서 찌르는 것은 아닌 것이다.

그럼 얼핏 보기에 비슷한, 허리의 회전에 의한 찌르기나 허리 비틀어서 찌르기, 허리의 회전에 의해 배팅하는 운동은 어디가 다른가? 그것은 앞의 절에서 축적을 만들지 않고 클럽을 흔들어 내는 경우를 설명한 것처럼 허리를 비틀어서 찌르면 허리의 회전에 동조하여 몸과 팔이 함께 돌기 때문에 축적을 만들 수가 없다. 축적을 만들지 못하면 급정지에 의한 사출력을 사용할 수가 없다. 따라서 주먹의 스피드는 떨어져 위력이 없어지게 되는 것이다.

허리의 축경은 이 비틀기의 축경만이 아니다. 허리를 펴고서 힘을 낼 경우에는 허리를 둥글게 하는 것이 축경의 형태이다.

```
┌─────────────────────────────────────────┐
│  허리의 축경 동작   ① 허리를 비튼다.      │
│                   ② 허리를 둥글게 한다.  │
└─────────────────────────────────────────┘
```

 체중의 이동에 의한 사출력을 사용할 경우에는 축경 동작이 특별히 「축경」으로서 인식되는 것은 아니지만 역시 중요하다.
 예컨대 육상 경기의 단거리 등에서 스타트에 자리한 선수가 호포(號砲)에 맞춰서 즉시 뛰어나갈 수 있도록 다리에 힘을 주고 있는 것이 체중 이동의 축경이다. 또 배터 박스에 선 타수(打手)의 뒷발 안쪽 근육의 힘이 축경이다. 이 축경의 에너지가 해방되어서 체중 이동의 파워가 되는 것이다.

제 I 장의 요점 (要點)

 본체에 부속하는 물체를 격렬한 기세로 사출하는 방법이 있다. 그것은 에너지 보존의 법칙에 입각한다. 그 부속

물체와 비교하여 질량이 큰 본체가 운동을 하고 있을 때 그,

본체의 운동이 급정지

하면 부속 물체는 본체의 운동 에너지를 보존하고서 격렬히 사출된다.

이 원리에 따라 주먹이나 손바닥, 클럽이나 배트, 도검(刀劍), 창 또는 원반, 포환, 공을 격렬히 사출할 수가 있다.

원반 던지기나 포환 던지기 등의 무거운 것을 사출할 경우에는 회전 운동에 의한 원심력을 사용하기 때문에 회전 운동의 급정지를 이용한다.

일반적으로 비교적 가벼운 것의 사출에는 체중의 이동을 급정지하는 방법, 또는 허리 비틀어 되돌리기를 급정지하는 방법이 이용된다. 골프나 야구의 타격에서는 그 양쪽을 연속해서 사용하는데, 격투기에서는 상황에 따라서 그 어느 한쪽을 이용하는 것이 보통이다. 급정지하는 방법에는 두 가지가 있는데, 상세한 것은 제3장 합속법(合速法)에서 설명한다.

사출의 방법

① 체중 이동의 급정지
② 허리의 비틀기 급정지

제2장
신장(伸張) 기법

2-1 팔 신장력

앞의 장에서는 주먹·클럽·배트 등을 축적된 파워를 이용해서 격렬하게 쳐내는 기법에 관해서 설명했다. 또 거기서 축적된 파워는 사출력으로 바뀌고 있는데, 타격 파워 그 자체가 아니라는 것도 설명했다.

여기서는 소박한 의문으로 되돌아가서

    팔에 의한 타격이란 어떤 운동인가?

    팔에 의한 타격에 필요한 힘이란 무엇인가?

하는 점에 관해서 생각해 보기로 하자.

인간이 팔에 의해 물체에 힘을 주는 방식은 기본적으로 원심적 및 구심적(求心的)인 두 가지로 나누어진다. 즉,

 ① 물체를 밀어서 떨어지는 방향으로 힘을 가한다.

 ② 물체를 끌어당기는 방향으로 힘을 가한다.

의 두 가지이다. 그것은 주로 각각,

 ① 팔을 펴는 운동

 ② 팔을 움츠리는 운동

에 의해 행하여진다.

여기서 문제로 삼는 타격은 「치기·찌르기·던지기」 운동의

제2장 신장 기법

팔을 사용해서 미는 운동과 당기는 운동이 있다.

그림 2-1

타격은 모두 팔을 펴는 운동이다.

대표로서 이런 운동은 모두 원심적인 힘을 작용하는 것이다. 즉,

팔을 펴는 운동

이다.

　타격이란 동작을 생각할 때에 대개「직선(直線) 운동」과「회전(回轉) 운동」이 있는 것처럼 생각한다. 예컨대「주먹으로 찌른다」는 것은 직선 운동이지만 손날로 친다고 할 경우에는「회전 운동」이라고 생각하는 사람이 있다. 또는 목도(木刀)로 치는 동작, 골프의 스윙, 야구의 타구, 테니스의 타구 등 도구를 사용해서 하는 타격에서는 원래 스윙(흔든다)이란 명칭이 가리키고 있듯 거의 모든 사람이 회전 운동 또는 원 운동으로 생각하고 있는 것 같다. 즉「팔을 펴는 운동」,「팔을 흔드는 운동」으로 구별해서 생각하고 있다.

　확실히 스윙은 현상적(現象的)으로는 원 운동이다. 그러나 이런 모든 타격 운동은 외견상으로는 직선 운동·원 운동으로 구분되어 보여도 본질적으로는

팔을 펴는 운동

이라고 하는 점에서 전적으로 똑같은 신체 운동인 것이다. 원심력으로 하는 타격법이 없는 것은 아니지만 그것은 특수한 경우이다. 일반적으로「흔든다」는 이미지로 타격한다면 그것은 영원히 잘못되고 있는 것이다.

　따라서 강력한 타격을 위해서는,

팔을 펴는 힘이 강하지 않으면 안 된다.

는 점을 우선적으로 생각할 수 있다. 팔을 펴는 근육은 팔의 신근(伸筋)이다. 그래서 제일 먼저 필요한 것은,

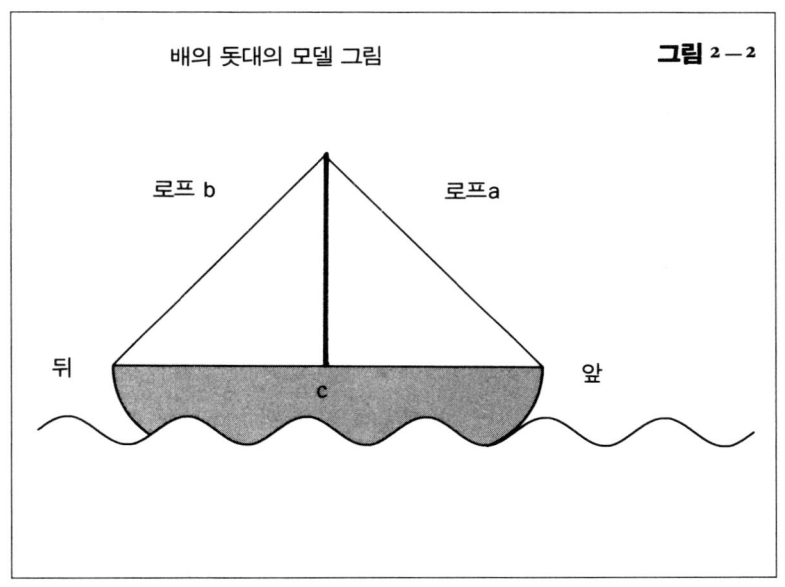

그림 2-2 배의 돛대의 모델 그림

팔 신근의 근력 강화

가 된다.

「인간의 신체 운동이 어떻게 이루어지는가?」하는 문제의 이해를 위해 절대적으로 필요한 지식을 간결하게 언급해 두겠다.

인간의 신체 운동은 골격근(骨格筋)에 의해 뼈를 움직여서 행하여진다.

위의 그림을 보라. 그림의 배에는 돛대가 달려 있다. 돛대를 튼튼하게 수직으로 세워 놓으려면 양쪽의 로프를 곧게 뻗도록 당겨 놓으면 된다.

만약 이 돛대를 앞으로 넘기려고 한다면 로프 a를 줄이고 로프 b를 펴면 된다. 또 돛대를 뒤로 넘기려고 하면 로프b를 줄이고 로프a를 펴면 된다. 즉 이 두 가지의 로프는 서로 반대의 작용을 하며, 이것을 서로 맞버틴다고 한다.

인간의 신체 운동도 이와 마찬가지이다. 모두 서로 맞버티는 근육, 즉 신근과 굴근이 모델 그림의 로프 a,b와 똑같은 작용을 함으로써 돛대의 지점(支点)에 해당하는 관절을 중심으로 하여 뼈를 움직인다.

예컨대 팔에서는 상완 이두근이 굴근이고 상완 삼두근이 신근이다. 따라서 상완 이두근이 수축하면 팔은 구부러지고, 상완 삼두근이 수축하면 팔은 신전(伸展)한다. 그리고 신근·굴근 모두 길이에 변화가 없고 장력(張力)만을 증가시키면 관절을 고정시킬 수가 있다.

그래서 팔을 굴신(屈伸) 및 고정할 때의 근육 작용은 다음과 같다.

팔을 뻗는다.····팔의 신근을 수축한다.
팔을 굽힌다.····팔의 굴근을 수축한다.
팔을 고정한다.····굴근·신근 모두 장력(張力) 증가

따라서 타격이라는 운동은 팔을 펴는 운동이기 때문에 팔의 신근을 수축시켜 행하여지지만 몸의 감각으로서는「팔의 근육을 편다」고 느끼는 것이다.

2-2 팔의 신장력과 자세

　일반적으로 서양인은 팔을 펴는 힘이 강해 권투나 권법을 발달시켜 왔고, 일본인은 팔로 당기는 힘이 미는 힘보다 강해 유도를 발달시켜 왔다. 이 이유에 관해서는 《합기도의 과학》에서
**일본인의 긴축제와
합기·발경(5백년 이래의 수수께끼를 푼다.)**
는 제목하에 간단히 언급했지만(이 책의 p¹34), 이 문제는 발경을 해명함에 있어서 크게 이해를 돕기 때문에 여기서도 거론해 보고자 한다.

　우선 《일본인의 의식 구조(會田雄次著)》에서의 인용을 다시 보자.

　「**외국인의 놀라움**　일본인이 유럽인과는 여러 가지 육체적 동작면에서 정반대라는 것은 옛날부터 일본을 다녀간 외국인 — 유럽인, 중국인 — 에 의해 지적되고 있다. 이미 전국(戰國) 말기 시대부터(중략) 선교사들이 지적해 온 사항이다.

　가장 확실하게 그 정반대의 동작을 지적한 것은 막부(幕府) 말기에 일본 주재 영국 대사 올코크의 《대군(大君)의 도시》일 것이다. (중략)

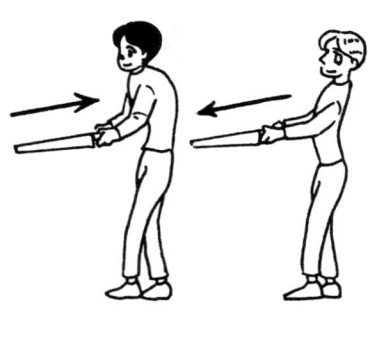

일본인은 당겨서 자른다.
외국인은 밀어서 자른다.

일본인은 당겨서 깎는다.
외국인은 밀어서 깎는다.

일본인은 당겨서 벤다.
외국인은 뻗어서 찌른다.

그림 2-3

제2장 신장 기법   47

일본인은 당겨서 판다. (괭이)
외국인은 밀어서 판다. (스콥)

좌식 생활은 허리가 둥글어지기 쉽다.
의자식 생활은 허리를 펴기 쉽다.

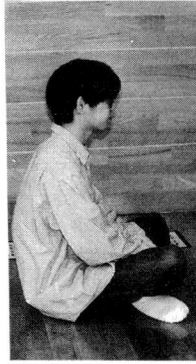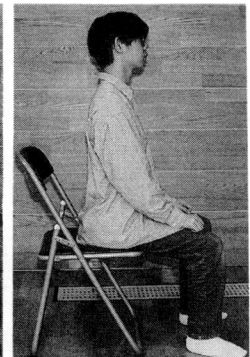

등을 둥글게 하면 팔은 구부러진다.
등을 펴면 팔은 펴진다.

그림 2-4

그러나 그 일본인의 동작은 우리들과 완전히 정반대이다. 우리는 대패를 밀어서 깎는다. 그러나 일본인은 대패를 당겨서 깎는다. 또 일본인은 톱을 당겨서 사용하는데 우리는 밀어서 사용한다. 그렇다면 무엇이든지 당기는가 하면 연필 같은 경우를 보면 우리와 정반대로 밀어서 깎는다. 우리는 바로 앞쪽으로 깎는다. 성냥도 일본인은 밀어서 불을 붙인 우리는 당겨서 불을 붙인다.」

이밖에도 일본인은 칼을 당겨서 베지만 중국인이나 유럽인은 검을 주로 찌른다. 일본인은 또 괭이를 당기며 내리꽂아서 밭을 경작하지만 외국에서는 스콥으로 밀어서 판다.

그러나 어째서 그런가 하는 이유에 관해서는 오다 노부나가 **(織田信長)** 이래 5백년 아직 납득할 만한 대답이 나오지 않고 있다.

그러면 어째서 그런가?

그것은 외국인, 즉 인본인을 제외한 대부분 민족은 팔을 펴는 힘(팔의 신근력)이 팔을 꽉 죄는 힘보다 강하므로 육체적 동작을 자연히 밀어서 하게 되며, 일본인은 팔을 꽉 죄는 힘(팔의 굴근력) 쪽이 강하므로 당겨서 하게 된 것이다.

그럼 어째서 외국인은 팔을 밀어서 펴는 힘(팔의 신근력)이 강하고, 일본인은 팔을 꽉 죄는 힘(팔의 굴근력)이 강한 것인가? 그것은

「자세가 원인」

이라고 필자는 생각한다. 즉

허리(와 등)가 펴져 있는 외국인은 팔 신근력이 강해지고,
허리(와 등)가 펴져 있지 않은 일본인은

팔 굴근력이 강해지는 것이다.

그럼 어째서 허리가 펴지면 팔을 펴는 힘이 강한 것인가? 그것은

허리·등줄기는 신근이고, 그것을 펴면 팔의 신근을 펴기 쉽기 때문이다. 그리고 요배근(腰背筋)이 강하면 팔은 신근 쪽이 발달한다.

허리가 펴져 있지 않은 일본인은 가슴이 움츠러들므로 가슴의 근육(그것은 굴근)이 긴장하기 쉽고,

가슴의 굴근이 수축하면 팔의 굴근도 수축하기 쉬우므로 팔은 신근보다도 굴근 쪽이 발달한다.

그럼 어째서 이처럼 자세가 틀리는 것인가? 그것은 역사적으로

의자식 생활과 좌식 생활의 차이

또는 「서는 생활과 좌식 생활의 차이」일 것이다.

의자에 걸터앉는 자세에서는 좌골(座骨)이 의자에 밀착하기 때문에 허리를 세워서 등을 펴기가 쉽다. 승마 자세의 경우에는 더욱 허리를 힘차게 세우게 되므로 팔의 신장력이 강하며 동시에 다리의 힘(그것은 신근의 힘이다)도 강해지는 것이다. 이처럼 분명히 책상다리는 말할 것도 없는 일이지만 정좌(正座) 보다는 의자에 앉는 쪽이 분명히 허리와 등줄기를 펴기가 쉽다. 펴기 쉽다는 것은 그 근육이 발달하기 쉽다는 것을 의미한다.

그러나 이런 신체의 사용 방식 차이, 즉 5백년 이래의 수수께끼가 되어 있는 일본인과 외국인의 동작은 정반대라는 것은 사실 아직 추리에 불과하다. 그러므로 이것을 증명할 필요가 있었

등을 둥글게 하면, 팔을 강하게 당길 수가 있다.

등을 펴면 팔을 강하게 펼 수가 있다.

일본인은 팔이 움츠려 있기 때문에 반대쪽으로 밀어서 불을 당긴다.

외국인은 팔이 펴져 있기 때문에 성냥을 바로 앞에 당겨서 불을 붙인다.

일본인은 팔이 움츠러들어 있기 때문에 손끝을 반대쪽으로 향하게 하고서 흔들며 손짓한다.

외국인은 팔이 펴져 있기 때문에 손 끝을 바로 앞에 당겨서 손짓한다.

그림 2-5

다.

그래서 필자는 같은 일본인이라도 육체 노동과 기술 노동의 경우에는 「밀고, 당기는」 동작이 반대라는 점에 착안했다. 이 반대 동작을 고찰해 보면 팔의 신장력과 자세의 관계에 관해서 납득할 수 있을 것이다.

여기서 자세와 팔에 관해서 다시 한번 설명한다. 우선

허리(와 등)를 펴면 팔은 펴지며
허리(와 등)를 둥글게 하면 팔은 움츠러든다.

그것은

요배근을 강하게 펴면 팔을 보다 강하게 펴게 된다

는 것이고,

가슴을 둥글게 하면 팔을 보다 강하게 꽉 쥘 수 있다

는 것이기도 하다. 즉 등줄기가 펴진 배근력(背筋力)이 강한 외국인은 팔을 밀어서 펴는 힘이 강하고, 그 반대인 일본인은 팔을 꽉 죄는 힘이 강하다.

그럼 어째서 「육체 노동과 기술 노동에서는 밀고 당기기가 반대」라는 사실이 팔과 신장력의 관계를 증명해 주는 것일까?

	육체 노동	기술 노동
일본인	민다	당긴다
외국인	당긴다	민다

우선 외국인은 등줄기가 펴져 있으므로 손을 몸 앞에 내면 손끝이 몸에서 떨어지게 된다. 그래서 성냥에 불을 붙일 경우 손 끝

이 몸에서 떨어져 있으므로 그 이상 떨어지게 하는 일은 힘들기 때문에 바로 앞으로 당기게 된다. 일본인은 등줄기가 펴져 있지 않으므로 손 끝이 몸에 근접해 있다. 그래서 성냥에 불을 켜는 경우 그 이상 근접시키는 일은 힘들기 때문에 반대쪽으로 밀게 된다. 연필을 깎을 경우에도 마찬가지다. 외국인은 손 끝이 몸에서 떨어져 있기 때문에 바로 앞으로 당겨서 깎고, 일본인은 팔이 몸에 거의 붙어 있을 정도이므로 반대쪽으로 밀어서 깎는 것이다. 또 손짓을 하는 경우에도 외국인의 팔은 충분히 펴져 있기 때문에 손가락을 바로 앞으로 굽히는 쪽이 하기 쉽고, 일본인의 팔은 충분히 펴져 있지 않으므로 손가락을 반대쪽으로 돌려서 흔들며 손끝을 흔드는 쪽이 보다 쉬운 것이다.

　이처럼「육체 노동과 기술 노동에서는 동작이 정반대」라는 것을 자세에 의해 설명할 수가 있다. 따라서 이렇게 자세가 원인이 되어 팔을 펴기도 하고 움츠리게도 된다는 것을 증명할 수가 있었다. 이것을 지금까지는「외국인과 일본인은 동작이 정반대」라는 사실만을 보아 왔기 때문에 그 이유가 해명되지 않았던 것이다.

　이렇게 해서 팔의 신장력을 강화시키자면 허리를 편 자세를 만드는 것, 그리고 허리·등줄기를 강화하는 일이 중요하다는 것이 해명된 것이다.

결론
허리를 펴면 ⇨ 팔 신장력이 강해진다.

2-3 공동력(共同力)

그래서 타격을 위해 필요한 「팔의 신장력」을 강화하는 수단이 몇 가지 있음을 알게 되었다.

우선 첫째는 팔 신근의 근력 업(up)이다. 이것은 각종 트레이닝 기구를 이용해서 강화할 수가 있다.

둘째는 허리와 팔과의 관계를 이용하여 허리와 등을 강하게 폄으로써 팔의 신장력을 강화할 수가 있다. 또한 허리와 다리의 관계도 마찬가지인데, 허리를 펴면 다리도 펴기가 쉽다. 따라서 다리를 강하게 펴면 팔의 신장력도 역시 강화할 수 있는 것이다. 요컨대 팔만을 펴는 것보다도 다리, 등의 근육을 동시에 펴는 쪽이 팔도 강하게 펼 수 있는 것이다. 즉 어딘가 일부의 신근을 사용하고 싶을 때 그 부분만을 사용하기보다

전신의 신근을 동시에 사용하는

쪽이 보다 강력해지는 것이다. 이것은 근육 사용의 테크닉에 의한 팔 신장력의 강화법이다. 이와 같이 해서 강화되는 힘을

신근의 공동력

이라고 부르기로 한다. 물론 굴근의 공동력도 사용할 수가 있다.

세째로 같은 이유에서 각부(脚部) 신근·요배부(腰背部) 근육의 근력 업을 가늠하는 일이다. 이 근력 업이 팔 신장력의 강

화에 유용하다는 것은 즉시 알 수 있다.

　여기서 허리를 펴면 각부 신근, 즉 다리 힘(脚力)이 강해진다는 사실에 대해서 실례를 들어보자. 외국에서는 축구가 매우 인기가 있다. 일본에도 역시 축구가 있지만 국민적 스포츠가 되지는 못했다.

　우선 우리 나라의 정월 풍경을 살펴보자. 일본에서는 하고(羽子:모감주나무 열매에 새털을 끼운 것)를 치고 놀지만 우리 나라에서는 발로 제기를 차며 놀고 있는 것이 인상적이다. 이것은 역시 차는 것이 장기인 것과 그렇지 못한 차이라고 생각되지만, 그 또한 양국 민족의 자세 차이가 아닐까?

　설마 그렇게까지 자세가 틀릴까 하고 생각하겠지만(현재는 매우 개선되어 있으므로) 전 아르헨티나 대사 가와자키(河崎一郞) 씨는 그의 저서 《실상의 일본(1969년 발행)》에서 다음과 같이 말하고 있다.

　「세계의 인종 중에서 피그미와 호텐토트를 제외하면 아마 신체적인 매력에서 가장 떨어지는 인종이 일본인일 것이다. (중략)

　일본인에 비해 인상학(人相學)적으로 가장 가까운 중국인이나 우리 나라 사람은 신장이 크고 직립(直立) 체형을 갖고 있다.」

이 직립 체형의 중국인이나 우리 한국인

이「차는」것이 장기라는 사실, 차기를 장기로 삼는 중국 권법이나 고대의 전설에서 복원했다는 우리 나라 태권도, 또는 제기 등 어린아이의 놀이에까지 발로 차는 한국, 거기에 직립 자세와 다리의 능숙함·강함의 관련을 생각하지 않을 수 없는 것이다.

대퇴부의 근육을 밟아 부드럽게 하면 견비통이 고쳐진다. 넓적다리의 근육이나 어깨의 근육은 모두 신근이기 때문에 신근끼리 서로 관련되어 있음을 이것으로 알 수 있다.
즉 대퇴부가 긴장하면 어깨의 근육도 긴장하고 대퇴부가 느슨해지면 어깨의 근육도 느슨해지는 것이다.

다리 힘(신근력)의 강화는 즉시 팔 신근력, 즉 펀치력의 강화가 된다. 신근은 신근과 서로 관련해 있는 것이다.

다리 힘이 강하다고 하면 코삭 댄스가 생각나는 코삭 기병의 승마 모습을 떠올리게 된다. 안장에 올라앉아 허리를 곧게 세운 자세가 특징적이며, 허리·배근력(背筋力)이 상당히 강하리라는 것이 상상된다.

스포츠 선수 중에서 도약력이 어떤 선수가 강한가 보니 뜻밖에도 역도 선수라고 한다. 물론 이것은 신장과 도약 높이의 비(比)이며 절대적인 높이는 아니다. 하지만 여기에서도 요배근이 강하다는 것과 다리 힘이 강하다는 것의 관련을 찾아볼 수가 있다.

이와 같이 여러 가지 면에서 허리·배근력과 다리 힘(모두 신근력)의 관련을 살펴보았다. 따라서 다리의 힘과 허리·배근력(背筋力)이 강하면 팔의 신장력도 강하다. 이처럼

전신의 신근은 신근과 서로 관련해

있다. 이것은 신장력뿐만 아니라, 예컨대 대퇴부의 근육(신근)이 이완되면 어깨의 근육도 이완되고 어깨의 근육이 긴장하면 대퇴부의 근육도 긴장한다. 그러니 어깨가 뻐근하면 대퇴부의 근육도 딱딱해지므로 대퇴부 근육의 긴장을 풀어야만 견비통을 고칠 수 있는 것이다.

같은 이유로 러닝에 의해 다리 힘(다리 신근력)을 강화하면 가슴의 신근에 의한 타격력이 강화되는 것이다. 그런 의미에서 야구나 권투 등 타격력이 필요한 스포츠에서는 러닝이 중요한 운동이 된다.

물론 이것은 굴근을 사용하는 경우에도 마찬가지이다. 팔을 움츠리고 물건을 끌어당길 때는 역시 동시에 가슴의 근육을 죄

제2장 신장 기법 57

42식(式) 종합 태극검에서

(1) 분각 후점(分脚后点)

① 검을 치켜올리고.

② 발을 펴면서 내리친다.
다리의 신장력에 의해 팔의 신장력이 강화된다.
공동력(共同力)의 이용이다.

(2) 도보 평자(跳步平刺)
뒷다리를 펴는 것으로써 팔의 신장력을 강화시키고 있다.

고 허리를 낮춰서 팔을 당기는 힘을 강화시키는 것이다. 이것이 굴근의 공동력이다.

또 이를 강하게 악물면 강한 힘을 낼 수 있다고 해서 어떤 기구를 입에 물고 사용하는 경우도 있다. 이 교근(咬筋)은 굴근이므로 그것에 의해 강화되는 근육은 팔의 굴근이다. 그래서 무거운 물건을 잡아당길 때에는 이를 악물고서 끄는 것이다. 그러나 굴근의 긴장은 신장력을 저해하므로 이를 악물고 타격하는 것은 잘못된 것이다. 골프나 야구에서 프로들이 타격할 때 이를 악물기 때문에 시즌이 끝나면 치과에 다니는 것이 당연하다고 하는데, 그런 사람의 타격법을 굴근력을 사용할 가능성이 있는 것이다.

이처럼 팔 신장력을 강화하고자 하면

완부(腕部) 신근, 요배부 신근, 각부(脚部) 신근

을 동시에 강하게 편다(실은 수축). 팔만을 펴는 것보다 훨씬 강력한 신장력을 발휘할 수가 있다.

이상을 정리하면 팔의 신장력을 강화시키는 데는 다음의 세 가지 방법이 있다.

팔 신장력의 강화법

① 팔의 신근을 근력 트레이닝에 의해 직접 증대시킨다.

② 요배부, 각부(脚部)의 신근을 근력 트레이닝에 의해 증대시킨다.

③ 팔, 요배부, 각부를 동시에 신장시킨다. (공동력)

2-4 신장력 저해

 팔의 신장력이 강하면 보다 강하게 칠 수가 있고 보다 멀리 날릴 수가 있다. 그렇게 볼 때 팔의 신근을 발달시켜 강화하면 신장력이 강화되는 것이다. 또한 전신의 신근을 동시에 사용하여 공동력을 삼으면 보다 강한 신장력을 사용할 수도 있다.
 그런데 여기에 문제가 있다. 신근의 작용은 거기에 맞버티는 작용을 하는
굴근의 긴장에 의해 가능하다
고 하는 문제이다.
 예컨대 상완 삼두근에 의한 신장력은 거기에 맞버티는 작용의 상완 이두근의 긴장에 의해 저해된다. 또한 팔의 신장력은 허리·등줄기의 신장력에 의해 강화되는 것이기 때문에 반대로 거기에 맞버티는 대흉근(大胸筋) 등의 몸의 앞면 근육(굴근)의 긴장에 의해서 저해된다. 이처럼 팔의 신장력은 몸의 어느 부분의 굴근 긴장에 의해서 저해되고 만다. 팔의 굴근 긴장은 「힘」으로서 느껴진다. 그러니 힘껏 팔을 펴면 그 신장력은 이미 굴근의 긴장에 의해 저해되고 있는 것이다.
 그래서 타격할 때도 팔(및 상반신) 굴근의 힘을 가능한 한 빼고 릴랙스하며 긴장시키지 않아야 한다. 그러나 그것은 우리 인

간에게 있어서 상당히 곤란한 점이자 타격시의 문제점인 것이다.

	본래의 작용	힘의 감각
팔	잡아당기는 도구	굴근 수축감
다리	차서 뻗는 도구	신근 수축감

신장력을 사용할 경우에 생기는 굴근의 긴장을 보통 「힘준다」고 한다. 그리고 본능적으로,

팔은 힘주는 도구

인 것이다. 다리는 원래 차는 도구이기 때문에 힘껏 차서 뻗으면 신근이 충분히 작용하므로 최대의 힘으로 찰 수가 있다. 그러나 잡아당기는 도구인 팔은 힘껏 펴려고 하면 굴근이 긴장해서 최대의 신장력을 낼 수가 없다.

심할 경우에는 강하게 타격하겠다든지 멀리 날리려고 생각하는 것만으로, 즉 어떤 힘을 팔로 발휘하려고 생각하는 것만으로도 반사적으로 팔의 굴근과 흉근이 수축하여 딱딱해진다.

그림 2-6

보통 우리 인간이 팔(상반신)을 힘껏 펼 때에는 맞버티는 굴근도 동시에 긴장하는 것이며, 이
굴근의 긴장에 의해 신근의 신장력은 저해되고
약화되어서 도리어 충분한 신장력을 발휘할 수가 없다.

2-5 근력(筋力) 트레이닝과 신장력

　근육은 단지 증대시킨다고 「힘」이 나오는 것이 아니다. 팔은 굴근을 증대시키면 확실히 힘(굴근력)이 강해지는데, 그러면 신장력 강화를 위해 신근을 증대시키려고 한다면 어떨까?
　작년 말 기회가 있어서 진식 태극권 풍지강(馮志强) 선생에게 근력 트레이닝에 관해서 질문을 했더니 「그러면 외가권(外家拳)이 됩니다」 하는 대답이었다. 근력 트레이닝을 하면 외가권이 된다는 말의 의미를 생각해 보자.
　일반적으로 외가권은 근육을 단련하고 내가권(內家拳)은 내기(內氣)를 단련한다고 한다. 필자는 이 내기 또는 내경(內勁)

을—합기도의 기의 힘도—신근의 힘이라고 생각하며, 본서의 테마는 거기에 있다. 즉 내기라든지 내경이라는 힘은 경력(勁力) 기법에 의해 발휘되는 힘이고, 그것은 신근 조작(操作)에 의해 가능하다. 근력 트레이닝은 경력 기법 내지 신근 조작을 방해한다. 왜 그럴까?

우선 근력 트레이닝으로 신근을 증대시키는 운동에서는 그것에 맞버티는 굴근이 동시에 증대되고 만다. 그것은 단련 기구가 왕복으로 부하(負荷)가 걸리기 때문이다. 그렇게 되면 팔은 본래 굴근 감각 쪽이 강하므로 굴근 감각만이 더욱더 증대되고 만다. 그래서 모처럼 신근을 증대시켜도 그 이상으로 증대된 굴근의 힘 감각이 신장력을 저해하게 된다. 더구나「치기・찌르기・던지기」운동에서는 신장력을 강화해야 함에도 불구하고 대부분의 사람이 상완 이두근이나 대흉근 등을 강화시킨다. 그것으로는 힘은 강화되어도 타격력이나 원투력(遠投力)은 저해되고 마는 것이다.

언젠가 S구단이 우승했을 당시 시즌이 끝나고 그 중심 인물인 에이스 K투수가 내년에 더 좋은 성적을 올리고자 근력 트레이닝에 전력하는 모습이 TV에 소개된 적이 있었다. 그런데 늘 그렇듯이 그는 아령(덤벨)으로 팔의 알통(상완 이두근)을 단련하는 운동을 하고 있었다. 투수가 그런 근육을 단련해도 괜찮을까 하고 걱정하는 마음이 앞섰다. 그 이듬해부터 그는 슬럼프에 빠져서 한 3,4년 동안 부진했다가 최근에 와서야 겨우 재기했다고 한다. 물론 다른 이유도 있을 테지만 근력 트레이닝의 영향도 컸다고 나는 생각한다.

최근의(92년 여름) 한 주간지에 A구단과 B구단의 두 에이스의 부진한 성적의 원인을 「……두번째의 공통점은 봄부터 근력 트레이닝으로 갑자기 각자의 적성·취향으로 변신한 것」이라고 씌어 있었다. 그 지적은 옳다고 생각된다. 상반신의 근육 발달이 두드러진다는 것은 제법 굴근을 단련했다는 것이다. 왜냐하면 신근은 어지간해서는 굵어지지 않기 때문이다. 그 예외는 씨름꾼이나 레슬러의 불거져 나온 어깨이며, 그것은 일본 씨름에서 손바닥으로 상대의 얼굴을 치는 수에서 위력을 발휘한다. 상반신의 굴근 발달은 신장력에 상당한 저해가 된다. 그들의 성적이 한때 좋지 않았던 것은 당연히 이 굴근의 발달도 원인의 하나일 것이다.

신근은 단련보다는 우선 감각의 훈련이 앞서야 한다. 합기도의 경우 여자라도「기의 힘」을 트레이닝하면, 즉 근력 트레이닝에 의하지 않고 합기도의 기술을 통해서 손목의 신근 사용법을 훈련만 하면 어느 정도 남자와 대항할 수가 있다.

요컨대 신근은 증대시키는 것보다 먼저 감각을 양성하여 신장력을 충분히 발휘할 수 있게 하는 일이 중요하다. 그것이 충분히 가능하고, 그 감각을 파악했다면 다음에 근육의 증대에 힘쓰면 된다.

운동 생리학의 전문가들이 프로 구단이나 권투 선수를 지도하곤 한다. 치밀한 계획하에 근육을 발달시키고 체력을 증강해 성적의 향상이 있었던 것만은 확실하다. 그런 생각으로 단련을 해왔던 것이 외가권이었다. 그리고 근대적인 트레이닝법에 의하면 더욱 효율적으로 근력이나 체력이 향상할 것이다. 그러나 근력과 체력으로는 체력이 뒤지는 상대라면 이길 수 있어도 체

① 야구나 골프 선수가 사진과 같이 상완 이두근을 단련하는 운동을 하는 것을 텔레비전에서 본 적이 있다. 타격 운동에서 상반신의 굴근(대흉근·상완 이두근)의 긴장은 타격력을 크게 저해하므로 이 운동에는 문제가 있다.

② 손등을 위로 향하고 신근을 단련하면 타격력이 강화된다.

③ 손가락의 신장력을 단련하면 「잡기」와 타격력이 강화된다.

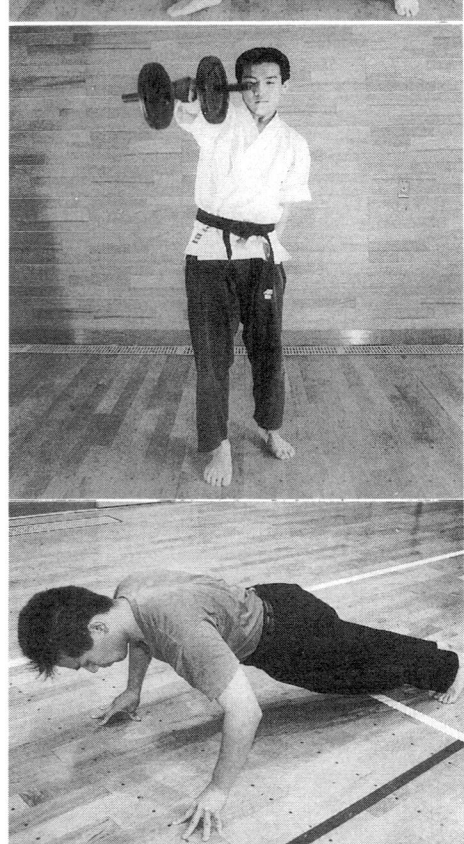

력이 뛰어난 상대를 만나면 패하게 된다. 그것이 외가권의 한계이다.

그래서 타격 운동 등에서 그저 단순하게 근력이나 체력을 증강시키면 되는 것이 아니라는 점의 인식에서 외가권은 내가권으로 발전해 갔다. 그것이 다음 절에서 설명하는 「굴근 사용에서 신근 기술로의 진화」이며 보다 강력한 팔 신장력의 발휘법으로 발전하는 것이다.

2-6 굴근 사용에서 신근 기술로

무릇 무술뿐만 아니라 어떤 신체를 사용한 예술이나 육체 노동의 초보자는 동작에 힘이 주어져 딱딱하지만 숙련자의 그것에는 움직임에 무리가 없다. 예컨대 무용에서도 숙련자가 됨에 따라 차츰 유연하고 우아하게 동작할 수 있게 되는 것이다. 또 초보자는 힘을 사용하므로 곧 지쳐 버리지만 숙련자는 불필요한 힘을 사용하지 않으므로 지치지 않는다. 이것을 보통은 「요령을 익혔다」, 「요령을 알게 되었다」는 것으로 간과하게 되는 것인데, 실은 「경력(勁力)이란 힘」의 사용법을 익히게 된 것이다.

즉 초보자는 굴근의 힘을 써서 동작하는데, 차츰 신근의 조작법을 익혀 가다가 신근에 의해 동작하게 되는 것이다. 그리고 최종적으로 경력의 사용법을 익히게 된다. 이처럼
체기는 굴근 사용에서 신근 기술로 진화한다
는 법칙이 있다(필자는 그렇게 생각한다). 굴근 사용에서 신근 기술로의 진화는 인간 개개인에게 있어서도 그렇지만 무술이나, 스포츠, 그밖의 예능에 관한 기술 체계에 있어서도 역사적으로 일어난다.

예컨대 「잡는다」고 하는 작업의 경우 당연하지만 굴근을 이용해서 엄지손가락을 구부려서 잡는데, 보다 강하고 보다 효율적으로 잡는 작업을 행하는 동안에 꽉 쥐지 않고 잡는 요령이 발달한다. 이것에 관해서는 제5장에서 상세히 설명하겠지만 그것은 바로 신근을 사용해서 잡기 때문이다. 원숭이가 나무를 옮겨 다니자면 나뭇가지를 붙잡아야 하는데, 이것도 엄지손가락을 제외한 네 손가락을 걸쳐서 이「잡기」를 하고 있다. 이 때문에 어떤 원숭이는 엄지손가락이 퇴화해 버리고 네 손가락이 길어졌다고 한다. 이것은 철봉 선수가 엄지손가락을 쓰지 않고 네 손가락만을 걸치고 연기하는 것과 같다. 이것은 굴근 사용 → 신근 기술의 진화가 역사적으로 육체까지도 변화시킨 예이다.

활은 석기 시대에서부터 사용되고 있었던 도구이다. 어린이가 그 활을 당기면 대개 굴근을 사용하여 당긴다. 이것은 어린이이기 때문에 그러는 것이 아니다. 어른이라도 활을 쏠줄 모르는 사람은 역시 당겨서 쏜다. 궁도를 배우고서야 비로소 등의 신근을 사용해서 팔을 좌우로 펴는 힘으로「활을 당길」수가 있는 것이다. 이것은 역사적으로 굴근 사용에서 신근 기술로 진화

제2장 신장 기법 67

그림 2-7

① 아이들이 활을 「당기고」 있다. 이것은 인류가 활을 발명했을 무렵에는 역시 굴근으로 당기고 있었을 것이라는 확신을 주고 있다.

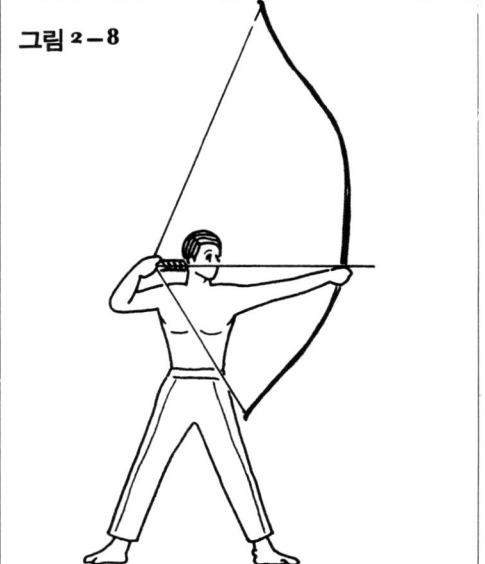

그림 2-8

② 활을 쏘는 방법이 확립된 것은 상당한 고대일까? 그것은 굴근으로 당기는 것이 아니고 등의 신근을 사용하며 팔을 좌우로 내뻗는 힘으로 당기는 것이다. 이 힘이 십자경(十字勁)이다.

한 예이다.

　예컨대 줄다리를 보자. 처음에는 밧줄을 팔 힘으로 잡아당기려고 하지만 숙달되면 다리를 내디뎌 펴고 몸을 뻗으며 당기게 된다.

　무거운 물건을 드는 경기가 있다. 일본에서는, 예컨대 큰 돌의 세 부분을 배위에 얹은 다음 끌어안고 어느 정도 옮길 수 있는가 하는 힘 겨루가 있다. 이것은 말할 것도 없이 굴근의 힘이다. 또 한편 이 힘 겨루기가 진화한 것은 아니지만 올림픽의 역도에서는 신근력을 사용해 보다 무거운 물건을 들어올리고 굴근으로 받치는 기법이 발달했다.

　또 공수도의 정권(正拳) 찌르기의 경우 내미는 팔과 반대쪽의 팔은 당기기수가 되는데, 이것은 양손을 앞뒤로 나누면 찔러내기 쉽기 때문이다. 이 당기기수를 굴근으로 당기면 앞뒤의 힘은 중화하여 주먹의 위력은 반감한다. 그러나 이것도 활을 당기는 것과 같아서 가격(加擊)의 순간에 당기기수의 팔꿈치를 신근으로 뒤쪽에 뻗는다. 이렇게 하면 십자경(十字勁)이 작용해서 주먹의 위력은 증대한다. 이것은 경타법(勁打法)의 마지막에 이용되는 기법이다.

　이와 같이 하여 처음에는 굴근의 힘이 사용되는 체기(體技)는 신근력이 쓰일 수 있도록 진화하는 것이 필연이다. 그것이 외가권→내가권으로의 발전이고, 유술→합기 유술로의 발전이라고 필자는 생각하는 것이다. 이것이 태극권 및 대동류(大東流)합기유술의 본질이다. 그러나 이런 무술이「기(氣)」를 양성하는 데 효과적이라는 것을 부정하는 것은 아니다.

제 2 장의 요점

「타격」한다는 것은 팔을 펴는 운동이다. 그래서 타격의 주동력(主動力)은 팔을 펴는 힘, 즉 「팔 신장력」인 것이다. 팔 신장력을 강화하자면 어떻게 해야 하는가? 거기에는 다음의 세 가지 방법이 있다.

> **팔 신장력의 강화**
> ① 근력 트레이닝에 의해 팔의 신근을 강화한다.
> ② 요배근(腰背筋)과 각신근(脚伸筋)을 동시에 편다.(공동력)
> ③ 근력 트레이닝 등에 의해 요배근과 각신근을 강화한다.

팔 신장력의 문제점은 팔이 본능적으로 힘을 준다는 데 있다. 이것은 앞다리가 꽉 죄는 도구였다는 동물로서의 3억5천만년 동안의 역사에서 강한 힘을 내려고 의식하는 것만으로도 굴근이 긴장하기 때문이다.

> 팔을 강하게 ⇨ 굴근이 수축
> 뻗는다   ⇨ 신근이 수축

   이 때문에 팔과 가슴이 긴장하지 않도록 훈련하지 않으면 안 된다.
   특히 일본인의 문제점은 허리가 펴지지 않기 때문에 팔 신장력이 약하다는 것이다. 그래서 의식적으로 허리를 펼 필요가 있다.
   인간의 팔을 사용하는 체기(예능에 관한 일)의 경우 초보자는 굴근의 힘을 이용해서 행하지만 차츰 신근력을 사용하도록 향상해 가야 한다. 그러나 보통은 이 팔의 굴근 감각이 본능이기 때문에 체기가 향상되기가 힘든 것이다. 그래서 체기의 이상은 신근 기법임을 인식하고 신근의 사용을 의식하면서 기술을 훈련하는 것이 향상의 지름길이다.

제 3 장
합속(合速) 기법

3-1 기 세

물체를 타격하는 데 클럽이나 배트 또는 주먹 등을 쳐서 내는 테크닉이 있으며, 이것을 제1장에서는 사출(射出) 기법으로서 설명했다.

또 물체를 타격하자면 주된 파워로서 팔의 신장력이 이용되며, 그 팔 신장력을 동시에 사용함으로써(공동력) 더욱 강력해질 수 있다는 것을 제2장에서 설명했다.

그럼 이「사출(射出)」과「팔 신장력」과의 관계에 대해서 다음에 살펴보기로 하자.

야구와 같은 스포츠에서도 공수(空手) 등의 무술에서도 또는 일상의 노동 작업에서도 기술의 위력을 높이기 위해 공통되게 기세를 돋군다. 이

기세를 돋군다

는 것은 무엇인가?

벌써 10년도 더 된 일이다. 어떤 **TV** 프로그램에 한 고교생이 출연하여 야구의 배트를 차서 꺾는 장면을 두세 번 본 기억이 있다. 물론 손잡이의 가느다란 데를 차서 꺾는 것이지만 아픈 것을 꾹 참고 아무리 열심히 내차도 좀처럼 꺾이지는 않는다. 그런데 좀 떨어진 데서

앞으로 뛰어들며 기세를 돋구어

내차면 그 단단한 배트를 차서 꺾을 수 있는 것이다.

이처럼 「기세를 돋구어서」 뭔가를 행하면 기술의 위력을 높일 수가 있다. 고교생이라도 독습으로 배트를 차서 꺾을 수 있게 되는 것이다. 기세를 돋구어서 어떤 운동을 함으로써 그 운동의 위력은 증대하는 것이다. 즉 다음과 같은 관계가 있다.

기세 돋구기＋차기＝강력한 차기

혹은 언덕길을 자전거로 오르려는 경우 우선 언덕길까지 기세를 돋구고 다가가서 언덕길에 이르는 부분에서 더욱 세게 페달을 밟으면 어떻게든 오를 수가 있다.

또 분동을 단 끈을 휘두르는 경우를 생각해 보자. 분동이 1회 전한 뒤 돌아올 때마다 끈을 잡아당겨 속도를 올리면 격렬한 스피드로 휘두를 수가 있다.

예컨대 큰 도랑이 있는데 그곳을 넘어야만 한다. 넓어서 도저히 뛰어넘을 수 없을 경우 멀리에서부터 달려와서 기세를 돋구면 뛰어넘을 수가 있다. 즉 이것은 넓이 뛰기이다. 육상의 넓이 뛰기에서는 도움닫기로 기세를 돋구어 땅바닥을 차고 뛰어 도약한다.

기세를 돋구는 운동 ⇨ 달리기
목전한 운동　　　 ⇨ 뛰기

여기서 「기세를 돋군다」는 것이 뭣인가를 정리해 보자.

운동량 보존의 법칙은,

　　　외력(外力)이 작용하지 않는 물체계(物體系) 전체의 운동량은 변하지 않는다

는 것이었다. 그것은,

**운동하고 있는 물체계에 외력을 가하면
그 운동량은 변화한다.**

는 것이다. 이 경우 외력이 물체계의 운동과 동일 방향으로 가해질 때 운동의 스피드는

가속(加速) 되고

당연하지만 운동 방향과 역방향으로 외력이 가해지면 운동은 감속(減速)하게 된다.

그런데 여기에서「기운을 돋군다」고 하는 것은 어떤 목적하는 운동의 효과를 높이기 위해 그 운동을 행하기에 앞서서 그 운동과 동일 방향의 운동을 예비적으로 행하는 것이라고 할 수 있다.

여기서 목적한 운동의 효과를 높이기 위해 예비적으로 행하는 운동을「가속 운동」, 목적한 운동을「주체(主體) 운동」으로 부르기로 한다.

넓이뛰기를 예로 들어 보기로 한다.

지금,

도움닫기, 즉 가속 운동의 속도=V_1

도약(跳躍), 즉 주체 운동의 속도=V_2

로 하고 m을 인체의 질량으로 하면,

가세(加勢) 운동의 운동량=mV_1

주체 운동의 운동량=mV_2

이다. 여기서 양자의 운동 방향이 동일하다고 하면,

넓이 뛰기의 운동량=$m(V_1 + V_2)$

이고, 주체 운동의 운동량보다 큰 운동량을 얻을 수가 있다.

이것이 자동차일 경우라면 일정한 스피드로 달리고 있을 때에 액셀(가속 장치)을 고속 회전시켜서 마력(馬力)을 가하면 간단히 가속되어 속도가 오른다. 그러나 기계에서는 간단한 「가속」이란 조작도 인간의 신체 조작으로 실현하는 것은 상당히 어려운 것이다. 그래서 예컨대,

넓이 뛰기에서는 「땅바닥을 차고 뛴다」는 기술

이 필요해지게 되는 것이다. 즉 가세 운동과 주체 운동의 두 힘을 가하기 위한 기법이 합속 기법이다. 사출 기법에서 「비축」이 필요했던 것처럼 가속 운동과 주체 운동을 확실하게 구별하여 운동하는 것이 필요하다. 즉 가세 운동을 일단 멈추고 즉각 주체 운동으로 이어지는 것이다. 이 결합의 기법을 합속 기법으로 부르기로 한다.

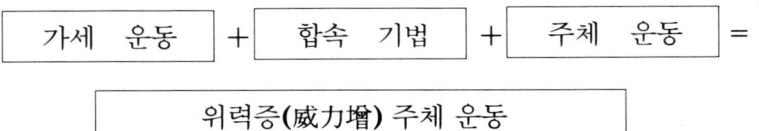

3-2 주동력(主動力)

합속이라는 것은 가세 운동과 주체 운동의 운동 에너지를 가하는 것이다. 그러나 여기서는 편의 적인 표현으로서 속도를 맞추는 「합속」으로 했지만 별도로 가속이나 합력(合力)으로 해도 마찬가지이다.

타격 운동을 행함에 있어서 그 운동의 주체 운동은 무엇인가를 분명히 인식하고 행하는 것이 중요하다. 그것은 주체 운동을 의식하지 않고 가세 운동의 테크닉만을 생각하는 경향이 있기 때문이다.

그럼 주체 운동이란 무엇인가? 예컨대 골프를 살펴보자. 웨이트 시프트만이거나 허리를 비트는 것만으로는 공을 날릴 수 없지만 팔을 흔드는 것만으로 공을 날릴 수는 있다. 골프의 목적은 공을 멀리 날리는 데 있다. 때문에 이 팔을 흔드는 운동, 즉 팔을 펴는 운동이 주체 운동이 된다.

그러면 타격으로 대표되는 「치기·찌르기·던지기」 운동에서의 주동력은 무엇인가? 이런 것은 모두 팔을 뻗는 운동이기 때문에,

주동력=팔의 신장력

이다. 즉 팔 신근의 신장력이다. 팔의 신장력은 제2장에서 설명

한 것처럼 전신의 신장력에 의해 강화될 수가 있으므로, 이상적으로는

주동력=전신의 신장력에 의해 강화된 팔 신장력

이다. 그러나 최악의 경우에는 굴근력에 의해 저해된 팔 신장력이 된다.

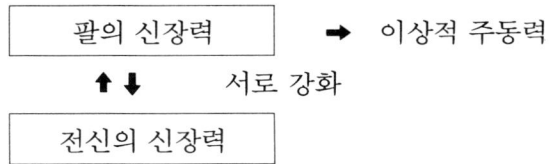

따라서 가세 운동은 다음과 같이 나타낼 수가 있다.

기세를 돋구고서 + 타격한다 = 가세력 + 주동력(팔 신장력)

활을 쏠 경우에는 가속의 문제는 없으므로 축경된 탄성 에너지가 동력 그 자체이다.

배트를 칠 때는「기세를 돋군다」는 것은 전진력으로「차는」동작이 주체 운동, 다리를 차서 펴는 힘이 주동력이다. 그렇기 때문에,

가세를 돋구어서+차기=가세력+주동력(각부 신장력)

이 된다. 다만 각부 신장력도 전신의 신장력에 의해 강화할 수가 있다. 이처럼

타격에서의 두번째 과제는「합속」

이다. 그것은 가세 운동으로 만들어진 가세력과 운동의 목적인 주체 운동의 힘인 주동력을 합성하는 일이다. 그리고 문제는 어떻게 해서

가세력과 주동력을 합성하고 강화하는가?

하는 것이다.

그럼 어떻게 하면 힘을 합성할 수 있는가? 그것은
가세 운동과 주체 운동을 명확히 구별
해서 행하면 된다. 즉 가세 운동을 한순간 멈추고 주체 운동을 행한다. 이 경계가 애매한 채 일련의 동작이 되게 해버리면 합속할 수가 없다. 이 가세력은 사출력이라 봐도 된다. 타격 운동에서 체중의 이동으로 사출할 경우 체중의 이동이 멈추는 것과 동시에 가격부(加擊部)가 사출되는데, 이 사출 동작에 이어서 가격 동작, 즉 팔과 몸을 신장시키면 된다.

다만 가격부가 사출되기 위해서는 몸의 이동이 멈추기까지 사출 동작을 비축해 둘 필요가 있다. 그러한 기술은
의식적으로 훈련
하지 않으면 실용화할 수 없고 자연 성장적으로 완성되는 것이 아니다.

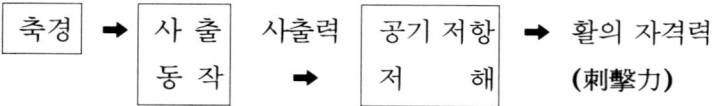

① 활의 경우에는 축경 에너지가 그대로 공기 저항에 의한 저해를 받아서 화살의 에너지는 감쇠한다.

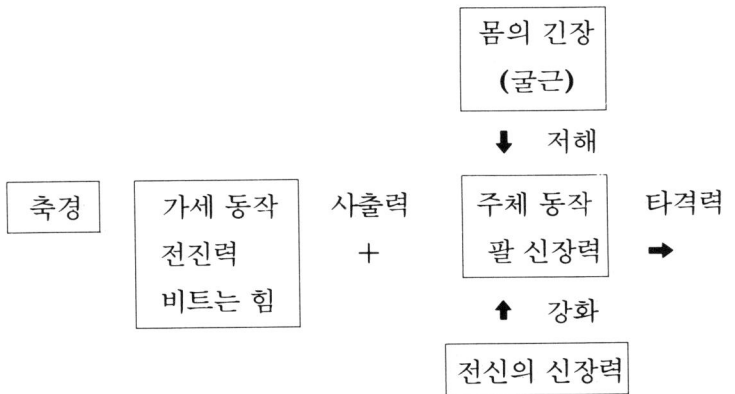

② 팔에 의한 타격의 주동력은 전신 신장력으로 강화된 신장력이다.

3-3 원전(圓轉) 합속법

요컨대 합속(合速)한다는 것은 어떤 한 가지 운동을 하는데 두 번 이상의 힘을 합하는 일이다. 즉 최저 2단의 힘을 가하는 것이다. 그러나 기계라면 직선상이라도 마음대로 가속(합속)할 수 있지만 인간이 팔을 쑥 내밀면서 두 번 힘을 주어 찌르기의 스피드를 늘린다고 하는 것 같은 일은 도저히 불가능하다. 예컨대 목도(木刀)로 상대를 치려고 할 때 한순간의 공격에 두 번 힘을 준다는 것은 보통 방법으로는 불가능하다.

그래서 여러 가지의 테크닉을 이용하여 합속하는 기법을 필자 나름대로 분류해 보면 대체로 다음과 같다.

> (1) 원전 합속법
> (2) 사출 합속법 ① 순정지법(順停止法)
> (3) 사출 합속법 ② 역정지법(逆停止法)
> (4) 경력 합력법(勁力合力法)

우선 첫째로 원 운동을 이용하여 합속하는 기법이 있다. 이것은 합기 던지기나 그 밖의 던지기 기술에도 흔히 사용된다.

그 유사한 예로서 팽이 치기를 보자. 팽이는 끈을 감고서 앞쪽을 향해 내던지는데 작게 원을 그리도록 홱 당긴다. 이것은 손으로는 앞쪽, 뒤쪽으로 두 번의 힘을 가하지만 팽이에는 앞쪽으로의 힘이 두 단계로 가해지는 것이다. 이 팽이 치기의 감각을 생각해 보면 원전 합속법의 요령을 쉽게 알 수 있을 것이다.

원전 합속법의 첫번째 실례인 채찍질을 살펴보자.

우선 채찍을 앞쪽으로 쳐내고 순간적으로 매섭게 작은 원을 그리며 당긴다. 이에 따라 채찍의 앞쪽 끝에는 앞으로 갈수록 두 단계의 힘이 작용하고, 그것이 합속되어 스피드를 증대시키는 것이다. 또한 채찍은 그 한 점이 접촉하면 거기에서부터 앞의 부분에는 사출력이 작용하고, 더욱 세게 감기도록 내동이쳐

제3장 합속 기법 **81**

 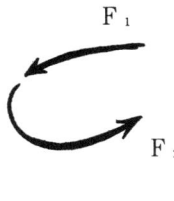

힘의 운용(運用)

팽이 치기는 ① 내동댕이치기, ② 당기기라는 두 단계의 힘을 가한다.

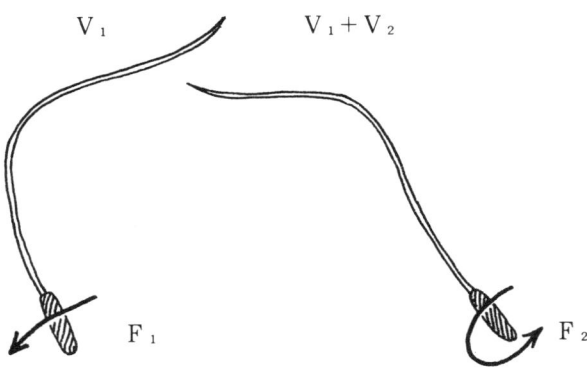

① 쳐낸다.　　② 당긴다.

채찍도 ① 쳐내기. ② 당기기라는 두 단계의 힘을 가한다.

지는 것이다.

　목도(木刀)나 또는 죽도(竹刀)로 원전법(圓轉法)을 이용해 손목 같은 부분을 세게 치는 방법이 있다. 그것은 앞쪽으로 쳐낸 목도를 작게 원을 그리며 되돌려서 치는 것이다. 채찍의 요령이라 생각하면 된다. 언젠가 다케다 소오가쿠(武田惣角)가 목욕탕에서 돌아오는 길에 젖은 수건 하나를 무기로 치한들과 싸웠다고 전해지는데, 그 때 이 원전 합속법을 사용했을 것이다.

　합기유술의 사방 던지기도 원전 합속법을 이용해서 상대를 땅바닥에다 세게 내동댕이친다. 예컨대 상대에게 손목을 잡혔을 때, 우선 합기(合氣)를 걸어서 손목을 잡고 몸을 변경하여 상대의 팔꿈치를 구부려서 손목을 끌어내리는데, 원전법을 사용할 때는 잡은 손목을 지상에 닿을락말락하게 원전하여 끌어올린다. 이것으로써 상대를 땅바닥에 세게 내칠 수가 있다.

실례①
대동류 3조항에
겉면 쳐서 사방 던지기

　사진① 잡기는 받기의 겉면에 왼손날을 내리꽂는다. 받기는 잡기의 손목에 오른손바닥을 맞아서 붙이고 끌어내리면서 왼손에 넘겨 왼손으로 잡기의 손목 내맥(內脈)을 3조항으로 잡고, 오른발부터 뛰어든다.

제3장 합속 기법

사진 ② 받기는 왼발, 오른발의 차례로 뛰어들어 왼손을 치켜올리고(이 보법이 1조항과 다른 점이다).

사진 ③ 우로 돌기의 요령으로 뒤돌아보며 잡기의 왼팔꿈치를 구부려서.

사진 ④ 그대로 단숨에 끌어내리고 지상에 닿을락말락한 데서 급격히 끌어올린다.
이 원전 합속법으로 세게 내동댕이칠 수가 있다.

운경도(運勁圖)

실례②
양손 잡아 합기에 던지기

사진① 양손이 잡히면 합기를 걸어서 밀어올린다.

사진② 오른발을 낮추고 양손을 뒤쪽으로 유도하고.

사진③ 끌어내린 데서 원전하여 치켜올리고 상대를 뒤쪽으로 뿌리친다. 이 부분이 원전 합속법이다.

예컨대 상대를 3조항 관절꺾기를 먹이고 치올려 던지려고 한다면 끌어내리는 도중에서 원전하여 끌어올리면 된다.

이처럼 원 운동을 이용해서 두 단계의 힘을 합속할 수가 있는 것이다.

3-4 사출 합속법① -순정지법(順停止法)

사출 합속법은 골프 타격에서의 「왼쪽의 벽」에서 보았던 것처럼 급정지에 의한 사출에 맞춰서 주동력을 발동하는 방법이다. 그 급정지 방법에 두 종류가 있다. 그것은 골프의 타격에서처럼 단지 정지를 하는 방법과, 야구의 배트처럼 역방향으로 밀어서 되돌리는 방법이다. 이 책에서는 단지 정지를 거는 방법을 「순정지법」, 역방향으로 정지를 거는 방법을 「역정지법」이라고 부르기로 한다.

급정지의 방법 ① 순정지법
       ② 역정지법

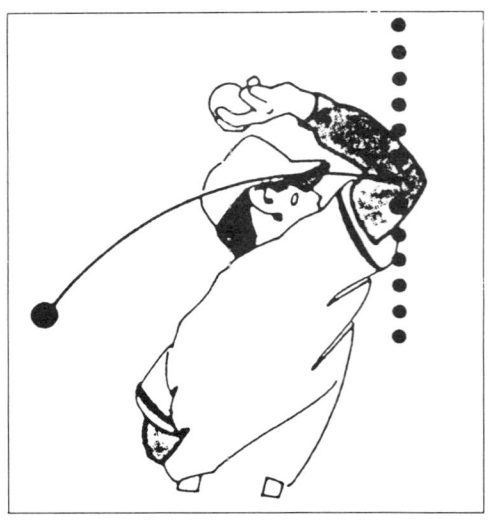

**실례①
야구의 투구**

허리가 순정지(順停止)한 데 이어서 팔꿈치가 순정지한다. 여기서 손목이 사출된다. 거기에 맞춰서 연속하여 팔 신장력을 사용한다.

순정지법은 일반적으로 사용되는 방법이다. 왼쪽의 벽에 충돌하여 정지하는 이미지를 떠올리면 된다. 차기, 쫓아가서 찌르기, 역찌르기, 손날치기, 골프의 타격, 야구의 투구 등은 이 방법에 의해 위력을 높일 수가 있다.

제3장 합속 기법 **87**

실례②
손날 치기

사진① 손날을 치려고 한다. 허리를 비틀고 축경(畜勁)한다.

사진② 허리의 긴장을 해방시켜서 허리를 순정지하고, 그에 의해 팔꿈치가 사출되면 몸 앞에서 순정지한다.

사진③ 팔꿈치의 순정지에 의해 손바닥이 사출된다. 여기에 맞춰서 등을 펴고 동시에 팔 신장력을 발동한다.

**실례③
궁보 하자**(弓步下刺)
규정 42식 태극검(太極劍)
에서

사진① 허리를 좌우로 충분히 비틀고 축경한다.

사진② 뛰어들면서 급정지하고 순간적으로 허리의 긴장을 해방시키며 순정지한다.

사진③ 허리의 순정지에 의해 검이 사출된다. 그와 동시에 등을 펴고 팔 신장력을 발동한다.

실례④
마보 추검(馬步推劍)
규정 42식 태극검에서

사진① 허리를 오른쪽으로 비틀어서 축경한다.

사진② 오른발을 내딛고 오른쪽 발뒤꿈치를 앞쪽으로 비틀어 넣어서 급정지를 건다. 순간적으로 허리의 긴장을 해방하고서 순정지를 건다.

사진③ 허리의 순정지에 의해 검이 사출된다. 동시에 등을 펴고 팔 신장력을 발동한다.

**실례⑤
안수 굉추(按手肱推)
42식 종합 태극권에서**

사진① 무게 중심은
오른발에 6분(分)을 두고
허리를 비틀어서 축경한다.

사진② 무게 중심을 왼발에
옮겨서 급정지를 걸고
순간적으로 허리의 긴장을
해방하면서 순정지를 건다.

사진③ 허리의 순정지에
의해 주먹이 사출된다. 동시에
등을 펴고(경력 발동)
연속해서 팔을 신근
발골(伸筋拔骨) 한다.

제3장 합속 기법 91

**실례⑥
강유류(剛柔流) 뒷주먹치기
개수형(開手型) 사이파에서**

사진① 뒤주먹은 스냅으로
치는 타법(打法)이다.
 우선 팔꿈치를 치켜올린다.

사진② 팔꿈치를
반전(反轉)하여
끌어내려서(이것은 원전
합속법이다), 손목의 순정지에
의해 주먹을 사출한다(이것이
스냅이다).

사진③ 사출에 이어서
순간적으로 끌어내린다.
이처럼 강유류의 뒷주먹은
스냅에 의한 사출력과
끌어내리는 힘을
합력(合力)하는 방법이다.
 팔꿈치를 오르내리게 하는
것은 접근전(接近戰)의
기법이다.

3-5 사출 합속법② - 역정지법(逆停止法)

역정지법도 순정지법과 똑같이 다음의 두 가지 경우가 있다.
   ① 전진 운동의 정지
   ② 허리의 비틀어 되돌리기 운동의 정지
 전진 운동의 정지일 경우에는 내디딘 앞발을 역방향(뒤쪽)으로 버티고 급정지한다. 앞 항목의 순정지법에서는 「왼쪽의

실례①
 역정지를 이용해서 사출하고 있는 야구의 타격 폼. 앞발로 버티고 몸을 밀어젖히고 있다.

벽」 또는 「정면의 벽」에 부딪쳐서 정지하는 이미지였지만 역정지법의 경우는 왼쪽의 벽 앞에서 급브레이크를 걸어서 급정지하는 이미지이다.

 허리 축경의 해방이라면 허리를 역방향으로 비틀어 되돌리고서 급정지를 거는 것이다.

 역정지법은 순정지법에 비해 강력한 사출력을 얻을 수 있다고 한다. 역정지법을 이용한 기법에 형의권(刑意拳)의 발경(發

실례②
형의권의 「붕권(崩拳)」
 앞발 뒤로 보내기에 역정지를 걸고서 주먹을 사출하고 있다. 이 때 뒷쪽 발은 아직 땅바닥을 딛고 있지 않다.

실례③
궁보 붕검(弓步崩劍)
규정 42식 태극검에서

사진① 오른발을 내딛어서 궁보(弓步)가 되고 정지, 허리는 왼쪽에서 오른쪽으로 비틀어 넣는다.

사진② 더욱 허리를 역방향(오른쪽에서 왼쪽)으로 비틀어 젖히고 급정지를 건다.

사진③ 허리의 역방향 급정지에 의해 검은 사출된다. 동시에 등을 신장시키고 (경력 발동) 연속하여 팔 신장력을 발동한다.

실례④
소림류(小林流)의 구쿠치
오키나와 소림류
공수도에서

사진① 앞굽혀서기로 옆받기를 하려고 한다. 우선 허리를 왼쪽에서 오른쪽으로 비틀어 넣는다.

사진② 더욱 허리를 역방향(오른쪽에서 왼쪽)으로 비틀어 젖히고 급정지를 건다.

사진③ 손목은 허리의 역방향 급정지에 의해 사출된다. 동시에 등을 신장시킨다.

주(注): 오키나와 소림류 공수도에서는 발경 기법의 일부를 구쿠치라는 명칭으로 전승하고 있다.

勁)이 있다. (필자는 그렇게 생각한다.)

「반 걸음의 붕권(崩拳)이 널리 천하를 친다」고 알려진 형의권의 명수 곽운심(郭雲深)의 붕권은 역정지법에 의한 발경의 위력이 그 비밀일 것이다. 즉 내디딘 앞발을 역으로 되돌려 딛고 급정지를 걸면 주먹이 사출된다. 동시에 주동력인 팔 신장력(과 등의 신장력)을 내는 것이다. 다만 다음(93P)의 사진에서 보는 것처럼 역으로 되돌려 딛는 것은 발 감각이 그렇다는 것이지 그다지 외견에 나타나 있지는 않다. 역정지법은 가격시에 뒤쪽에 있는 땅을 꽉 딛고 있지 않는 것이 특징이다. 이처럼 앞발로 몸을 뒤로 밀어젖히는 역정지의 수법이 사출력을 높이는 것이다.

3-6 경력(勁力) 합력법

　이 방법은 상대와 접촉하는 경우 힘을 내게 되므로 「합력법(合力法)」으로 했는데, 합속이나 가속(加速)에서도 마찬가지이다.
　경력 합력법은 일상 생활에서 종종 사용하게 되는 방법이지만 의식적으로 사용하지 않으면 단순한 완력이 되고 만다.

이 방법은 우선 상대에게 접촉하거나 좀 떨어져서 경력을 낸다. 물론 이 경력이란 팔을 통해서 힘을 가하지만 직접적인 파워원(源)으로서 이용하지 않고 등의 파워를 이용하는 전달력이다. 그리고 경력의 발동에 이어서 팔 신장력을 발동하는 것이다. 즉 다음의 관계이다.

> 경력 합력법 = 경력 + 팔 신장력

예컨대 일본 씨름에 팔로 상대의 가슴을 밀어내는 기술이 있다. 팔을 겨눈 채 부딪치면 이것이 경력이다. 그리고 거기에서 상대를 움직인 순간에 팔 신장력을 발동하면, 경력과 팔 신장력이 합력되어 팔로 상대의 가슴을 밀어내는 기술의 위력은 증대한다.

바벨을 들어올리는 경우에도 이 경력 합력법을 이용해서 무거운 중량을 들어올릴 수가 있다. 예컨대 역도에서는 팔을 바벨에 걸치고 우선 각부(脚部), 요배부(腰背部)의 근육 파워로 가슴 앞까지 끌어올린다. 이 때 팔은 단순한 끈으로서 이용된다. 이 힘이 경력이다. 이 경력에 의해 떠오른 바벨을 팔 신장력에 의해 더욱 밀어올리는 것이다.

이처럼 경력 합력법은 경력과 팔 신장력을 합력하여 힘의 증대를 도모하는 방법이다. 이것을 타격에 이용하면 촌경(寸勁)이 된다. 이는 합기 띄우기수에 이용하는 방법이기도 하다. 또 몸의 합기에서는 팔 신장력 대신에 몸의 움직임이 합력된다. 태극권에서는 이런 힘의 사용법을 카오(靠)라고 한다. (카오에 관해서는 제4장 참조)

실례① 역도

　위의 사진은 경력을 사용했을 때이다. 다리의 신장력, 등의 신장력, 또한 발 끝의 신장력까지도 총동원해서 바벨을 끌어올리고 있음을 잘 알 수 있다. 그리고 손 끝에 작용하는 집중력이다. 여기서 팔은 끈으로서 사용되고 있는데, 바벨은 전신의 신장력에 의해 끌어올려진다. 사진에서 바벨은 공중에 떠오르고 있는 상태이며, 따라서 팔을 구부려서 끌어당기는 것이 아니라 바벨의 떠오름에 따라서 구부러질 뿐이다. 팔의 힘은 전혀 필요로 하지 않은 것이다.

이어서 바벨 밑으로 순간적으로 들어가고(그 순간은 바벨의 중량이 제로가 된다), 거기서 각부 신장력·요배부 신장력·팔 신장력을 충분히 사용하여 밀어올린다(밀어올린 뒤 그 중량에 견디자면 굴근의 힘이 필요하다).
 이렇게 경력과 팔 신장력을 합력함으로써 팔 힘만으로는 들어올리기 힘든 중량을 들어올릴 수가 있는 것이다.
 왜 발경이나 합기도는 힘을 쓰지 않는 기술이라고 하면서 이런 역도가 참고가 되는가? 그것은 어느 기술도 경력을 이용하는 단계에서는 모두 똑같다. 즉 타격의 경우도 각력(脚力), 요배근의 종합력을 파워로서 사용하는 데까지는 같다. 그러나 역도와 다른 것은 팔의 사용법이며, 팔이 끈으로서 사용되는 것이 아니다.
 발경은 기의 폭발에 의해 가공할 위력이 나온다고 믿는 사람이 많다. 즉 그것은 힘의 수 십배, 수 백배의 위력이라는 것이다. 그러나 실제로 그렇게 차이가 있는 것은 아니다.
 역도의 경우 팔 힘만으로 바벨을 들어올리는 것과 테크닉에 의해 드는 것과는 도대체 어느 정도의 차이가 있는 것일까? 일본 우라와시(浦和市) 교육위원회의 하세가와(長谷川幸助)씨에 따르면 두 배 반에서 세 배 정도라는 것이다. 그래서 타격법의 발경에서도 경력(勁力) 사용의 단계에서는 팔 힘과의 차이는 수 배라고 할 수 있는 것이 아닐까? 다만 발경의 경우는 제4장에서 설명하는 투철법(透徹法)에 의해 투철력이 합력되므로 더욱 위력이 증가하는 것이다.

**실례② 마보고(馬步靠)
규정 48식 태극권에서**

사진① 오른손바닥의 중심을 아래로 하여 머리까지 올리고 왼주먹을 배 앞에 내린다.

사진② 왼팔은 원상(圓相)이 되게 하여 카오를 비축하고, 오른손바닥은 왼쪽 상박의 안쪽까지 내려서 손바닥 중심은 앞으로 보낸다.

사진③ 왼발을 약간 내딛고 젖히는 것과 동시에 축적을 해방하여서 왼팔의 카오를 낸다. 이 내딛고 젖히기의 요령이 역정지 사출법이다.

제3장 합속 기법 101

실례③
암수 촌추(庵手肘捶)
전통(傳統) 진식
태극권에서

사진① 주먹에 힘을 주지 않고 내리친다. 주먹은 허권(虛拳).

사진② 몸의 바로 앞에서 요배근을 신장시키고 그 힘을 손 끝에 전달시킨다. 이것이 경력이다.

사진③ 주먹을 전사(纏絲)시키고 쳐서 편다. 몸에 닿기 직전에 실권(實拳)이 된다. 이 주먹은 악장력(握張力)으로 잡는다.
이 때 왼팔은 당기는데, 긴축력(緊縮力)으로 당겨서는 안 되고 오른주먹과 왼팔꿈치 앞뒤로 뻗는 요령으로 한다. 이것이 투철 기법이다. 또 ②,③은 촌경(寸勁)의 타법이다.

> 경력 합력법 ⇨ 촌경(寸勁) 손목의 합기 몸의 합기
> 카오(靠) 역도

주(注):고(靠)의 중국음(中國音)은 카오(Kao)로 읽는데, 이것은 근거리에서의 투철력이며 합기의 힘과 똑같다. 제4장 4절에서 상세히 설명한다.

제 3 장의 요점

타격의 주동력은 팔을 뻗는 파워이다. 그 팔의 신장력은 몸 전체 신근의 공동력으로 더욱 강화할 수가 있다. 따라서 타격의 주동력은 몸 전체의 신장력인 것이다. 그 주동력의 위력을 증대시키려면 기세를 돋구고서 주동작(主動作)을 행하면 된다. 그것은 양쪽 동작의 속도를 맞추거나 또는 힘을 맞추는데, 표현은 달라도 같은 것이다.

타격력 = 가세력 + 주동력

또 가세력은 사출 기법에 의해 사출력으로 변환되기 때문에 타격력은 다음과 같이 된다.

타격력 = 사출력 + 주동력

이 사출력과 주동력을 가산하는 방법이

사출 합속법

이며, 순정지법과 역정지법의 두 가지 방법이 있다. 순정지법은 차가 벽에 충돌해서 정지하는 이미지이고, 역정지법은 벽 앞에서 역분사(逆噴射)로 물리치는 이미지이다. 사출법은 주먹이나 어떤 도구를 축적해 두는 것이므로 필연적으로 멀리에서부터 주먹을 날려서 타격하는 것 같은 방식, 즉 장경식(長勁式)이 된다.

사출법을 이용하지 않는 타격법도 있다. 이것은 몸을 맡기고 있을 경우에 발력(發力)하는 것, 즉 합기를 거는 경우이다. 또는 상대의 몸 가까이에서 타격하는, 즉 촌경이나 척경(尺勁) 같은 방식이다. 이것은

경력 합력법(勁力合力法)

으로 명명했다. 이밖에 원 운동을 이용해서 합력하는 방법을 원전 합속법(圓戰合速法)으로 명명했는데, 발경의 범위에는 들지 않을지도 모른다.

발경 기법으로서의 합속법

(1) 장경식(長勁式)　사출 합속법　①순정지법　②역정지법
(2) 단경식(短勁式)　경력 합력법

제 4 장
투철(透徹) 기법

4-1 반발력(反發力)

물체에 힘을 가할 때에는 가해지는 힘의 역방향으로 반드시 같은 양의 반발력(항력)이 생긴다. 맨손으로 물체를 타격할 때 만약 주먹이나 손바닥이 부드러운 채 그대로 했다면 이 반발력에 견딜 수가 없다.

혹은 도구라면 배트나 클럽으로 공을 칠 경우 이 반발력으로 클럽이나 배트가 손에서 떠나려고 한다. 이 반발력에 대항하여 펀칭하기 위해서는 그 순간 잡기를 강화할 필요가 있다.

이 배팅 때의 악력(握力)에 관해서 90년의 어느날, 일본 텔레비전 아사히(朝日)의 스포츠 개스터 구리야마(栗山秀樹)씨가 흥미있는 이야기를 「뉴스 스테이션」에서 해설하는 것을 시청했다.

그의 말을 요약해 보자.

「야구에서는 악력에 두 종류가 있다. 그것은 보통의 악력과 수동 악력(受動握力)이다.

수동 악력이란 잡은 것을 벌리게 하는 그 힘에 대항하여 꽉 쥐는 악력을 말한다. 이 악력이 강하면 배트를 휘둘러 뺄 수가 있다. 배트는 공의 심(芯)에 맞았을 때에 충격이 가장 적고, 반대로 심에 맞지 않으면 충격이 크다. 임팩트시 수동 악력이 강하면 배트 잡기에 걸리는 충격을 견디고서 휘둘러 뺄 수가 있는 것이다.」

즉 구리야마(栗山秀樹)씨는 다음의 두 가지 악력이 있다는 것이다.

~~~~~~
  악력   보통의 악력계(握力計)로 가늠하는 악력
  수동 악력   벌리는 힘에 대항하여 꽉 쥐는 힘
~~~~~~

여기서 수동 악력의 문제는 잠시 접어 두자. 야구나 골프의 임팩트시 「손을 꽉 쥔다」고 하는 의견과 「꽉 쥐면 안 된다」는 의견으로 나누어져 있다.

왜냐하면 예컨대 A씨는 「힘주어 꽉 쥔다」는 것으로써 공이 난다는 체험을 갖고 있기 때문이다. 그럼 왜 똑같이 쥐면서 A씨는 비거리(飛距離)가 나오고 B씨는 비거리가 나오지 않았던 것일까?

실은 「똑같이 꽉 쥔다」는 데에 문제가 있는 것이다. 「꽉 쥔다」는 말에 누구나 똑같은 운동을 하는 것은 아니다. 그래서 A씨의 「꽉 쥐는 법」에서는 비거리가 나오는 것이며, B씨의 「꽉 쥐는 법」에서는 비거리가 나오지 않는 것이다. 즉 똑같은 「꽉 쥔다」는 표현에 대해 두 종류의 쥐는 법이 나오는 것이다.

A씨가   「꽉 쥐면」   악력 A   비거리가 나온다.

B씨가   「꽉 쥐면」   악력 B   비거리가 나오지 않는다.

여기서 구리야마씨의 수동 악력의 이론으로 돌아가자. 그것은「꽉 쥐지 않는 쪽이 좋다」거나「꽉 쥐는 쪽이 좋다」는 문제를 풀려는 것이 아니라 공을 가격할 때의 반발력에 대항해서 꽉 쥐는 것은 당연하다고 보고 어느 쪽의 악력이 강한가가 문제인 것이다. 즉 배트 또는 클럽으로 공을 칠 경우에는 수동 악력이 강할수록 비거리가 나오고, 보통의 악력으로는 아직 약하다고 생각하는 것이다.

이처럼 반발력에 대항해서「꽉 쥔다」는 것이 당연함에도 불구하고 어째서「꽉 쥐지 않는다」는 설이 존재하는 것일까? 그것은「꽉 쥐지 않는」쪽이 비거리가 나온다는 사람도 있기 때문이다. 즉「꽉 쥐는」것이 아니고 어떤 다른 요령으로 잡는다는 것이다. 조 고이즈미(小泉)씨는 그의 저서 ≪복싱은 과학이다 (베이스볼 매거진 社)≫에서 다음과 같이 적고 있다.

「필자가 나카시마(中島成雄) 세계 타이틀전의 조정(調整)에 관계하고 있었을 때 전 세계 페더, 주니어 라이트급 왕자였던 시바다(柴田國明)씨가 나카시마에게 어드바이스하러 왔던 적이 있었다. 그는 그럴 듯한 조언을 주었다.

"펀치에 스냅을 살리자면 날고 있는 파리를 재빨리 낚아채는 기분으로 맞힐 때에 주먹을 쥐면 좋다."

효력이 있는 펀치란 어깨에서부터 매끄럽게 내밀고 한순간에 너클을 굳히는 것이다.」

이처럼「파리를 홱 낚아채는 기분」이란 확실히「꽉 쥐는」것과는 다르다. 이런 손의 쥐는 법에 대해 검도에서는 죽도를 삼 배 행주를 쥐어짜듯이 쥐라고 하든지, 어떤 권법가(拳法家)는 계란을 쥐고 그것이 깨지지 않을 정도의 느낌으로 찌르라든지 하는 식으로 여러 사람이 여러 가지의 표현을 한다. 골프에서도 그립에 관해서 여러 가지로 표현하는 것을 유서(類書)에서 볼 수 있다. 이런 것은 모두 「꽉 쥔다」는 것과는 다른 어떤 굳히기를 설명하려는 것이다. 이런 「쥐기」를 가르치는 사람들은 「꽉 쥐는 것이 아니다」라고 설명하고 있는데, 힘을 주지 말라는 의미는 아니다.

그럼 「꽉 쥐었는데도」 비거리가 나온 A씨는 「어떤 요령」의 파악 방법을 「꽉 쥔다」고 표현하고 있는 것이며, 그리고 C씨는 똑같은 「어떤 요령」의 파악 방법을 「꽉 쥐지 않는다」고 정반대의 표현을 한 것일까? 그리고 그 「꽉 쥐는 악력」은 수동 악력인 것일까?

어떤 요령 파악 방법 (악력 A)	→ A씨는 「꽉 쥔다」고 표현 → C씨는 「꽉 쥐지 않는다」고 표현

4-2 악장력(握張力)

여기서 「악력」이란 무엇인가 다시 생각해 보자.
오늘날의 스포츠에서는

「악력」이라는 단순한 하나의 힘

으로 생각해 버리는 데에 문제가 있다.

이것은 ≪합기도의 과학≫에서 설명했듯 힘 감각을 단지 근육의 긴장이라고 단순히 생각해 버리는 것과 같은 잘못이다. 즉 근육의 긴장에는 두 가지 종류가 있으며, 그것은 굴근의 수축과 신근의 수축이다. 팔로 보면 굴근의 수축감이 힘 감각이고, 신근의 수축감은 「기감(氣感)」으로서 지각(知覺)되었던 것이다.

나는 이 책에서 「악력」에 관해서도 두 종류가 있으며 다음과 같이 명명해 놓는다.

> ① 악긴력(握緊力)   굴근에 의한 악력
> ② 악장력(握張力)   신근에 의한 악력

이 두 종류의 악력 내용은 다음과 같다.

① 악긴력   이것이 보통의 악력계로 가늠할 수 있는 이른바 악력이며, 팔의 굴근이 수축해서 발휘되는 힘이다. 이것은 손바닥에 아무것도 갖지 않고 꽉 쥐었을 때의 악력이다.

조력(抓力)의 단련

사진① 대동류 3조항 잡기수에 의한 단련.

사진② 대동류 4조항 잡기수에 의한 단련.

사진③ 대동류 3조항 잡기수 뒤쪽(안쪽 맥 잡기)에 의한 단련.

② 악장력   이것은 신근을 이용해서 세게 잡는 것이다. 엄밀히 말하면「잡는다」고 해야 할지 어떨지는 의문이 있다. 그러나 잡는 것과 같은 작용을 한다고 할 수 있다.

이처럼 단순히 굴근으로 잡거나 신근으로 잡는다고 하는 것은 엄밀하게는 부정확할지도 모른다. 그러나 감각적으로는 그것이 이해하기가 쉬우리라 본다.

또 하나의 악력, 즉 악장력은 중국 권법에서는 조력(抓力)으로서 인식되고 일정한 강화법이 확립되어 있다. 이것이 엄밀한 의미에서 악력(握力)이라고 할 수 있을지 어떨지는 의문이지만 팔 같이 굵은 것을 세게 잡기 위한 방법이며, 무술에서는 옛날부터 이용되어 왔던 잡기 방식이다. 독수리라든지 매가 사냥감을 발톱으로 잡을 때의 모양을 닮았기 때문에 중국 권법에서는 응조수(鷹爪手)로 불리운다.

대동류합기무술에서는 이 잡기를「반 잡기」라 하고, 보통의 악력으로 잡는 것을「밀착 잡기」또는「아마추어 잡기」로 부르고 있다. 또 동류(同類)에서는 이 잡기를 1조항에서 4조항까지의 기법 중에서 훈련하는데, 특히

3조항 잡기수   4조항 잡기수

라는 기술로 터득, 강화한다. 이 잡기수는 실용적인 면도 많지만 악장력의 터득과 강화가 그 주목적이다. 그것은 이 잡기수의 강화에 의해 모든 기술이 변혁되기 때문이다. 즉 이「잡기수」로 양성된「잡기의 투철력」은「손목 투철력」으로 발전하고, 잡는다고 하는 자세뿐만 아니라 손날치기에서도, 주먹치기에서도, 누르기수에서도, 혹은 합기 기술에서 등등 모든 기술의 위력을 높이는 것이다.

> 악력(握力) = 악긴력(握緊力)　굴근에 위한 잡기의 힘
> 조력(抓力) = 악장력(握張力)　신근에 의한 잡기의 힘

여기서 수동 악력의 문제로 되돌아가 보자.

악력에는 조력이 있고 수동 악력이 있다. 그러면 조력은 곧 수동 악력인 것일까?

그 대답은 같은 경우도 있고 그렇지 않은 경우도 있으며 사람에 따라 다르다고 할 수 있다. 수동 악력을 측정할 경우 측정 기구가 점점 벌려져서 굵어져 갈 때 사람에 따라서는 역시 굴근을 충분히 수축시킨 악력으로 저항할 것이며, 어떤 사람은 신근을 이용한 조력으로 저항할 것이다. 후자의 경우는 어떤 요령을 터득한 사람만이 할 수 있으며 기술적인 힘의 발휘법이라고 할 수 있다. 따라서 수동 악력으로서 측정해 보아도 어떤 사람은 악긴력을 측정하며, 어떤 사람은 악장력의 측정이 될 가능성이 있다. 다만 지름이 큰 것을 잡고 있으면「악장력」이 될 가능성이 크다는 것만은 확실하다.

물론 이 수동력은 악장력이어야 하며 이것을 명명한 사람은 악장력의 감각을 터득한 사람일 것이다. 그러나 그것을 터득하지 못한 사람에게는 그런 측정기를 사용하여 벌리는 힘에 대항했더라도 악긴력밖에 내지 못한다.

검도에서 죽도를 잡는 데는 악장력이 필요하다. 이 악장력을 강화하기 위해서는 목검의 연습 휘두르기가 유효하며, 또 한결같이 그 방법을 취하곤 한다. 그러나 그것은 강화법이며 터득법이 아니라는 것이 문제다. 즉 오랫 동안 목도의 연습 휘두르기

나뭇가지를 자른다.
굵은 가지는 좀처럼 잘려지지 않지만 팔을 펴면서 자르면 쉽게 자를 수가 있다. 이것이 악장력이다.

를 해도 터득하지 못하는 사람은 악긴력(이른바 악력)을 이용해서 잡고, 악장력을 터득한 사람은 그것을 더욱 강화할 수가 있는 것이다.

그래서 수동 악력이란, 즉 쥐고있던 어떤 것이 벌어지는 힘에 대항하는 악력이라는 생각은 그 때까지의 생각에서 한 걸음 나아간 것인데, 그러나 수동 악력에도 악긴력과 악장력이 있다는 것이 문제다.

그래서 악력이 강화는 우선,

악장력의 감각을 터득

한 뒤에 착수해야만 한다. 그러면 그런 감각이란 어떤 것인가? 반 잡기나 응조수로 잡는 것을 힘으로 잡는 데 대해,

기로 잡는다(일본), 내기(內氣)로 잡는다(중국)

는 식으로 말하는데, 그런 표현으로밖에 설명할 수가 없기 때문

이다. 그것이 신근을 사용한 악장력인 것이다.

이런 또 하나의 악장력 감각을 설명하는데도 계란을 쥐고 깨지지 않을 정도로 주먹을 쥐고 찌른다든지, 행주를 쥐어짜듯이 죽도를 쥔다든지, 파리를 재빠르게 낚아채는 것처럼 주먹을 굳힌다는 등으로밖에 이야기할 수 없다는 데 문제가 있다.

요컨대 이 악력은 신근의 신장력을 이용한 것이며, 이는 몸의 감각과 관계되는 문제이므로 백 가지의 설명으로도 이해하기가 힘들다. 물론 그것을 알고 있는 사람이 실제도 쥐어보면 즉시 알 수가 있다.

신근을 이용한 악력의 이해를 돕기 위해 한 가지 예를 들어보자. 꽃꽂이에서 꽃의 가지를 자를 경우 굵은 가지는 가위를 꽉 쥐고서 자르게 되면 여성의 힘으로 좀처럼 자르기가 힘들다. 그러나 팔을 펴면서 가위를 놀리면 쉽게 자를 수가 있다. 이것이 악장력이다. 마찬가지로 공사 현장 등에서 철판을 자르는 경우 약간 두터운 것이라면 역시 팔을 밀어 펴면서 자르는 것이 요령이다. 이것도 악력으로 꽉 쥐고서 자를 수가 없다.

이처럼 「잡는 방식」에는 굴근에 의한 것과 신근에 의한 것의 두 종류가 있다. 그럼에도 불구하고 이 양자가 다같이
「악력」으로 표현
되고 있다는 문제가 있다.

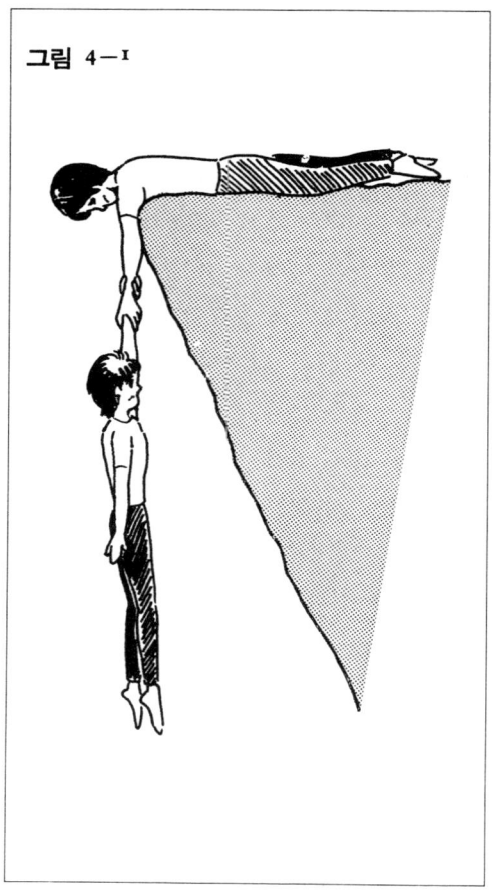

그림 4-1

신근력과 굴근력
　서로 손을 잡고 있다가 힘이 빠져서 먼저 손을 놓게 되는 쪽은 밑의 사람이라고 한다. 같은 근육을 사용해도 위에서 쥐는 쪽이 강하다??

　이것은 어느 날 한 라디오 방송에서 들은 것이다. 같은 근육을 사용해도 물건을 아래로 늘어지게 하는 힘과 손을 위로 뻗는 힘 중에서는 「늘어지는 힘」쪽이 강하다는 연구 결과가 나왔다고 한다.

그 방송의 설명으로는 벼랑 같은 곳에서 사람이 떨어지는 위기에 있을 때, 위의 사람과 밑의 사람이 서로 손을 맞잡고 버티다가 견디다 못해 먼저 손을 놓고 마는 사람은 아래쪽 사람이라는 것이다. 그래서 같은 근을 사용해도 위에서 물건을 늘어지게 하는 쪽이 강한 힘을 낸다는 것이다. 필자는 그 학자의 연구에 이론을 내세울 근거는 갖고 있지 않지만 상식적으로 그것은 이상하다. 만약 같은 근육을 사용하는 경우라면 위에서 쥐건 밑에서 쥐건 같은 힘을 발휘하지 않을까? 그것이 다르다면 근육의 사용법이 다른 것이 아닐까? 같은 모양 자세를 하고 있다고 같은 근육을 사용하고 있다고는 할 수 없을 것이다.

무거운 물건을 들고 다닌 경험은 많을 것이다. 이 때 짐을 꽉 잡고서 다니는 사람은 거의 없다. 모두 손 끝에 걸치고 팔을 펴서 들고 있다. 즉 신근을 사용해서 들고 있는 것이다. 그런데 벼랑에서 떨어질 위기에 있는 사람은 어떻게 잡고 있는 것인가? 떨어지지 않도록 필사적으로 위의 사람 손을 힘껏 잡지 않을까? 즉 네 손가락을 걸치고 팔을 충분히 펴서 매달리는 것이 아니라 굴근을 이용한 악력으로 필사적으로 잡을 것이다. 팔도 몸을 끌어올리려고 하므로 굴근을 잔뜩 긴장시키고 있을 것이다.

《합기도의 과학》에서 설명한 것처럼 사람은 무엇인가 열심이 하고 있을 때에 팔의 굴근이 강하게 작용한다는 것이 「동물의 앞다리」로서의 팔의 성질이었다. 그리고 팔을 펴서 사용할 경우 굴근은 불필요한 힘이기 때문에 매달리는 힘은 오히려 약하다. 즉 굴근을 랠랙스시켜서 신근을 사용하면 「힘이 강하다」가 된다. 또 위에서 늘어지게 하고 있는 사람은 무거운 물건을 늘어지게 했다는 경험에서 통상의 악력으로 쥐지는 않을 것이다. 팔을 다 펴고서 쥐고 있을 가능성이 큰 것이다. 절대로 「같은 근육」을 위에서 늘어지게 한다고 해서 강해진다는 것이 아니라 굴근·신근의 사용법 차이가 아닐까 하고 필자는 생각하는 것이다. 그것을 단지 「잡는다」든지 「매달린다」고 하는 외견으로만 판단하고 같은 근육을 마찬가지로 사용하고 있는 것으로 단순히 생각해 버리는 데에 문제가 있다.

똑같이 매달리더라도 신근을 얼마만큼 유효하게 사용하고 있는가 하는 문제가 있는 것이다. 철봉의 예처럼 외견은 똑같이 「잡는다」고 하지만 아마추어가 꽉 잡는 것과 철봉 선수가 손 끝으로 걸치고 있는 것과는 전혀 다르다.

다시 말해 외견은 똑같은 「잡기」라도 악긴력에 의한 「잡기」와 악장력에 의한 「잡기」의 두 종류가 있다. 단순히

꽉 쥔다, 꽉 쥐지 않는다

고 하는 표현을 할 수 없는 것이다.

만약 억지로 악긴력(악력)과 악장력을 표현상 어떤 구별을 하려고 한다면 악긴력의 경우에는

꽉 쥔다

이고, 악장력의 경우에는

잡고서 편다

고 하면 이해하기 쉬울 것이다.

	본 질	현 상
악장력	신근에 의한 악력	내기(의 힘)
		계란을 깨지 않도록 주먹을 쥔다.
		삼베 행주를 쥐어 짜듯이 쥔다.
		쥐고서 편다.
		꽉 쥐지 않는다.
악긴력	굴근에 의한 악력	꽉 쥔다.
		악력계로 가늠하는 힘

4-3 투철(透徹)

앞의 절에서는 물체와 물체가 충돌했을 경우 그것에 반발력이 생기고, 그 반발력에 지지 않도록 주먹을 꼭 쥘 필요가 있는 데서 그런 경우의 「악력」에 대해서 생각해 보았다. 그런데 또 다른 이유로도 주먹을 꼭 쥘(쥐고서 편다) 필요가 있다. 그것은
팔 신장력을 물체에 투철시키기 위해서
인데, 사실 타격에서는 그런 이유가 매우 중요하다. ≪합기도의

과학≫에서 역설한 것은,

신장력은 굴근의 긴장에 의해 저해된다

는 것이다. 그래서 먼저 충분한 신장력으로 가격했더라도 임팩트시 반발력에 대항해서 주먹을 꽉 쥐면 그

악력이 신장력을 저해

해서 체내에 힘을 투철시킬 수가 없게 된다.

그래서,

신장성의 악력

이 필요하게 되는 것이다. 이런 신장성의 악력이 무술의 타격에 필요한 「악력」인 것이다.

배트나 클럽에 공이 맞았을 때 그 충격에 대항하기 위해 악력이 필요한 것도 있지만 그보다는

팔 신장력을 공에 투철시키기 위해 악장력이 필요한 것이다

라고 하는 것이 보다 중요하다는 점을 인식할 필요가 있다.

앞에서 야구의 타격시 「꽉 쥐면 안 된다」는 의견의 사람은 이런 꽉 쥐는 굴근의 작용, 즉 보통의 악력에 의한 긴축력에 의해 팔 신장력이 저해되는 것을 체험한 사람이다.

그럼 「꽉 쥐고서」 비거리가 증대했다는 사람은 무엇인가? 실은 이런 「꽉 쥐었다」고 생각하는 사람은 신근에 의한 잡기의 감각을 일종의 힘 감각으로서 포착한 것이다. 역시 「꽉 쥐지 않는다」는 쪽이 비거리가 나온다고 하는 사람도 같은 「잡기」를 하고 있을 것이다. 그 사람은 굴근에 의한 악력의 감각을 「꽉 쥔다」고 느끼고 있으므로(그것이 보통 사람의 감각이다) 그것과 비교하여 「꽉 쥐면 안 된다」고 말하고 있는 것이다.

그래서 똑같이 「꽉 쥔다」고 말해도 그 내용은 전혀 다르며, 말로는 「꽉 쥔다」, 「꽉 쥐지 않는다」고 정반대로 표현하지만 그 내용은 똑같을 수가 있다.

이런 시점(視點)에서

수동 악력

을 보면 「어떤 물체를 쥐고서 그것이 벌어지는 데에 대항하는 악력」을 수동 악력으로 측정해 보아도 그 당사자가 굴근에 의한 악력인

악긴력

으로 잡고 있으면 역시 팔 신장력은 저해되고

힘은 투철하지 않는

것이다. 즉 수동 악력이기 때문에 신장성이라는 확신은 없으며, 바로 이것이 문제이다.

① 「꽉 쥐지 말라」고 하는 A프로	내기(內氣)	① A프로는 악긴력과 다르다는 감각으로 「꽉 쥐지 말라」고 표현했다.
	조력(抓力)	
② 「꽉 쥐라」고 하는 B프로	악장력(握張力)	② B프로는 악장력의 감각을 「꽉 쥔다」고 표현했다.

그림 4-2

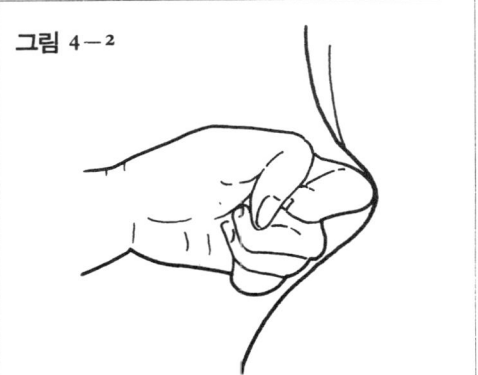

그림① 주먹이 죄어들기에 따라 반발력이 늘어난다. 그것에 대응하여 주먹을 꽉 쥐면 긴축력이 되어서 투철하지 않는다.

그림 4-3

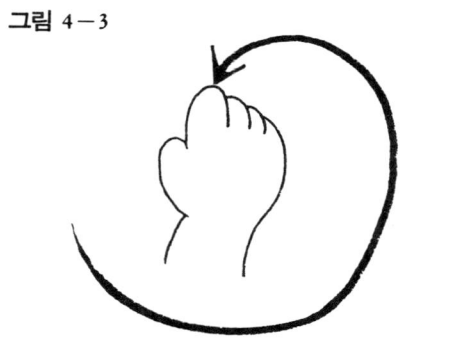

그림② 그래서 닿은 순간에 주먹을 악장력으로 꽉 쥐고 전사(纏絲)하면서 죄어들게 하는 힘을 한 곳에 집중하고 투철한다.

그림 4-4

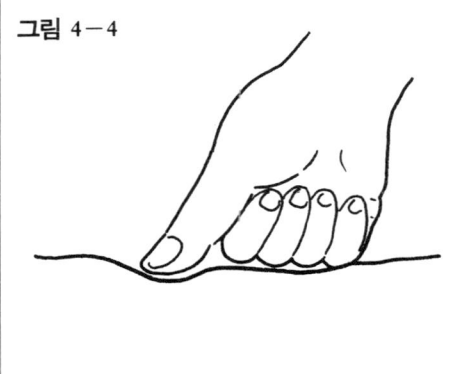

그림③ 지압(指壓)의 경우 밀어 넣으면서 손가락을 신장시키면 긴축력이 되고 힘은 투철하지 않는다. 먼저 신장시켜 놓고서 경력(勁力)으로 밀어 넣으면 힘은 내부에 투철한다. 이것을 기로 민다고 말하는 사람도 있다.

4-4 손목 투철력

팔 신장력은 결국 몸 전체의 신장력을 물체에 가하는 것이지만 그 접촉점에서 굴근의 긴장이 생기면, 즉 보통의 악력으로 꽉 쥐면 팔의 신장력은 저해되고 말아 물체에 힘이 투철하지 않는다. 그래서 힘을 물체에 투철시키기 위해서는,

물체에 접촉하는 부위가 신장성이 되어야 한다는 것

이 절대로 필요해지게 된다.

즉 타격시 주먹이나 손날이나 손바닥이 굴근으로 딱딱해져서는 힘이 투철하지 못하므로 펴는 힘에 의해 꽉 쥐는 것이다. 또 손목이나 몸의 합기에서도 상대에게 접촉하는 부위가 긴축하고서는 힘을 투철시킬 수 없으므로,

몸의 모든 부분이 신장성을 지니고
몸의 모든 운동이 신장성을 지니는

것이 요구된다. 이것은 말할 것도 없이 타격에 있어서도 이상(理想)이다. 이런 기능을 지닌 신체를,

투철체(透徹體)

라고 했는데, 이 투철체를 만드는 것이 발경이나 합기를 표현하는 조건이다.

진발과(陳發科) 선생의 관문(關門) 제자인 진식태극권(陳式太極拳)의 명인 풍지강(馮志強) 선생에 의하면 카오(靠)는 내기(內氣)의 발로이며, 손 끝의 카오, 손등의 카오, 잡기의 카오, 손목의 카오, 어깨의 카오, 팔꿈치의 카오, 가랑이의 카오, 무릎의 카오, 발목의 카오 등, 즉 모든 부위의 카오가 있다.

이 카오의 방향을 나타내는 것이 사정(四正)이다. 즉 사정은 붕(掤:위쪽), 장(將:뒤쪽), 제(擠:앞쪽), 안(按:아래쪽)으로 카오를 작용시키는 방향을 나타내고 있다. 카오란 무엇인가?

카오는 상대에게 접촉하고, 예컨대 잡혔을 때나 또는 접근하고 투철력을 가할 경우가 있다. 상대에게 접근해서 몸의 모든 부위에서 투철력을 발휘하는 것을 태극권에서는 카오(靠)로 표현하고 있는 것이다. 대동류합기술에서는 몸의 모든 부위에서 합기의 힘을 발휘하지 않으면 안 된다. 즉 「카오」와 「합기의 힘을 투철시키는 것」은 똑같은 것이다.

카오 = 합기력 = 투철력

체술(體術)의 기술에서는 마음대로 투철력을 발휘하는 것이 가장 중요한 조건이다. 그리고 그것을 가능하게 하자면 「합기의 체(體)」를 만들어야 한다. 이것을 풍지강 선생은 「참다운 쿵후(功夫)를 만들어내는 일이라고 했다.

그럼 이 「카오」, 즉 「투철력의 발휘」는 어떻게 훈련되는 것일까? 태극권의 투로(套路)에서는 마보(馬步) 카오라든지 사신(斜身) 카오 등 어깨의 카오를 볼 수 있는데, 실은 모든 동작이 카오를 표현해야 하므로 투로의 훈련 및 추수(推手)의 훈련은 모두 투철력의 훈련이라고 생각해도 될 것이다. 단 그와 같은 인식을 갖고 행하는 것이 필요하다.

제4장 투철 기법 125

사진① 태극봉에 의한 조력
(抓力 ; 잡기의 투철력) 단련법.

사진② 기구에 의한 잡기의
투철력 단련법.

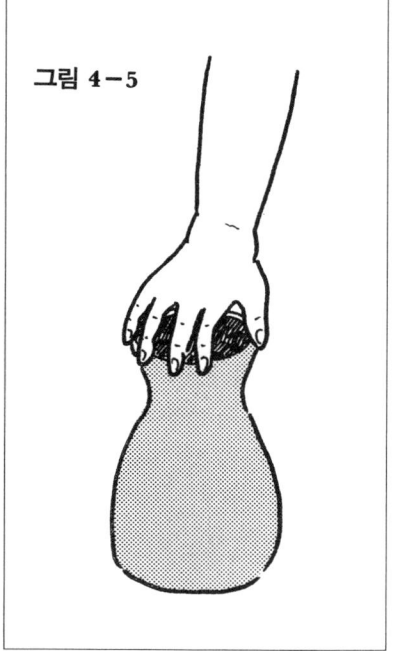

그림 4-5

그림① 잡기의 투철력
단련을 위한 오키나와
공수도의 삼전항아리 단련법.

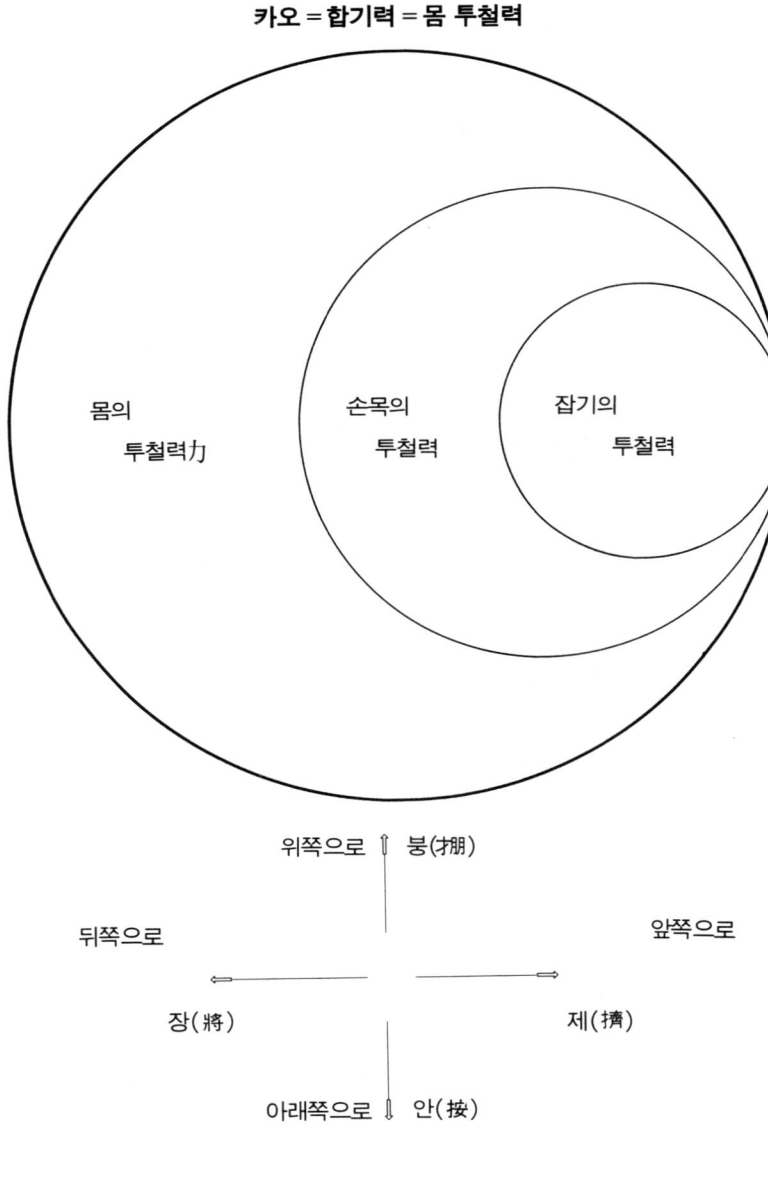

제4장 투철 기법 127

　그럼 대동류합기유술에서의 합기 훈련은 어떻게 이루어지는가?

　대동류에서는 먼저 잡기의 투철력, 즉「신장성(伸張性)의 잡기나 쥐기」에 의한 투철력을
대동류합기유술 1－4조항
에 의해 터득, 강화시킨다. 적어도 필자는 그렇게 생각한다. 126 페이지의 그림은 몸의 투철력에는 손목의 투철력이 포함되고, 또 거기에 잡기의 투철력이 포함되어 있다는 관계를 나타내고 있다. 이밖에도 주먹의 투철력, 팔꿈치의 투철력이 있다. 그래서 합기유술의 교정(教程)에서는 우선 잡기의 투철력을 터득하고 다음에 손목 투철력, 즉 팔꿈치에서 앞부분의 투철력을 터득한다. 그리고 마침내는「몸의 투철력」터득이 목표가 된다. 따라서 처음의 잡기의 투철력 터득은 매우 중요하며, 유술은 이 손목 투철력만으로 상당한 위력을 발휘할 수가 있다.

　정전(正傳) 대동류합기무술 종범인 사가와(佐川幸義) 선생은 이 손목 투철력,「팔꿈치에서 앞부분에 힘을 집중」하는 일이 가장 중요하다고 말하고 있다. 중국 권법의 각 유파에는 무술기공(氣功)이 부속되어 있거나 또는 기본공(基本功)에 의한 단련법이 체계적이라는 점이 일본 무술에 비해 뛰어나다고 하겠다.

　대동류의 투철력 단련법인 1조항 정면치기－팔 누르기를 보게 되면 우선 사진①에 나타내듯 팔을 단단히 반 잡기로 잡는다. 잡기에 긴축력이 작용하면 팔은 굴근이 굳어서 움직일 수가 없다. 그러나 신장력으로 잡으면 마음대로 팔을 냅다 밀치거나 끌고 다닐 수가 있다. 그래서 이런 팔 누르기 훈련에 의해 잡기의 투철력이 터득되고, 그것이 손목의 투철력 터득으로 이어진

실례 「1조항 팔 누르기」에 의한 잡기의 투철력 단련

사진① 대동류합기유술 1조항 팔 누르기에서는 팔꿈치 관절을 단단히 「반 잡기」로 잡고서.

사진② 「반잡기」로 세게 잡은 채 상대를 마음대로 냅다 밀치고 끌고 다닐 수가 있다. 이것이 잡기의 투철력 훈련이다.

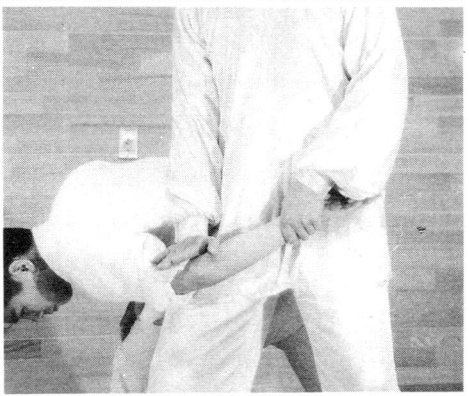

사진③ 악긴력(악력)밖에 쓰지 못하는 사람은 세게 잡으면 팔이 마음대로 움직이지 않으므로 합기도에서는 손바닥을 벌리고 팔꿈치를 제약한다.
  주(1): 실전에서는 잡거나 손바닥을 벌리거나 모두 자유자재가 아니면 안 된다.
  주(2): 팔 누르기의 학습 목적은 잡기 투철력만이 아닌 것은 말할 것도 없다.

다. 실용적으로는 손을 벌리고서 어디든 가볍게 닿는 것만으로 투철력을 이용하여 제어할 수 있게까지 되는 것이다.

태극권의 명칭을 이용해 보면 일단 이렇게 카오 요령을 알게 되면 손가락의 카오, 손바닥의 카오, 손등의 카오, 손목의 카오 등을 알게 된다. 그리고 차츰 가랑이의 카오, 무릎의 카오, 발목의 카오, 어깨의 카오, 가슴의 카오까지를 알게 된다고 대동류에서는 생각하고 있다.

악장력에 의한 손목 투철력을 미국의 복싱 선수들은 어떤 식으로 단련하는지 ≪복싱은 과학이다≫에서 다시 인용해 보자.

「그 복서의 펀치가 살아 있느냐 죽어 있느냐 그것의 차이다. 살아 있는 펀치란 맞는 순간에 웨이트가 얹히고 손 끝에서 뻗는다. 죽은 펀치는 치기 전 어깨에 힘이 주어지고 반대로 맞히는 순간에 임팩트가 약해지며 힘이 빠져 있다.

미국에는 펀치의 임팩트를 강화하는 전통적인 방법이 있다. 그것은 장작을 패는 일이다.

잉게마르 요한슨에게 타이틀을 빼앗긴 패터슨은 산속에 틀어박혀 장작 패기를 트레이닝에 포함시켰다. 헤비급 왕좌에 세 번 오른 모하메드 알리는 스핑크스에게 패한 뒤 "나는 디어 레이크 트레이닝장에서 착실히 달리기를 하고 장작을 패겠다"고 재기의 결의를 말했다.

장작 패기는 재크 뎀프시의 1920년대 이전부터 채용되고 있었던 연습법이다.」

이처럼 장작 패기의 훈련은 악장력을 강화하며, 즉 손목 투철력을 강화시킨다. 그것은 펀치의 임팩트를 강화하기 때문이다.

이처럼 악장력의 강화법으로서는 가능한 한 굵고 무거운 물체를 잡고서 단련을 한다.

　그러나 장작 패기를 하면 반드시 악장력을 강화할 수 있다고 할 수는 없다. 일본에서는 옛부터「장작 패기 검법」이라고 하면 서투른 검술가를 힐뜯는 말이었다. 그것은 굴근으로 힘이 주어진 동작을 말하며, 장작 패기를 하고 있는 사람에게 그런 사람이 많았기 때문일 것이다. 그래서 장작 패기를 해도 우선 악장력의 감각을 터득하는 일이 우선되어야 하며, 그 감각을 터득한 사람이 행한다면 강화법으로서 대단한 효과를 거둘 수가 있다.

잡기의 카오 강화를 위한 태극권 추수(推手)

　사진① 상대의 손목을 조력(抓力)으로 강력히 잡고.
　조력 = 잡기의 합기력
　　　 = 잡기의 투철력

　사진② 잡은 채 끌어내린다. 이것을 양자 교체(兩者交替)로 행한다. 힘으로 잡아서는 빠르고 세게 끌어내릴 수가 없다. 목적은 앞의 대동류 1조항 팔 누르기와 똑같다.

4-5 투철 기법(技法)

지금까지는 「신장성의 잡기」라든지 신장성의 주먹 같은 것을 만들 필요가 있다고 말해 왔다. 그러면 물체에 힘을 투철시키자면 어떻게 해야 하는가? 그것은 신장성의 힘으로 꽉 쥔 가력(加力) 부위를 경력을 사용해서 밀어 넣기, 내리꽂기, 쳐서 뚫기, 쳐서 되돌리기를 하는 것이다. 즉 투철력은 다음의 도식이 성립된다.

**투철력 = 신장성 가력부(加力部) + 경력 =
카오**

악장력은 잡기의 투철력이다. 그것은 필자가 말하는 손목 투철력에 포함된다. 위의 도식처럼 신장성의 손가락을 사용해서 잡으면 잡기의 투철력이 되는 것이다. 지압의 예로 말하면 손가락을 밀어 넣으면서 펴면 힘은 투철하지 않는다. 손가락을 신장시키고 밀어 넣는 식의 움직임을 가해야만 힘이 투철하는 것이다. 이것이 손가락의 카오이다.

≪주간 요미우리(週刊讀賣)≫ (92. 5. 31)에 다음과 같은 기사가 있었다.

> 재미(在美)한지 30년 된 여성 피아니스트의 경고.
> 일본식 레슨은 어린이를 망친다.
> 손가락은 굽히지 않고 펴서 연주한다.

피아노는 손가락의 힘을 건반에 투철시켜야 비로소 그 멋진 음이 나오는 것이다. 손가락의 힘, 즉 전신의 신장력이 되는 것은 타격의 경우와 같다. 하지만 손가락의 힘을 투철시키는 일로 문제를 좁히면 그것은

손가락의 투철력 = 신장성 손가락 + 두드린다

는 것이 된다.

이것은 미국에서 30년 동안 연주를 해온 나카무라(中村菊子 : 60) 여사에 대한 기사였다. 뉴욕의 줄리아드 음악원에 입학한 뒤 그녀가 처음 받은 충격은 피아노를 연주할 때 손 모양이 일본과 전혀 다르다는 것이었다.

손가락을 「매의 발톱」처럼 제2관절을 단단히 직각으로 굽혀서 세게 건반을 두드리는 일본에서 철저히 훈련받은 그녀에 비해 미국에서는 교수나 학생 모두 손가락을 편 채 매끄럽게 연주를 했다. 손가락을 별로 굽히지 않고 건반을 누르듯이 연주하며, 여러 가지의 음색을 마음대로 콘트롤하는 연주 방식은 이미 세계의 주류를 이룬다고 한다.

피아노도 손 끝의 힘을 건반에 투철시키지 않으면 안 된다.

물론 손 끝의 신장력은 허리·배근(背筋)의 신장력에 의해 강화되므로, 결국 몸 전체의 신장력을 손 끝에서 건반으로 투철시킬 수 있어야 한다. 따라서 그 때문에

손 끝을 신장시키지 않으면 안 되게

된다. 손 끝을 신장시키자면 손가락을 굽히는 것보다 펴는 쪽이 하기가 쉽다는 것은 말할 것도 없다.

물론 예전에도 힘을 투철시키지 않으면 안 된다는 것은 새삼 말할 필요도 없으며, 손가락을 굽히고 있어도 신장력에 의해 굽히면, 즉 조력(抓力)에 의해 연주한다면 힘을 투철시키는 일은 가능하다. 능숙한 사람이라면 그와 같이 하고 있었을 것이다.

다만 그 연주 방식이 일본에 유입된 뒤부터가 문제다. 즉 중국 권법이 일본에 유입된 뒤 공수도로 변화한 것처럼 <u>일본의 긴축(緊縮) 문화중에서는 굽힌 손가락이 굴근력으로 긴축해 버리는</u> 것이다. 그래서 힘은 투철하지 않는다.

굴근 사용은 필연적으로 신근(伸筋) 기술로 진화해 가지만 외국의 신근 기술이 일본의 긴축 문화권에 들어와서 긴축체(緊縮體)의 사람이 그것을 행할 때 그것은 굴근 사용으로 변질해 버리는 것이다.

그런 이유로 일본인은 「손가락을 굽혀서」 신장력을 낸다는 생각을 처음부터 하지 않는 것이 좋다. 손가락을 펴고 있으면 신장력의 감각을 누구나 터득할 수 있지만 손가락을 굽히면 신장력의 터득이 어렵다. 「손가락을 굽힌다」고 하는 모양을 긴축체의 일본인이 취하면 거의가 굴근에 의한 긴장을 일으켜서 힘이 투철되지 않게 될 염려가 있는 것이다.

이것과 반대인 경우가 앞서 든 대동류합기유술의 팔누르기이다. I조항의 팔누르기에서는 팔꿈치 관절을 「반 잡기」, 즉 「응조수」로 착실히 잡고서 상대의 팔을 제어한다. 그런데 이것을 초보자가 행하면 「밀착 잡기·아마추어 잡기」가 되어서 굴근이 작용해 움직임이 멈추어 버린다.

그래서 합기도에서는 신장력을 사용하기 위해 팔을 잡지 않고 손바닥을 대는 것만으로 상대의 팔꿈치를 제어하는 것이다. 피아노에서 손가락을 펴는 쪽이 힘을 투철시키기 쉬운 것과 마찬가지이다.

그럼 왜 대동류합기유술에서는 굳이 팔꿈치를 잡는 것인가? 그것은 제I조항이 학습 기술이기 때문이다.

초보자는 손가락을 펴는 쪽이 신장력을 내기가 쉽다

는 것은 당연하지만 그 신장력은 결국 아마추어 단계의 것이며, 완전하다고 할 수는 없다. 그래서 완전한 손목의 신장력, 더 나아가서 완전한 손목의 투철력을 획득해야만 한다. 그러나 잡고서 신장력을 발휘하는 것은 누구라도 할 수가 있다. 다만 그것만의 신장력으로는 적을 제어할 만한 투철력(합기력)을 발휘할 수가 없다. 그래서 신장력을 사용하기 힘들지만 투철력을 먼저 터득할 수 있도록 잡기의 모양으로 학습하는 것이다.

학습과 사용은 분명히 구별되지 않으면 안 되는

것이며, 잡기의 모양에서 터득한 손목의 신장력은 벌린 손바닥으로는 더욱 강력한 투철력을 발휘할 수가 있다.

그래서 대동류에서는 I조항의 팔 누르기에서 팔꿈치를 단단히 잡는다. 팔꿈치를 잡는 것이 옳고, 손바닥을 대는 것이 옳지 않다고 하는 것이 아니라 이렇게 하여 강화한 잡기의 투철력을 경우에 따라서는 손바닥에서 또는 손목에서 또는 지두(指頭)에서 마음대로 발휘할 수 있도록 기술을 건다.

이처럼 상대에게 접근해서 몸의 모든 부위에 투철력을 발휘하는 것을 태극권에서는 카오라 하고, 대동류에서는 「합기의 힘을 낸다」고 한다.

제4장의 요점

물체와 물체가 충돌할 때 거기에는 반발력이 생긴다. 그래서 손을 이용해서 물체를 타격할 때 그 반발력에 대항하기 위해 가격하는 순간에 손을 꽉 쥐게 된다. 이 때「꽉 쥐는」그것이 타격의 위력을 높일 경우도 있고 반대로 위력을 떨어뜨리고 마는 경우도 있다.

「꽉 쥔다」고 하는 같은 동작이라도 내면적으로는 두 가지의 방법이 있기 때문이다.

| ①악력(握力) | 굴근 주체의 잡기 | 긴축성의 잡기 |
| ②조력(抓力) | 신근 주체의 잡기 | 신장성의 잡기 |

 그러나 꽉 쥔다는 것은 반발력에 대항하기 위해서라기보다 정작 힘을 물체에 투철시키기 위해 필요하다. 「잡는」 동작뿐만 아니라 손날로 누르기, 손날로 치기, 손바닥으로 치기, 손바닥으로 누르기, 주먹으로 찌르기 등의 경우 모두 힘을 투철시키는 일이 요구된다.

 그러면 어떻게 하면 힘을 투철시킬 수 있는 것일까?

 그것에는 우선 팔꿈치 앞부분에서 힘을 내는 방법이 매우 중요하다. 그 상징적인 것이 주먹에 의한 타격시의 「쥐기」, 또는 도구를 이용한 타격시 가격하는 순간에 「잡기」를 더욱 강하게 한다는 점이다.

 결론을 말하면 힘을 물체에 투철시키자면
 접촉하는 그 직전에 가격 부위를 신장성의 힘으로 꽉 줄
필요가 있는 것이다. 이것을 식으로 표시하면 다음과 같다.

$$투철력 = 신장성\ 가력부(加力部) + 경력(勁力) = 카오$$

제 5 장
탈력(脫力) 기법

5-1 유효한 힘

 팔로 타격을 할 때 힘을 주지 않으면 타격력은 약하고 힘을 주면 타격력은 강한 것이 보통이다. 그러나 드물게 힘을 주지 않았음에도 불구하고 강타가 되기도 한다. 그런데 차기의 경우에는 힘을 주지 않으면 약하게 맞고, 힘을 주어서 차면 차는 만큼 강해진다.
 어째서 팔로 타격하는 경우에만 이런 현상이 일어나는 것일까?

팔에 의한 타격	① 힘을 주지 않는다.	강타
	② 힘을 준다.	강타 또는 약타
	③ 힘을 주지 않는다.	강타(드물게)
다리에 의한 치기 (타격)	① 힘을 주지 않는다.	약타
	② 힘을 준다.	강타

 대부분의 기예(技藝)에서는「어깨의 힘을 빼라」고 가르친다. 그것은 불필요한 힘을 사용하지 않도록 하기 위해서이다. 팔을 사용할 경우

불필요한 힘과 유효한 힘

이 있다. 그럼 불필요한 힘이란 무엇이며 유효한 힘이란 무엇인가?

불필요한 힘이란 근육을 잔뜩 긴장시키고서 스스로 힘을 냈다고 느끼는 데 비해서 물체에 대해 목적한 만큼 힘을 주지 못하는 것이다. 또 이에 반해 유효한 힘이란 그렇게 힘을 주지 않았다고 느끼고 있음에도 불구하고 물체에 대해 큰 힘을 줄 수가 있다.

그림 5-1

① 힘껏 쳐서 날리는 사람이 있다.
② 힘껏 쳐도 날리지 못하는 사람이 있다.
③ 힘을 주지 않고 날리는 사람이 있다.

그렇다면 앞의 표의 팔에 의한 타격③은 가장 유효한 힘이 될 것이다.

즉 인간이 팔을 사용해서 물체에 힘을 주는 경우에,
실제로 물체에 가해지는 힘과
팔의 힘 감각에 격차가 있으므로
이런 일이 일어나게 되는 것이다.

그리고 그것은 팔에 의해 물체를
치기, 찌르기, 던지기
등을 할 경우에만, 즉 팔을 세게 펴는 운동에 있어서만 일어나는 현상이라는 것이 중요하다.

이것에 대해 팔로 물체를 들어올린다든지 받친다고 할 경우에는 물체가 가벼울 경우에는 그렇게 힘을 주지 않아도 되고, 무거운 것은 역시 힘을 잔뜩 주지 않으면 들어올릴 수가 없다. 차는 경우에도 이는 마찬가지이며 이 양쪽의 경우에는
실제로 물체에 가해진 힘과
팔 또는 다리의 힘 감각이 일치
하는 것이다.

여기서 왜 「치기·찌르기·던지기」 운동에 한해서만 힘 감각과 발휘한 힘과의 사이에 격차가 생기는 것인가 하는 것을 철저하게 이해하여 두는 것이 완전한 타격을 하는데 필요하다. 즉 그 이유는
인간의 팔의 성질에 있다는 것을 이해하는
일이다. 팔을 펴고 힘을 발휘할 경우, 즉
근(筋)을 펴는(신근을 수축하는)

제5장 탈력 기법

합기도의 「기의 힘」
 팔을 펴고 힘껏 버티며 굽혀지고 마는데, 팔의 힘을 빼고 손 끝에서 「기의 힘」이 흘러나온다고 이미지하고 있으면 팔을 굽히지 못한다. 이것이 「기의 힘」, 「마음의 힘」이다!!?

 실은 굴근의 긴장이 풀리고 신근의 신장력이 충분히 작용했기 때문이다.

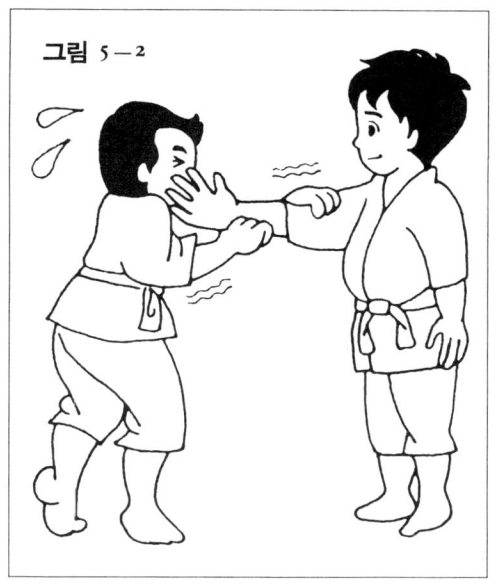

그림 5-2

경우에도 크든 작든 굴근의 긴장이 따르며, 이 굴근의 긴장력이 힘 감각이기 때문에 이 힘 감각이 클수록 신근의 신장력은 저해된다.

 되풀이하지만 팔을 펴고서 사용할 경우에만 이 현상이 일어난다는 점이 중요한 것이다. 그래서 팔을 펴고서 사용할 경우에만 유효한 힘과 불필요한 힘이 있는 것이며, 차기의 경우에는 유효한 힘도 불필요한 힘도 없다. 힘차게 차면 세게 맞고, 힘을 주지 않고 차면 그 힘은 약할 수밖에 없다. 팔을 사용할 경우에만 불필요한 힘이 있는 것이다.

5-2 탈력 신장

그럼 가장 유효한 힘이란 어떤 것일까?

합기도에서는 기외 힘이라든지 호흡력이라고 하는 「힘」을 이용해서 기술을 건다. 이제까지 이것은 근육의 힘이 아니고 그보다 강력한 「힘」을 상대에게 가할 수 있는 것이라고 설명해 왔다. 그리고 ≪합기도의 과학≫에서는 체술(體術)에서의 기의 힘은 팔 신근에 의한 힘이라는 것을 밝혔다.

이 기의 힘의 존재는, 즉

팔은 잔뜩 펴는 것보다 더욱 강력하게

펴는 방법이 있다는 것을 나타내고 있다. 그것이 ≪합기도의 과학≫에서 언급한 꺾이지 않는 팔이다.

그것을 간단히 재술(再述)한다. 여기 A·B 두 사람의 실험자(實驗者)가 있다. 먼저 A가 힘껏 팔을 앞으로 펴고, B는 그것을 굽히려고 한다. 여기서 A, B가 같은 정도의 팔 힘이면 B는 A의 팔을 굽힐 수가 있다.

다음에 A는 팔의 힘을 탈력하여 다만 「팔을 통해 기의 힘이 손 끝에서 격렬하게 나오고 있다」는 생각을 한다. 그렇게 하면 A는 B의 팔을 굽힐 수가 없다. 실은 이것이 팔 신장력의 사용법(141페이지 그림 참조)이다. 따로이 「기의 힘」이라든지 「마음의 힘」이 팔을 강화한 것은 아니다. 신근의 신장력을 저해하고 있는 굴근의 긴장이 없어졌을 뿐인 것이다.

　이처럼 팔의 신장력은 힘껏 펴기보다 굴근의 힘을 빼고「기의 힘」을 이미지한 쪽이 보다 강화되는 것이다. 합기도에서는 이것을 근육의 힘보다도「기의 힘」또는「마음의 힘」쪽이 강하다는 식의 설명을 하고 있다. 그러나 사실은 팔의 굴근의 힘을 빼고(탈력감) 기의 힘을 이미지한다는 식의 수단에 의해 팔의 신근을 펴고(微伸張感＝氣感) 팔의 신장력을 완전히 발휘했기 때문인 것이다.

　이처럼 팔을 힘껏 펴기보다 더 강력한 신장력을 발휘하는 방법이 존재한다는 것을 알게 되었다. 즉 이런「기의 힘」은 탈력했다고 느끼면서 실은 가장 강력한 신장력을 발휘하고 있는 것이다. 그럼 이런「기의 힘」은 일본 합기도만의 특유의 것일까? (주의 : 굴근·신근 모두 탈력하고는 무력해진다.)

　여기에 한 논문이 있다.

　「중요한 것은 싸움은 단지 손을 뻗는 것만이 아니고 몸도 거기에 합류해야 한다는 것이다. 팔극권(八極拳)도 당랑권(螳螂拳)도 마찬가지로 쿵후를 잘 단련하자면 신근 발골(神筋拔骨)을 단련하지 않으면 안 된다. 매우 고도(高度)의 기술, 예컨대 팔극권의 발경 같은 것이다. 이 폭발경(爆發勁)은 신근 발골로 "윽!"하고 힘을 낸다. 주먹으로 치고서 그 사람의 몸이 팽창하고, 손이 길어졌다고 느끼면 올바르다. 이것에 대해서는 소림권(少林拳)에도 두 가지의 본보기가 있다. 역근경(易筋經)과 선수경(洗髓經)이다. 역근경이 신근이고 선수경이 발골이다.」

≪무술(武術)≫ 92권 팔괘장의 이론과 실전 소욱장(蘇昱彰) 씨 논술에서 인용.

이「신근 발골」에 대해서 생각해 보자.

우선 여기에서의 신근이란 굴근에 대한 신근이 아니다. 근육을 편다는 의미이다. 이 말이 처음 생겼을 무렵에는 신근·굴근이라는 구분은 아직 없었다. 하기는 뻗는 근육은 곧 신근이기 때문에 신근을 뻗는다(실제는 수축)고 하는 것과 마찬가지가 된다.

여기서 이것을 알기 쉽게 체험해 본다면, 지금 숨을 잔뜩 들이쉰 다음 멈추고 팔을 앞쪽으로 힘껏 뻗어 보자. 손 끝도 관수(貫手)처럼 내뻗는다. 이것이 신근, 즉 근육을 펴는 일이다. 근육을 펴는 것쯤은 간단하다고 보통 사람은 생각하지만 팔은 본래 움츠리는 도구이며, 충분히 펴는 것이 초보자에게는 상당히 어렵다. 예컨대 초보자에게 유술의 기초를 가르쳐도 좀처럼 손가락의 신장력을 사용하지 못한다.

그러나 어쨌든 팔을 충분히 펴고 그 신장력을 유지한 채(열심히 편 채) 숨을 확 내쉰 다음 힘을 빼고 보면 팔이 어깨에서 길게 펴지는 것을 알 수 있다. 이것이 발골이다. 처음에 손 끝을 관수로 하여 팔을 힘껏 폈을 때는 팔의 신근과 굴근이 동시에 장력(張力)을 늘리고 있는 상태가 된다. 아니, 보통 사람이라면 굴근 쪽이 긴장의 정도가 강할 것이다(그것은 힘뿐이다). 그래서 그 신장력을 유지한 채 힘을 쑥 빼면 굴근의 긴장이 풀리고

순수한 신장력

이 되는 것이다. 이 상태를「발골」로 표현하고 있는 것인데, 필

자는 이것을 알기 쉽게
탈력 신장
이라고 이름지었다. 즉 펴진 감각을 유지한 채 탈력하는 것이다.

　이처럼 굴근 긴장이 풀린 순수한 신장력, 즉 탈력 신장의 주먹으로 찌를 경우 심하게 찌르고 펴도 관절을 상하는 법이 없다. 게다가 찌른 주먹을 상하는 법이 없다. 찌른 주먹은 탄력성을 갖고 되튀기는 것처럼 움츠러든다. 흔히 찌르기는 「당기기」가 중요하다고 한다. 이것은 탈력 신장에 의해 펴진 팔이 신근의 탄력성에 의해 움츠러드는 상태를 말하며, 그저 당기면 위력이 나오는 것이 아니다. 그것을 모양만 흉내를 내고 의식해서 굴근으로 당겨도 위력은 나오지 않는다.

　흔히 「힘을 빼고 찌르라・치라」고 하는데, 굴근・신근의 양쪽을 릴랙스시켜서 치면 스피드는 나오지만 위력은 없다. 게다가 팔꿈치 관절을 다칠 위험성까지 있다. 필자도 예전에 공수(空手) 연습 도중 「힘을 빼고」 쳤기 때문에 팔꿈치 관절을 다쳐서 여러 해를 고생했던 일이 있었다. 신근의 신장력까지 빼서 팔 전체를 릴랙스시키면 타격력도 약해지고 팔꿈치 관절을 다치게도 되므로 주의할 필요가 있다.

　이 탈력 신장의 팔 상태가 합기도의 한 유파에서 말하는 「꺾이지 않는 팔」인 것이다. 즉 합기도의 「꺾이지 않는 팔」의 퍼포먼스로 「기의 힘을 이미지」하면서 팔의 힘을 빼는 것은
팔의 신장을 실현하는 수단에
지나지 않고 「기의 힘」이라는 신비적인 힘을 발휘하는 것은 아니다. 그럼 왜 팔을 힘껏 펴도 완전한 신장력을 발휘할 수 없는

것일까?

   주 : 상반신에 대해서도 마찬가지로 탈력 신장이 필요하다.

5-3 팔과 다리의 힘

   인간이 물체를 움직이려는 경우 반드시 어떤 「힘」을 물체에 가해야 한다. 그런데 인간이 힘을 낸다든지 준다는 것은 어떤 것일까?
   인간은 일상 생활을 함에 있어서 여러 가지의 동작을 하게 된다. 그것은 근육을 수축시키고서 관절을 움직임으로써 가능하다. 그리고 운동에 따르는 힘의 그 감각을 사용하는 근육의 긴장감(수축감)이라고 느끼는 것이다. 그러나 그것은 단순한 「느낌」이며 실제와 다르다.
   어쨌든 발경이라는 기술, 또는 그밖의 「치기・찌르기・던지기」란 운동을 이해하기 위해서는
팔과 다리의 힘의 성질 차이
를 생각해 볼 필요가 있다. 이 역시도 ≪합기도의 과학≫에서 강조한 바인데 매우 중요하므로 이 책에서도 재술해 두고자 한다.

인간은 동물이다. 동물은 생존을 위해 이동하는 것이 특징이며, 그 이동의 도구가 사지(四肢)이다.

인간은 물고기→양생류(兩生類)→파충류→포유류(네 발 동물→원숭이→사람)로 진화해 왔다. 그리고 인간의 팔과 다리는 네 발 동물의 앞다리와 뒷다리에서 진화해 온 것이며, 그 앞다리와 뒷다리를 움직이는 습성이 인간의 팔과 다리에 이어지고 있다.

동물의 네 다리의 성질을 살펴보자.

양생류의 앞다리는 몸을 잡아당기고 체중을 받치는 기능을 한다. 즉 양생류의 앞다리는 앞으로 뻗어서 자신의 체중을 앞으로 잡아당기는 일이 주된 기능이다. 네 발 동물의 앞다리는, 예컨대 전력 질주할 경우에 뒷다리가 뜨면 몸 전체를 받치는 등(굴근 주동) 체중을 받치는 것이 주된 기능이다. 이것에 대해 마찬가지로 양생류에서 네 발 동물의 시대인 3억5천만년을 통해

뒷다리의 기능은 몸을 차내는

데 있었다. 그리하여 현재의 다리로 진화해도 걸을 때 다리로 땅을 차고 몸을 앞으로 나아가게 하는 것이다(신근 주동).

이처럼 동물은 양생류의 시대 3억5천만년 동안 뒷다리는 차서 펴고 앞다리는 잡아당기는 식의 육체 노동을 계속해 왔다. 그래서 그 육체 노동시의 근육의 긴장감, 즉 앞다리는 잡아당기는 굴근의 수축감, 뒷다리는 차서 펴는 신근의 수축감을

힘으로 느끼게

된 것이다.

그리고 인간도 그 동물의 네 다리의 성질을 이어받아 팔은 굴근 쪽이 굵게 발달하고 다리는 신근 쪽이 굵게 발달했다. 따라서 팔은 굽히는 힘이 강하고 다리는 뻗는 힘이 강하다. 팔은 굽혀서 힘을 낼 때에 힘차다는 것을 느끼고, 다리는 뻗어서 힘을 낼 때에 힘차다는 것을 느끼는 것이다.

 그러면 신체의 힘 감각은 어떻게 되어 있는가? 흉배부(胸背部)는 팔에 따르고, 복요부(腹腰部)는 다리에 따르는 것으로 생각된다. 이 때문에 무엇인가 할 때 팔이 힘주기 쉽듯이 가슴의 근육도 힘주기 쉬운 것이다. 이처럼

> 팔은 굴근의 수축감 ⇨ 힘으로 느끼고
> 다리는 신근의 수축감 ⇨ 힘으로 느끼는

것이지만 어떤 힘을 발휘하려고 정신적으로 긴장했을 경우, 즉 「강하게」라든지 멀리로 하고 생각하는 것만으로 이 습관이 반대 방향으로 작용해서

 정신적 긴장 ⇨ 완굴근(腕屈筋)・흉근 수축(胸筋收縮)

이라는 현상이 일어나고 만다. 이것이 바로 팔을 이용하는 「치기・찌르기・던지기」 운동의 특수성이다. 특히 일본인은 이런 경향이 강하다.

제5장 탈력 기법 149

① 양생류의 이동에서 앞다리는 몸을 앞으로 잡아당기는 작용을 하고, 뒷다리는 몸을 앞으로 차서 펴는 작용을 하고 있다.

그림 5-3

② 네 발 동물의 전진에서는 앞다리는 땅을 할퀴고, 뒷다리는 차서 펴는 기능을 하고 있다.

그림 5-4

③ 「할퀴는 것」, 이것이 원숭이 팔의 특질(特質)이다. 동물의 팔 특질은 힘껏 줄이는 데에 있다.

그림 5-5

이처럼 다리는 힘차게 펴면 강한 힘을 상대에게 가할 수가 있지만 팔은 3억5천만년 동안 굽혀서 힘을 내는 일을 해왔기 때문에,

강력하게 뻗자

고 하면

강력히 ⇨ 힘차게 ⇨ 굴근 수축
뻗는다 ⇨   ⇨ 신근 수축

으로 반응해 버리고, 필요한 신근의 신장력을 굴근의 수축이 저해하고 만다.

즉 강력히 펴려고 한다면 강하게 느끼지 않도록 펴지 않으면 안 되는 것이다. 이 모순이 사고의 착각을 일으켜서,

기의 힘, 마음의 힘, 호흡력, 내기(內氣)

등이라고 하는 「근육의 힘이 아닌 힘」의 표현이 되고, 이상한 힘, 신비한 힘으로 생각하게 된 것이다.

그러나 요컨대,

팔의 신장력을 최대로 발휘할 수 있는 것은 탈력 신장의 상태
다. 그 상태에서 발휘되는 힘이

기의 힘, 마음의 힘, 호흡력, 내기

등으로 일컬어지는 것이다. 즉 그것은

굴근의 긴장을 따르게 하지 않는 팔 신장력,
순수한 팔 신장력

인 것이다.

5-4 인간 특유의 운동

 힘이 가득하다고 느끼고 팔을 펴는 것보다도 힘을 뺐다고 느끼면서 펴는 쪽이 보다 팔 신장력이 강하다. 그러면 왜 다리는 이런 팔과 다른가? 그것은 동물의 앞다리와 뒷다리의 성질을 역사적으로 살펴보면 알 수 있다.
 여기서 인간이 「팔을 강하게 편다」는 것은
물체를 세게 때리고, 멀리 던진다
는 등의 운동이지만, 이것을
누구나 할 수 있는 극히 당연한 운동
으로 해서는 타격의 본질에 다가설 수가 없다.
 신체 운동에는 양생류에서 사람에 이르는 3억5천만년 동안 행하여 온 것과, 사람으로 진화된 이후에 시작한 운동이 있다.
 앞의 절까지 고찰한 것처럼 인간이 걷는다든지 달린다고 하는 운동은 동물의 뒷다리와 똑같이 다리를 차고 펴서 몸을 앞으로 이동하는 것이다. 즉 인간의 다리는 양생류, 파충류, 포유류 동물의 뒷다리와 같은 운동을 행하며, 다리로 찬다는 운동에는 3억5천만년의 경험이 축적되어 있는 것이다.
 그런데 불과 150만년 전쯤 네 발 보행의 동물이 두 발 보행을 시작하고 원숭이에서 사람으로 진화된 이후, 인간의 특유한

운동을 개발해 왔다. 그것은 앞다리에서 진화한 팔의 사용법이다. 그러면

동물로서의 운동

은 무엇인가를 열거해 보면 다음의 표와 같다.

① 다리	차고 편다	걷는다		
		달린다		
		축구		
		공수로 찬다	말도 찬다	
② 팔	잡아당긴다	줄다리기	파충류 앞다리도	
		괭이, 톱	같은 기능을	
		대패	한다	
		유도		
③ 팔	찬다, 때린다	복싱의 혹	곰도 때린다	
④ 팔	민다	물체를 민다	팔을 고정 시켜서	
			뒷다리를 차고	
			뻗는다	
⑤ 팔	관절 고정	무거운 물체를	동물의 앞다리와	
		든다	같다	

① 인간의 다리는 동물의 뒷다리와 똑같은 기능을 한다. 걷거나 달린다고 하는 운동을 하는 경우 인간의 다리와 동물의 뒷다리는 모두 차고 펴서 몸을 앞으로 나아가게 한다. 축구에서 공을 차거나 공수나 태권도에서 차는 것과 말이 내차는 경우와는 앞으로 차는 것과 뒤로 차는 것의 차이는 있지만 모두 신근을 사용한다는 점에서 똑같다.

② 무거운 것을 잡아당기는 것은 양생류 이래의 앞다리 본래의 기능이다. 팔을 이용해서 괭이로 경작하고, 대패질을 하고, 톱질을 하고, 유도에서 상대를 잡아당기는 것 등 모두 앞다리의 기능이다. 물론 모두가 굴근의 수축에 의한 것이다. 단 줄다리기라든지 유도 등의 체기는 팔의 굴근을 사용하지 않는 기술로 진화했다 (굴근 사용에서 신근 기술로의 진화).

③ 곰은 그 큰 손바닥으로 먹이를 후려쳐서 쓰러뜨린다고 한다. 하지만 그 동작은 마치 손바닥으로 낚는 것처럼 보이며 굴근을 사용하고 있다. 복싱의 훅을 보면 마찬가지로 팔을 굽혀서 너클로 낚듯이 하여 치는데, 역시 굴근을 이용하는 타법이다. 고양이의 싸움에서도 앞다리로 적을 할퀴는 스피드는 놀랄 만큼 빠르고, 원숭이도 할퀴는 힘은 강하지만 팔을 뻗어서 스트레이트를 칠 수 있는 동물은 없다.

④ 동물이 물체를 미는지 어떤지는 의문이지만 만약 민다고 한다면 몸으로 덮쳐서 앞다리를 걸치고 뒷다리를 차고 폄으로써 밀게 될 것이다. 인간이 스콥을 사용하는 것처럼 앞다리를 펴고서 밀 수는 없다. 인간도 무거운 물체를 밀 때는 팔로 버티지 않고 어깨를 대고 다리로 버티게 된다. 즉 무거운 물체를 밀 때는 다리로 힘을 내는 것이다.

⑤ 팔로 무거운 물체를 들거나 받칠 때에는 관절을 고정시켜서 팔을 움직이지 않도록 한다. 동물이 질주할 때 보면 뒷다리는 뜨고 앞다리로 모든 체중을 받치는데, 이런 때는 역시 앞다리의 신근과 굴근이 장력(張力)을 늘리고 관절이 고정되는 것이다.

　블록을 수도로 쪼개는 것과 발로 차서 쪼개는 것과는 그 의의가 완전히 다르다. 발은 원래 차고 펴는 도구이므로 그저 훈련하기만 하면 누구나 쪼갤 수가 있다. 그러나 팔은 옛날 동물의 시대부터 「당겨서 움츠리는 도구」였으므로 「펴는 도구」로서 힘을 발휘하는 것은 자연 성장적인 훈련에서는 불가능하며 축적된 노하우가 필요하다. 발로 쪼개는 것과는 전혀 다른 차원이라는 것을 인식하지 않으면 안 된다.

　무한류(無限流) 합기도 종사(宗師) 오가와(小川和眞正)씨의 블록 쪼개기. 다케다류(武田流) 합기술 비전 「비타(秘打)」에 전해진다고 한다.

그럼 다음에 본질적인

인간 특유의 운동

을 열거해 보자.

① 동물의 경우는 무거운 물체를 팔을 펴서 밀 수는 없다. 신체로 미는 것, 즉 다리의 힘으로 밀 수는 있다. 그 굽히는 힘은 상상 이상으로 강하다. 작은 고양이가 무거운 문을 당겨서 여는 것을 보고 놀라는 적이 있다. 인간만이 스콥을 땅에 밀어 넣는다든지 무거운 물체를 팔로 밀 수 있는 것이다.

① 팔	무거운 물체를 민다	스콥 등	팔을 편다
② 팔	도구로 친다 (가벼운 것을)	골프, 야구, 테니스	팔을 편다
③ 팔	도구로 친다 (무거운 것을)	목도, 해머, 도끼	팔을 편다
④ 팔	도구로 찌른다	창, 펜싱, 당구	팔을 편다
⑤ 팔	맨손으로 찌른다	정권(正拳), 스트레이트 펀치	팔을 편다
⑥ 팔	맨손으로 친다	수도	팔을 편다
⑦ 팔	맨손으로 던진다	공의 원투(遠投), 돌팔매질	팔을 편다
⑧ 팔	맨손으로 던진다 (무거운 것을)	창던지기, 포환던지기, 원반던지기, 합기도	팔을 편다

그림 5-6

「골퍼의 힘은 몸 동작에 달려 있다. 이 힘은 몸통에서 양팔로 옮겨지고, 다음에 양손으로 간다. 힘은 물리학의 연쇄 작용처럼 옮겨질 때마다 크게 배증(倍增)된다.」

《모던 골프(벤호건)》에서 인용.

태극권의 발경(發勁)은 벤호건이 개념적으로 설명하고 있는 것을 명확한 신체의 의식적 조작에 의해 실현하고 있다.(필자)

② 가벼운 공을 쳐서 멀리 날리거나 또는 심하게 내동댕이치는 등 도구를 사용해서 물체를 강하게 치는 것은 인간만이 할 수 있는 운동이다.

③ 마찬가지로 도구를 사용해서 물체를 파괴할 만큼 강하게 치는 것은 인간만이 할 수 있는 운동이다.

④ 도구를 사용해서 심하게 떠밀어 내는 것도 인간 특유의 운동이다.

⑤ 주먹을 쥐고서 스트레이트 펀치를 날린다든지 어퍼컷을 치거나 공수의 정권 찌르기 등 팔을 펴서 강하게 떠밀어 내는 것은 인간만이 할 수 있는 운동이다.

⑥ 마찬가지로 팔을 펴서 수도로 치는 식의 운동은 동물은 하지 못하고 팔을 굽혀서 심하게 할퀴는 일밖에 할 수 없다.

⑦ 야구에서 투수가 공을 고스피드로 멀리 던진다든지, 배구에서 공을 강하게 내리꽂는다든지, 농구에서 공을 콘트롤하여 던져 넣는다든지, 팔을 뻗어서 물체를 던질 수 있는 것은 인간만이 가능하다. 간혹 원숭이가 나뭇가지를 내던지기도 하는데, 그다지 세게 던지지는 못한다.

⑧ 창, 포환, 원반 등 무거운 물체를 던지는 것은 전적으로 인간 특유의 운동이다.

이처럼 동물과 달라서 인간만이
팔을 펴서 힘을 내는 운동
을 할 수 있다.

그렇다면 타격에서 도대체 무엇이 문제가 되는 것인가? 인간만이 팔을 펴서 힘을 낼 수 있지만 그것은 동물로서의 팔 본래의 기능에 어긋나 있다는 것이 문제라는 것이며, 그것이 탈력 신장이라는 기술을 필요로 하는 이유가 된다. 그리고 이 부분을 굳이 길게 설명하는 이유는 인간이 팔을 이용해서 타격하는 것의 본질을 이해하는 것이 그런 기술을 획득하기 위해 매우 중요하기 때문이다.

제5장의 요점

팔은 동물의 앞다리의 특질, 즉 「잡아당기는 도구」로서 「움츠리기 쉽다」는 특질이 있기 때문에 강하게 편다고 하는 운동에도 굴근의 긴장이 본능적으로 따른다. 그래서 **강하게 타격하려고 하면 오히려 강하게 타격하지 못한다**

고 하는 얼핏 보기에 모순된 현상이 일어난다. 팔은 힘을 주지 않고 폈을 때에 가장 강력한 긴장력을 발휘할 수 있는 것이다. 이런 현상은

힘을 주지 않으면 힘이 나오는

기의 힘·마음의 힘이 근육의 힘보다 강하다

는 등으로 신비스럽게 표현되어 온 것인데, 그 본질은

굴근의 힘을 주지 않으면 신근의 힘이 나온다

고 하는 지극히 당연한 것이었다.

그러나 인간의 팔은 동물의 앞다리의 성질을 이어받았으므로 「굴근의 힘을 주지 않고 신근의 힘을 발휘하는」것은 매우 곤란하다.

그래서 합기도에서는 팔의 힘을 빼고

기를 손 끝에서 내뿜는다고 생각하는 수단

에 의해 그 상태를 터득하려고 한다. 그러나 그것은

탈력 신장이라는 상태

를 인식함으로써 실현할 수도 있으며, 그러기 위해서는 인간 특유의 팔의 성질에 대한 인식을 확립해 둘 필요가 있다.

또 실제로 기가 존재하고, 그 기가 근육의 힘보다 물리적으로 강한 힘을 발휘한다고 생각하는 것은 잘못이다. 그것은 수단으로서 인식하는 일이 중요하다. 물론 필자는 기공의 「기」를 부정하는 것이 아니다. 단지 체술의 「기의 힘」과 기공의 「기」는 전적으로 별개의 것으로 생각하는 것이다.

제 6 장
경력(勁力) 기법

6-1 경력의 개요

≪합기도의 과학≫에서 주된 테마의 하나는「합기・발경」이라는 기술에서의 힘의 운용법이었다. 그리고 그 힘의 운용법은 합기 발경에 한정되지 않고 모든 체기에 숙달된 사람이 사용하는 것이며, 중국 권법에서「경력」으로서 인식되고 있는 것이었다.

그 경력이란, 예컨대 팔을 외향성(外向性)으로 발휘하려고 할 경우 그 팔의 직접적 조력을 사용하는 것이 아니라 각부(脚部) 신근 및 요배근(腰背筋)을 파워원으로서, 그 파워를 팔 신근을 통해서 발현하는 것이다. 따라서 그것은 발 끝에서 손 끝으로 전달되는 힘이었다.

이것이 팔 근육을 직접적으로 사용하는 힘에 대해서

기의 힘, 호흡력, 집중력, 일본 씨름의 힘, 내경(內勁)

등으로 불리는 것이었다. 어째서「기의 힘」으로 불리는가? 경력의 운용에서, 팔은 굴근의 힘을 빼고 사용하는, 즉 탈력 신장이므로

힘 감각이 없기

때문이다. 이 때문에 태극권도 그렇지만 특히 합기도는「힘을

사용하지 않는 무도」로서 유명해지고,
기의 힘, 호흡력, 마음의 힘의 신비적인 위력
등으로 표현되어 왔다. 그러나 그것은 실제로는 극히 합리적인 신체 조법(操法)에 의한 「힘」이었던 것이다. 그 신체 조법, 즉 경력 기법을 터득하지 않고서는 합기·발경의 기술을 사용할 수가 없다.

그리고 중요한 것은 합기·발경뿐만 아니라 모든 체기의 명인이나 달인 또는 명선수가 체현(體現)한 기술은 모두 경력에 의해서 운용되고 있다는 사실이다. 그런 명인의 기술을 경력이라는 공통 항목으로 인식한 중국 권법의 무술 사상의 의의는 매우 크다.

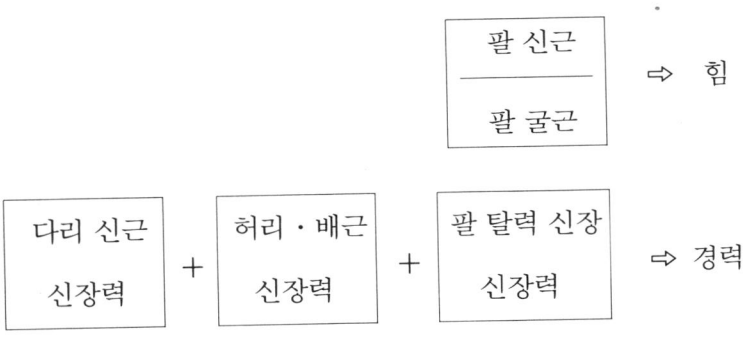

그림① 힘과 경력

팔을 사용해서 힘을 낼 때 신근과 굴근의 양쪽을 모두 사용하는 것이 팔의 힘이다. 이 때 팔에는 힘의 충실감이 있다.
한편 경력은 다리의 신장력, 허리·배근의 신장력을 파워원으로 삼는 파워를, 팔을 신근 발골(伸筋拔骨)로서 손끝에 집중하는 것이다.

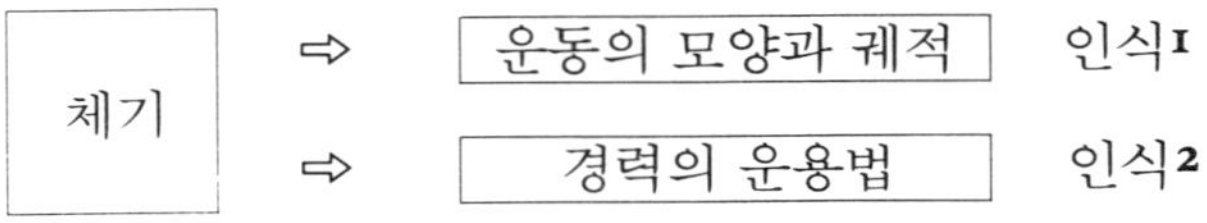

```
┌─────┐   ⇒   ┌──────────────────┐   인식 1
│ 체기 │       │ 운동의 모양과 궤적 │
│     │   ⇒   ├──────────────────┤   인식 2
└─────┘       │   경력의 운용법    │
              └──────────────────┘
```

그림② 체기(體氣)의 인식법

경력을 인식함으로써 체기, 신체의 자세와 신체 운동의
궤적(軌跡)이라는 면 외에 기술 운용시 힘 감각이라는
면에서의 인식을 갖게 되었고, 기술의 지도·습득이
용이해졌다.

6-2 왜 경력인가?

「치기·찌르기·던지기」 운동은 왜 경력을 사용하는 것이 이상적인가?

제5장에서 언급한 것처럼 팔은 「필사적으로 뻗는 것」보다도 「힘을 빼고 뻗는 ＝탈력 신장」쪽이 강력한 신장력을 발휘할 수 있었다.

한편 각부·요배부·완부(腕部)를 동시에 신장시킴으로써 팔 신장력은 강화되었다. 이것을 공동력(共同力)으로 만든 것이다. 그러면 공동력으로 팔을 탈력 신장하면 더욱 강력한 신장력을 얻을 수 있는가?

몸의 어느 한 부위를 릴랙스시켜서 편다고 하는 신체 조법에는 무리가 있다.

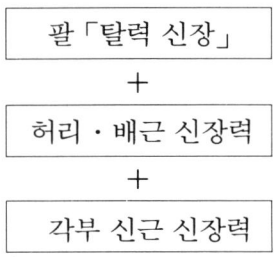

「탈력 신장과 공동력」
　다리는 신장, 등은 신장, 그리고 동시에 팔을 릴랙스, 이런 몸의 사용법은 무리이다.
　다리는 신장, 등은 신장, 그리고 동시에 팔을 릴랙스, 이런 몸의 사용법은 무리이다.

그래서 체술(體術)의 선인들은 경험적으로
팔의 탈력 신장과 공동력의 모순
을 해결하는 방법을 모색했다. 그래서 완성한 방법론이
다리 신장 → 요배근 신장 → 팔 탈력 신장을 시간차를 두고서 사용하는
방법이다. 즉 다리를 펴고, 그런 다음 등을 펴고, 그런 다음 팔의 탈력 신장을 사용한다는 방법이다.

이처럼 시간차를 두면 다리 신장력, 요배근의 신장력을 완전히 사용하면서 팔 탈력 신장으로써 타격하는 것이 가능해진다. 이 때 팔을 릴랙스시켜 「힘은 전혀 사용하지 않는다」고 생각하며 타격하면 힘의 감각이 없어도 실은 탈력 신장에 의한 신장력은 강력히 작용하는 것이다.

이것이 모든 기예에서 이상으로 삼는 경력에 의한 타격법이다. 그것은 다리와 등의 근육을 파워원으로 삼고 팔은 단순한 파워의 통로로서 사용하는 방법이며, 그것은 또「힘의 집중법」인 것이다.

이 경력의 이점을 생각해 보자.

우선 팔 근육의 힘만을 사용할 경우, 팔의 신근은 배근에 비해 현격하게 작으므로 파워가 작다. 다시 본질적으로 팔은 힘을 내려고 하면(아무리 외향성의 파워였더라도) 본능적으로 힘을 주게 되는 데 문제가 있다.

또 같은 근육을 파워원과 콘트롤의 양쪽으로 사용하기 때문에 미세한 콘트롤이 불가능해진다. 콘트롤은 힘을 주면 완전히 불능이 되고 만다. 즉 팔의 신근만을 사용하려고 할 경우에는 다음과 같다.

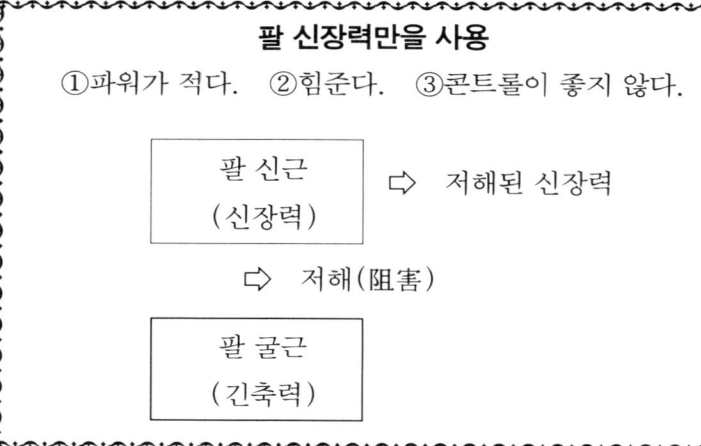

이에 비해 경력을 사용할 경우 우선 파워원인 각부, 요배부 신근은 팔의 신근에 대해서 훨씬 큰 파워를 갖고 있다.

또한 팔은 콘트롤에 전용(專用)하게 되므로 교묘한 콘트롤이 가능하다. 이처럼

파워원과 콘트롤부(部)를 분리

함으로써 기술의 위력을 높이고, 또한 기술의 콘트롤도 좋게 할 수가 있다. 그 파워의 통로는 말할 것도 없이

팔의 신근

이다. 이 방법이면 팔 굴근의 긴장없이 팔의 신근을 사용하는 것이 가능하다. 따라서 팔은 「힘」이라는 감각이 전혀 없는 것이다.

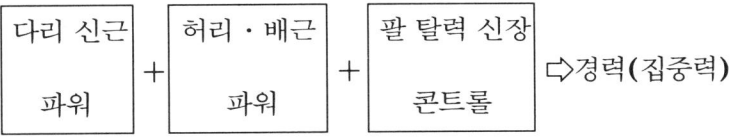

```
경력의 이점
① 파워가 크다  ② 팔의 필랙스  ③ 콘트롤 자재(自在)
```

왜 팔의 신근이 콘트롤에 관계하는가?

　밖으로 향해 힘을 발휘했을 경우 힘은 다리에서 손 끝으로 신근을 통해 전달되며, 손 끝의 꼼꼼한 조작은 팔의 신근에 의해 행하여지게 된다. 굴근은 팔을 굽히는 작용 외에 신근과 굴근이 더불어 장력(張力)을 늘림으로써 관절을 고정하는 작용이 있기 때문에 신근을 이용하고 있을 때에 굴근이 긴장하면 그 움

직임은 딱딱해지는 것이 당연하다. 힘의 감각이 있는 한 팔은 매끄럽게 움직일 수가 없는 것이다. 그 때문에 신장성(伸張性)의 힘을 사용하는 기예에서는 신근의 작용은 움직임이고, 굴근의 작용은 정지라고 생각해도 된다. 그리고 기예의 종류는 모두 굴근 사용에서 신장성의 힘을 이용하도록 진화하는 데 특징이 있다.

인간의 체기(體技)
굴근의 작용은 정지   신근의 작용은 움직임

그래서 야구라든지 골프 등의 스포츠뿐만 아니라 무용이나 서도 등 콘트롤이 요구되는 기예에서는 능숙한 사람은 모두 어깨와 팔의 힘을 빼고 신근을 사용하게 된다. 그 신근의 감각이 기감(氣感)이라든지 다른 어떤 종류의 감각이나 요령으로서 파악되고 있는 것이다. 어쨌든 그것의 진보로서 경력을 사용하게 되면 이상적이다.

그래서 각자의 기술은 완전한 경력에까지 도달했는지, 앞의 장의 「탈력 신장」 상태인지, 또는 「신장」만의 상태인지, 힘을 준 상태인지 등등 각 레벨이 있게 마련이다.

그렇지만 팔을 릴랙스시켜 「신근만을 유효하게 사용하라」고 하는 것은 말로는 간단하지만 막상 실행하게 되면 실은 매우 곤란하다. 우선 그것은 불가능하다고 해도 될 만큼 어렵다. 그런 신근의 사용법은 여러 차례 언급한 것처럼 양생류 탄생 이래 계속된 앞다리(팔)의 사용법에 비해 불과 150만년에 지나지 않기 때문이다.

필자도 태극권을 가르칠 때 「팔을 자연스럽게 릴랙스하고」 움직이지 않는다고밖에 말할 수가 없지만 그것은 사실 잘못된 것이다. 릴랙스하여 움직인다는 것은

팔에 있어서는 본래 부자연한

일이라는 것을 분명히 인식하고 나서 의식적으로 훈련하지 않으면 안 되는 것이다.

6-3 경력을 인식한다

≪합기도의 과학≫에서

경력은 전달력

이라고 말했다. 그 의미는

경력의 원의(原義)는 전달되는 힘이다

라는 것이며, 모든 「○○경(勁)」을 설명하는 것이 아니다.

말이란 범주는 넓혀지고 변화해 간다. 경의 용법도 그 원의로부터 변화해서 쓰이게 되었으리라 생각한다.

전달력의 성질, 즉 그것은 신근을 사용한다는 원의

에서 파생했으리라 필자는 생각된다.

예컨대 붕경(掤勁)은 팔의 신근을 이용해서 돌출하는 감각이다. 물론 이것은 전달력이기도 하다. 예컨대 청경(聽勁)은 신근을 희미하게 펴는 것에 의해 비로서 상대의 움직임이 느껴지는 것이며, 거기에 굴근의 긴장이 조금이라도 있으면 상대의 움직임을 느끼는 것은 불가능하다.

그러나 「냉경(冷勁)」이라고 하듯이 상대의 틈을 보아 불의에 치는 것 같은 별로 경력과 관계없는 그런 타격과는, 경력을 쓰기 때문이라는 정도의 차이밖에 볼 수 없는 말의 용법도 있다.

따라서 「경(勁)」이라는 글자가 붙은 수많은 말을 늘어놓고 거기에서 경력이란 무엇인가를 찾고자 하는 것은 무의미하다고 하겠다.

그렇다고 해서 경력의 원의는 「전달되는 힘」으로 해놓고, 그럼 그것은 어디에서 전달되느냐고 하면 ≪합기도의 과학≫에서 언급한 것처럼 「발 끝에서 나오고 요배부의 신근으로부터 어깨를 지나 손 끝까지 전달되는 것」이라고 하기는 어렵다. 경력은 손 끝 뿐만 아니라 「몸의 합기」라든지 태극권의 카오 같은 사용법처럼 숙달되면 어깨, 팔, 가슴 등 모든 곳에서 발휘할 수가 있다.

그래서
어떤 식으로 경력을 터득하느냐

하는 것이 문제가 된다. 실은 경력은 누구라도 체험을 가지고 있다. 아니 어쩌면 늘 사용하고 있는 것인지도 모른다. 그래서 지금까지 의식하지 못하고 행하던 그 힘을,

경력이라고 그저 인식하기만

하면 되는 것이다. 거기에 존재하고 있어도 인식하지 못하면 없는 것과 마찬가지이다. 그러나 일단 인식할 수 있다면 거기서부터 성장을 계속할 수가 있다.

그럼 전달력으로서의 경력이란 어떤 것인가?

경력 설명① 역기의 연습 하이클린

우선 충분히 팔 힘을 뺀다. 172페이지 그림①을 보자. 힘을 충분히 뺀 뒤 바벨에 손을 걸친다. 그리고 다리와 등의 신장력에 의해 순간적으로 바벨을 끌어올린다. 이 때의 팔은 끈으로 생각하면 된다. 바벨은 순간적으로 공중으로 뜨게 된다. 그 떠오른 바벨은 약간의 팔 조작으로 어깨 앞에 받칠 수가 있다.

만약 팔의 힘으로 천천히 어깨 앞에 들어올린다면 고작 60kg 정도밖에는 들어올릴 수가 없다. (주:발경의 위력이 아니다.)

이 하이 클린 같은 몸의 사용법은 감성적으로

다리의 용수철을 쓰라, 몸의 용수철을 쓰라

는 식의 말을 하고 한다. 즉

용수철 같은 느낌으로 작용하는 근육이 신근

인 것이다. 단 굴근의 긴장이 있는 사람은 용수철이 되지 않는다.

이것으로 발경이란 기술은 몸의 용수철을 사용한 타격법이라고 할 수도 있다.

이처럼 역기에서는 보통으로 알려지고 있는 테크닉이 경력이라고 인식함으로써 모든 체기에서 보편적으로 경력 사용이 가능해지게 되는 것이다. 거기에 경력 인식의 의의가 있다.

하이클린

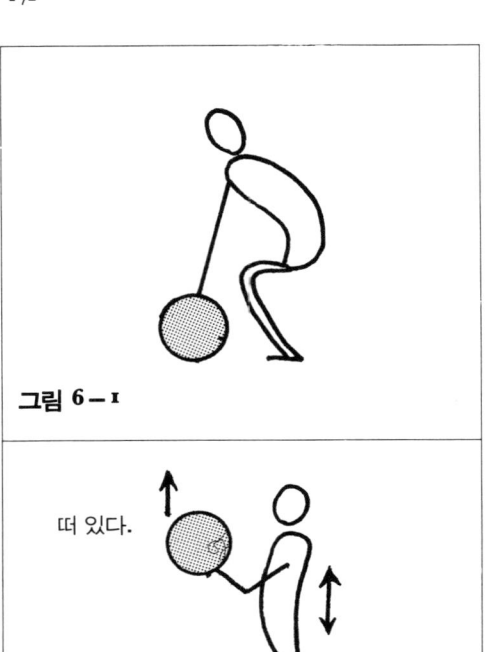

그림① 처음에 팔은 끈으로서 바벨을 든다.

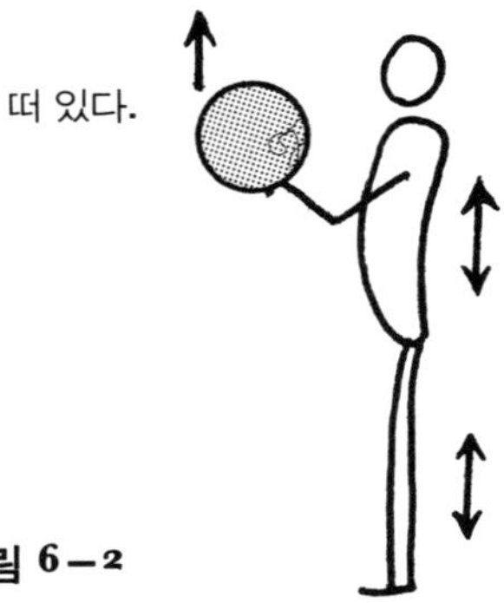

그림 6-1

그림 6-2

그림② 다리·허리·배근의 신장력에 의해, 즉 다리·허리·등을 용수철처럼 사용해서 순간적으로 바벨을 끌어올린다. 바벨은 한순간 떠오른다. 떠오른 그 부분부터는 힘은 전혀 필요치 않다.

그림 6-3

그림③ 약간의 힘으로 바벨을 어깨 앞에 끌어당겨서 받칠 수가 있다.

이 하이 클린에서는 경력 외에 손목 투철력의 문제도 찾아 볼 수 있다.

즉 팔을 끈으로서 내뻗고 경력 전달에 사용하는 것인데, 만약 바벨을 단단히 잡으면 팔은 끈이 아니라 봉이 되어 버린다. 당연히 경력은 전달되지 않고 만다. 그래서 혹 그립이란 쥐는 법이 사용된다.

그것은 엄지손가락을 사용해서 꽉 쥐는 「악력(握力)」이 아니라 엄지손가락을 제외한 네 손가락의 제1관절, 제2관절을 갈고리처럼 구부려 바벨을 걸쳐서 쥐는 법이다. 이 혹 그립은 응조수(鷹爪手)와 비슷하며,

체기는 굴근 사용에서 신근 기술로 진화한다

는 한 가지 예이다. 즉 혹 그립으로 걸친 것은 정확히 「잡는다」고는 할 수 없지만 「잡는」다는 것의 대용이 되는 셈이다. 대동류 잡기수라든지 응조수도 이와 마찬가지로 실제는 「잡는다」고는 할 수 없지만 「잡는 것」의 대용이 될 수 있는 것이다.

골프나 배트 또는 죽도 등의 그립도 잡는 것이 아니고 이 혹 그립 같은 것이라고 생각하면 알기 쉽다. 대개는 「잡는다」고 표현해 버리므로 굴근에 의한 「잡기」와 혼돈해 버리는 데에 문제가 있다. 실제는 잡기의 대용이며 잡는 것이 아니다.

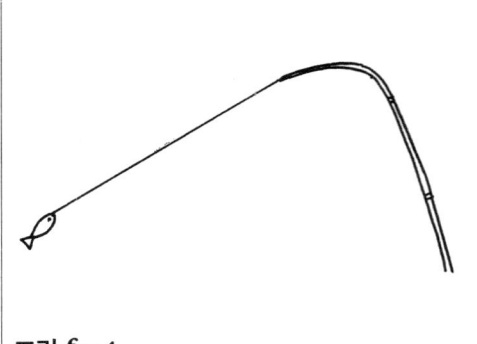

경력 설명② 대낚시

하이 클린은 낚시대로 물고기를 잡는 것과 흡사하다.

그림① 물고기가 걸려서 낚시대를 올리려고 하면 낚시줄이 뻗고 낚시대는 휘어서 탄성 에너지를 축적한다. 이 때 낚시줄은 팔에 해당한다.

그림 6-4

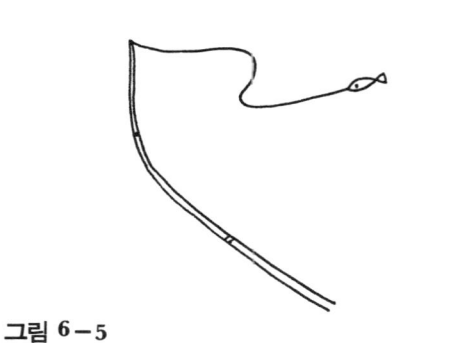

그림② 그 낚시대를 더욱 끌어올리면 낚시대는 용수철처럼 크게 튀며 물고기를 끌어올린다. 이 때 낚시줄은 느슨해지고 전혀 힘이 걸리지 않는다. 낚시대의 파워가 물고기를 끌어올리는 것으로 낚시줄이(팔에 해당) 물고기를 당기는 것이 아니다.

그림 6-5

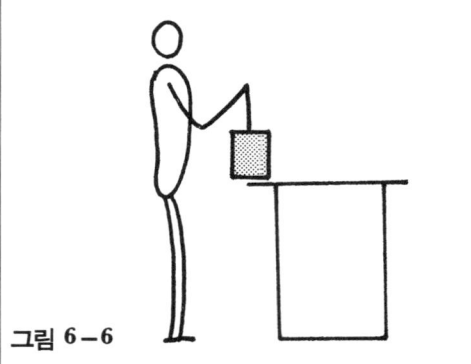

경력 설명③
짐을 들어올린다.

그림① 지금 책상에 짐을 얹으려고 한다. 이것을 천천히 들어올리는 것이 힘이다.

그림 6-6

제6장 경력 기법 175

그림② 우선 등을 약간 둥글게 하고 팔을 펴면서 짐을 든다. 쥐는 것은 역시 조금 전과 같이 훅 그립으로 네 손가락을 굽혀서 걸칠 뿐이다. 이 경우도 역시 끈이다.

그림 6-7

그림③ 다리와 등의 용수철을 약간 살리면 짐은 떠오르므로 팔은 자연히 굽힐 수가 있다. 여기서 전혀 팔의 힘은 주어지고 있지 않다. 이 때 짐에 가해진 것이 경력이다.

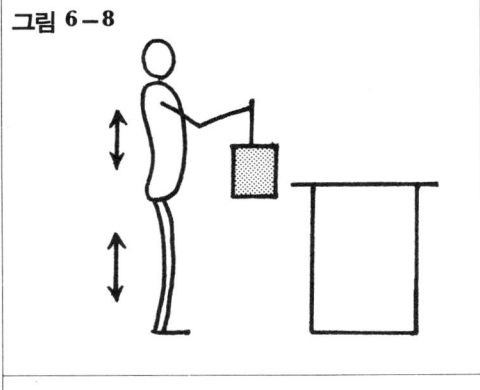

그림 6-8

그림④ 떠오른 짐에 조금만 팔의 힘을 가하면 책상 위에 놓을 수가 있다. 이것은 팔 힘이다. 시험해 보면 알겠지만 팔의 힘은 아주 적어도 된다.

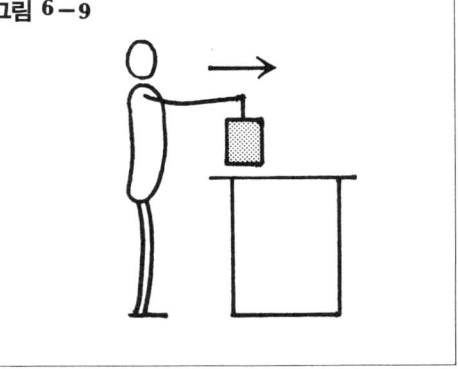

그림 6-9

경력 설명④ 기로 튀기는 것은 「경력 합력법(勁力合力法)」

기로 사람을 날린다든지 호흡법으로 날리는 것 같은 기술을 합기도의 연장선상에 있는 것처럼 생각하고 있다. 또 기공이라든지 종교에서도 똑같은 형상이 있는데, 그것들과 체술의 기술은 원리가 전혀 다르다. 체술에서는 신체 조작의 합리적인 이치가 따르지 않으면 안 된다. 그 합리적인 이치란, 즉

경력 합력법

이다.

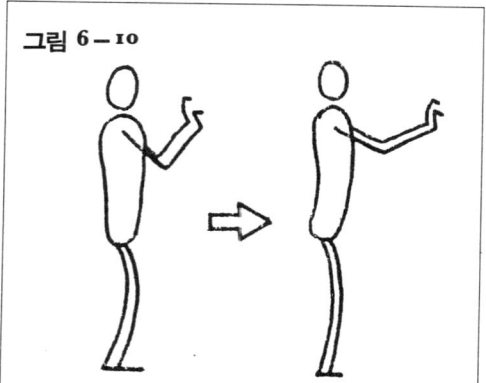

그림 6-10

그림① 체기의 초보자가 손으로 미는 경우 우선 팔꿈치를 굽히고 밀어서 펴는 것이 보통이다. 그나마 몸을 상대에게 기대고 미는 사람이 대부분이다. 이것으로는 사람을 밀 수가 없다.

사진① 팔꿈치를 굽히고 밀려고 하면 팔꿈치를 굽힌 데서 상대에게 눌러서 밀고 펼 수가 없다.

제6장 경력 기법 177

사진② 팔에서 가장 힘을 낼
수 있는 형태가 원상(圓相), 즉
아치형이다.

사진③ 그래서 능숙한
사람은 서로 팔을 원상이 되게
하여 맞붙는다.

사진④ 원상의 팔로는
밀 수가 없다고 초보자는
생각할 것이다. 그러나 능숙한
사람은 팔을 굽히고 펴는
것으로 상대를 미는 것이
아니다.
　팔의 형태를 원상으로 하여
신장력을 유지한 채 형태를
바꾸지 않고 등을 약간 둥글게
한다.

사진⑤ 등을 펴는 것으로써 손목에 힘을 집중한다. 즉 등의 신장력에 의해 미는 것이다. 이 경력이 손목에 도달했을 때 팔을 펴고 밀어젖힌다. 이것이 경력 합력법이다.

사진⑥
기로 물리친다고 하는 N류 호흡법 퍼포먼스
원상의 팔과 몸의 힘을 사용해서 상대의 팔을 아래쪽으로 누르고 있다. 실은 손이 맞붙었을 때에 합기가 걸려 있다.

사진⑦ 뒤쪽 아래로 밀어서 내리면 상대는 뒤로 물러선다. 점점 심하게 부딪쳐 쓰러지게 되는 것은 암시의 축적 효과이다.

제6장 경력 기법 179

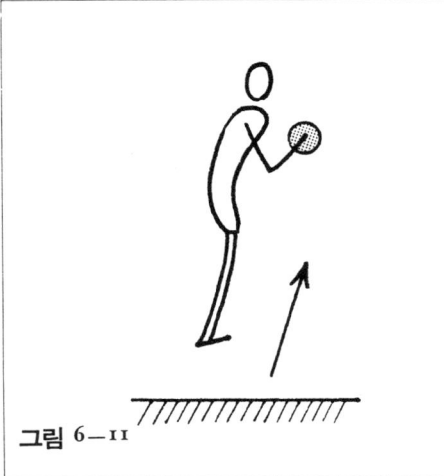

그림 6-11

그림 ① 공을 얼굴 앞에서 받쳐 뛰어오른다. 이것은 다리 신장력이다.

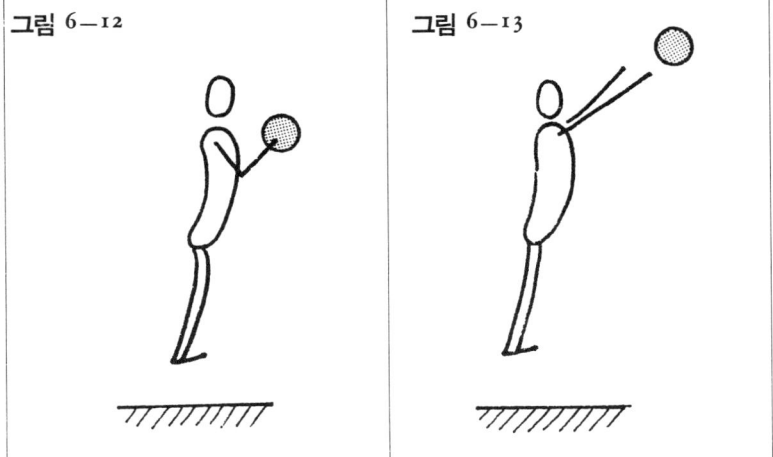

그림② 뛰어오른 순간에 등을 편다. 이 다리 신장력과 배근의 신장력이 경력이다. 이 때 공에 작용하는 것이 집중력이다.

그림③ 이어서 팔을 펴고 공을 바스켓을 향해 던진다. 경력 합력법으로 공에 작용하는 힘이 증대, 팔 콘트롤이 좋다.

6-4 각부(脚部) 신장력

그럼 이제부터 경력을 실천적인 면에서 생각해 보자.

경력은 원리적으로 각부에서 나오고 허리를 지나고 배근을 지나서 손 끝에 전달된다. 그러나 실기(實技)의 인식에서는

그것은 허리에서 나오고 손 끝에 전달된다

고 생각하면 된다. 바꾸어 말하면

허리가 움직이기 때문에 손이 움직인다

는 것이 된다.

그럼 다리에서 나온다는 것은 거짓인가? 찌를 때에 다리를 꾹 밟고 뻗는 것이 아니냐고 하면 그렇지 않고(그런 경우도 있지만)

신장력을 사용해서 확실하게 서는

것이다. 이것에 의해 각부 신장력과 땅바닥과의 대항력을 전한다. 즉 듬직하게 허리를 안정시키고 선다든지, 가볍게 떠서 서든지 하는 것이 아니라,

신장력으로 땅바닥과 겨룬다

고 하는 것 같은 느낌으로 서는 것이다. 그리고 그 위에 허리를 얹었다고 생각한다. 그렇게 하면 허리의 움직임이 경력으로서 몸의 말단부에 전달되는 것이다.

실질적으로 각부 신장력을 허리에 전달시키고 서는 방법의 첫째 조건은

원당(圓膛), 즉 가랑이를 아치형으로 펴는 일이다.

이처럼 각부 신장력의 사용법은 일반적으로는 발경 기법으로서 취급되지 않고 무술의 기본인

서는 방법의 문제

로서 취급되고 있다.

이와 같이 허리는 각부 신장력 위에 얹혀서 굴신(屈伸) 및 비틀기 운동을 행하지만, 그 허리의 움직임이 손 끝(몸의 말단)에 전달되는 것이 경력인 것이다.

예컨대 소림기공내경일지선(小林氣功內勁一指禪)의 무극참장공(無極站樁功)의 서는 요령은 다음과 같이 시현(示現)되고 있다. 기공이나 무술이나 땅바닥과의 대항력을 경력으로서 사용하는 점에서 같으며, 따라서 서는 방식의 요령도 같다.

1. 십지 조지(十趾抓地) 다리의 발가락으로 땅바닥을 잡는다.
2. 수복(收腹), 제홍(提肛) 배를 죄고 홍문을 끌어올린다.
3. 원당, 송요(松腰), 송과(松胯) 양쪽 가랑이를 둥글게 뻗는다. 허리를 늦추고 가랑이 관절을 느슨하게 한다.

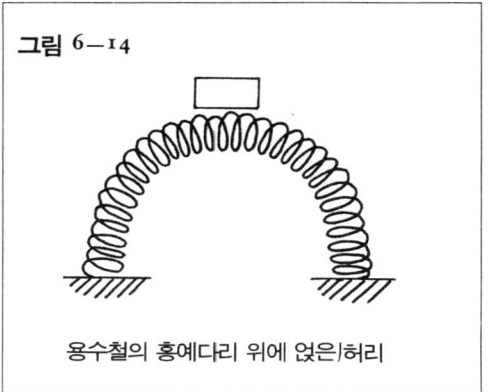

용수철의 홍예다리 위에 얹은 허리

① 원당
   땅바닥과 겨루는 토대(土台) 위에 허리를 얹었다고 생각한다. 이 토대를 만드는 요령이 십지조지 · 수복 · 제홍 · 원당 · 송요 · 송과인 것이다. 특히 원당, 즉 가랑이를 아치형으로 펴는 일이 중요하다.

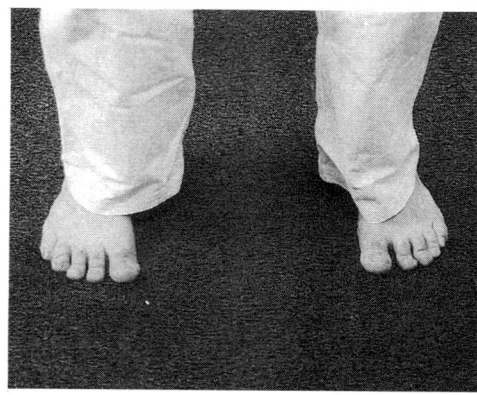

② 십지 조지(十趾抓地)
   우선 엄지손가락을 땅바닥에 밀어붙여서 멈추고, 다른 네 손가락을 밖으로 충분히 벌려서 단단히 땅바닥에 밀어붙이고, 발뒤꿈치를 약간 안쪽으로 당기면 땅바닥을 튼튼하게 잡을 수가 있다.
   경력은 이 발을 기점으로서 전달된다.

6-5 개경(開勁)과 합경(合勁)

앞의 절에서 경력의 첫 신장력인 각부 신장력을 허리에 전달하는 방법에 대해서 설명했다. 그것은

땅바닥과 겨루듯이 서고

그 서는 방법에 따라 발에서 허리로 전달하는 것이다.

즉 「십지조지, 수복·제홍, 원당」 등으로 섬으로써 각력(脚力)과 땅바닥과의 대항력, 즉 각부 신장력이 각부의 어느 부분에도 넘치게 된다. 따라서 그 위에 얹혀 있는 허리는 자연스럽게 땅바닥과 겨루게 되고 각부 신장력은 허리에 도달하는 것이다. 그리고 그 허리의 움직임에 따라 손이나 몸의 말단이 움직이면 땅바닥과의 대항력은 허리를 통해서 손이나 몸의 말단에 전달된다. 이렇게 하여 비로소 각부 신장력과 허리·배근의 신장력의 파워를 합성할 수가 있는 것이다.

허리와 손의 움직임의 관계에 대해서는 지금까지 「일본인과 자세」라는 실례를 들어 되풀이해서 설명했다. 즉 제3장에서는 허리가 펴져 있지 않은 일본인은 허리가 펴져 있는 외국인에 비해 팔을 펴는 힘이 약하다고 했다.

또 《합기도의 과학》에서도 마찬가지로 「일본인과 자세」라는 예로써 일본인의 팔(및 상반신)은 굴근 우위형이며, 힘을 외향

성으로 발휘해야 되는 합기나 발경의 습득에는 특별한 훈련이 필요하다고 했다.

또한 이 책의 제9장에서도「일본인의 자세」라는 예제(例題)를 사용해서 숙달론을 말했다.

왜「일본인의 자세」라는 문제에 그토록 구애받는가? 그것이 경력을 가장 이해하기 쉬운 실례이고, 또 그것을 의식적으로 행함으로써 경력 조작(勁力操作)에서 가장 중요한 개(開)·합(合)의 경(勁)이 되기 때문이다.

일본의 독특한 문화, 즉 톱은 당겨서 자르고, 대패는 당겨서 깎고, 대형 짐수레를 당기고, 괭이로 경작하는 것 등을 비롯하여 그밖에도 여러 가지로 외국과 전혀 다른 문화가 형성되어 있는데(제9장에서 자세하게 설명한다), 허리가 둥글게 되어 있다고 하는 얼핏 보기에는 아무렇지도 않은 것이 큰 원인이 될 정도로「허리의 움직임」의 신체 운동에 대한 영향이 크다는 것을 이해하지 않으면 안 된다.

즉 그「허리의 움직임」의 영향은

허리가 둥글게 되면 팔이 움츠린다,
허리가 펴지면 팔이 펴진다

고 하는 것이며, 그래서 발경의 기본이 되는 경력은

허리를 펴면 팔이 펴진다 ⇨ 개경(開勁)
허리를 둥글게 하면 팔이 움츠린다 ⇨ 합경

이라는 허리의 신축에 의한 경력이라는 것이다.

야구의 투구 등에서「몸의 용수철을 사용하라」는 말을 자주 듣게 된다. 허리의 굴신(屈伸)을 의식한 것은 아니지만 개경·합경을 사용하라는 것이다.

그러나 무도에서 허리를 사용한다고 하면 우선 허리를 넣고 찌르는 것을 생각하고, 골프나 야구에서도 허리는 돌리는 것으로 생각하는 것이 일반적이다. 허리를 펴거나 둥글게 하는 것이 「허리를 사용하는 것」이라고 대부분 생각하지 않는 것이다. 따라서 이 「개경」의 사용은 일반적으로 자세를 바르게 한다는 기본으로서 인식되고 있다.

왜 체기의 자세가 중요한가? 우선 그것은 당연하다고 생각한다. 자세가 좋지 않은데 어떻게 바른 기술을 사용할 수 있는가? 그러나 실은 그것으로는 대답이 되지가 않는다. 올바른 대답은 「등을 펴지 않으면 팔이 펴지지 않고, 경력 기법을 쓸 수 없기 때문」이다. 바른 기술이란 바로 경력 기법이며, 이처럼 자세를 변화함으로써 비로소

개경(開勁)에 의한 팔 신장력을 발휘

할 수 있는 것이다. 경력에 의하지 않으면 재빠른 동작이나 효율적인 힘의 발휘도 할 수 없는 것이다.

경(勁)을 연습하기 전에 우선 허리의 움직임을 연습해 두지 않으면 안 된다. 여기에 대해서는

많은 사람이 허리라는 부위를 착각하고

있으므로 주의할 필요가 있다. 즉 많은 사람들이

궁둥이를 포함해서 허리

로 느끼고 있다. 예컨대 그림(P186)의 점선 부위가 아플 때는 허리가 아프다고 하는 것이 보통이다. 허나 체기에서 허리를 비튼다고 할 경우에는 역시 요추(腰椎)의 좌우 근육만을 사용하지 않으면 안 된다. 공수의 역찌르기에서도 「허리를 넣고」있다는 착각으로 궁둥이를 돌리므로 위력적인 찌르기가 나오지 못

한다. 또 훈히 골프에서도 똑같은 잘못을 잡지 같은 데서 지적한 것을 읽기도 한다. 그것은

허리는 여기라고 하는 감각

이 되어 있지 않기 때문이다. 따라서 경력을 사용하려면 제일 먼저 허리의 근육(요추 좌우의 근육)을 감각화할 필요가 있다.

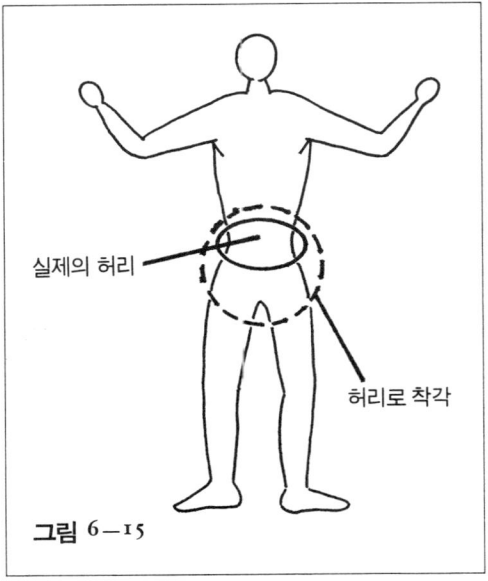

허리 근육의 감각화
 허리를 움직이려면 허리 근육의 움직임을 의식할 수 있어야만 한다. 허리가 어느 부분이라는 것은 알고 있어도 감각으로서는 막연히 궁둥이까지 포함해서 허리로 느끼고 있는 사람이 많다.

그림 6-15

경력의 연습 ①
상하 개합(上下開合)

서는 법은 마보(馬步),
십지조지·수복·제홍·원당으로
선다.
　사진① 허리를 굽혀서 손을
든다. 손이 높게 오를수록 허리는
낮아진다. 이것이 합경(合勁).
손을 들려고 할 때는 곧바로 들지
말고 우선 아래로 보냈다가 실로
삼고서 반동에 의해 위로 올린다.
등은 둥글게 합(合).
　(下　先上否下)

　사진② 허리를 펴고 손을
내린다. 다리는 약간 편다. 이것은
개경(開勁). 손을 아래로 내리는
경우 곧바로 내리지 말고 우선
위로 보냈다가 실로 삼고서
반동적으로 내린다. 등은 펴서
개(開).
　(上　先下否上)

경력의 연습 ②
좌우 개합(開合)

① 허리를 굽히면 손은 밖에서 안쪽으로 향해 움직인다. 이것이 합경(合勁)이다. 손을 안쪽으로 움직일 경우 곧바로 안쪽으로 가지 않고 우선 밖을 향해 실을 삼고서 반동적으로 안쪽으로 움직인다.
 (內　先外否內)

사진② 허리를 펴면 손은 안쪽에서 밖으로 벌린다. 이것은 개경(開勁)이다. 손을 밖으로 움직일 경우에는 곧바로 밖으로 가지 않고 우선 안쪽을 실로 삼고서 반동적으로 밖으로 움직인다.
 (外　先內否外)

경력의 연습 ③ 팔괘

벽에 커다란 팔괘도(八卦圖)를 걸고 손 끝으로 선을 덧그리며 개합의 경을 연습한다.

허리가 움직이면 손 끝이 움직

이는 것이다. 거리를 사용한다고 하면 허리의 비틀기를 당장 생각하지만 개합의 경은 허리의 굴신으로 손 끝이 움직인다. 즉 허리가 펴질 때는 손은 아래쪽을 향하고 허리를 굽힐 때에 손은 위쪽을 향한다. 연습은 팔괘도를 따라 손바닥으로 쓰다듬어 내리고 지배(指背)로 쓸어올린다.

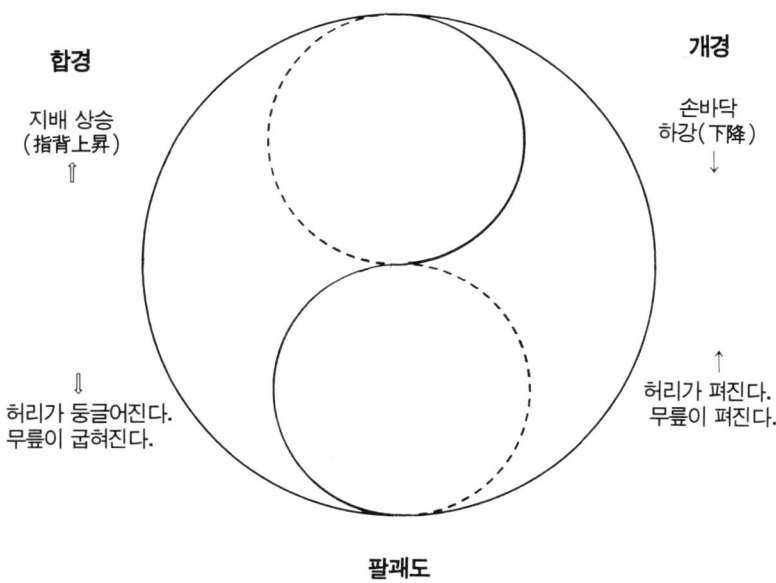

그림 6-16

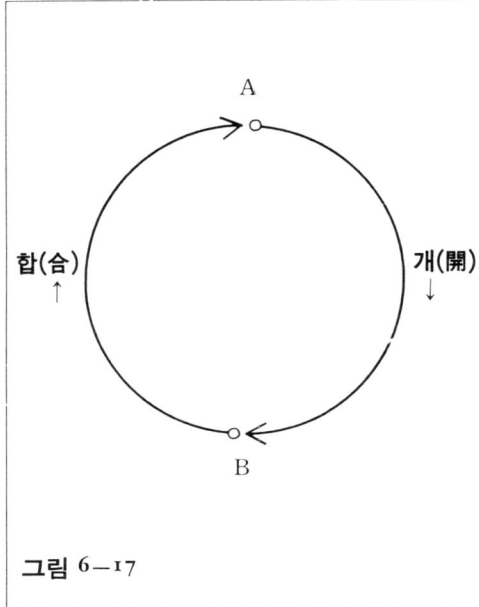

그림① 오른손바닥으로 A점에서 B점까지 오른쪽 반원(半圓)을 아래로 쓰다듬어 내린다. 이 때 허리는 편다. 개경이다.
　B점에서 손을 안쪽으로 비틀어서 손바닥을 네 손가락의 등으로 바꾸고, 왼쪽 반원을 A점까지 쓸어 올린다. 이것은 합경이다.
　원을 두 번 덧그린다.

그림 6-17

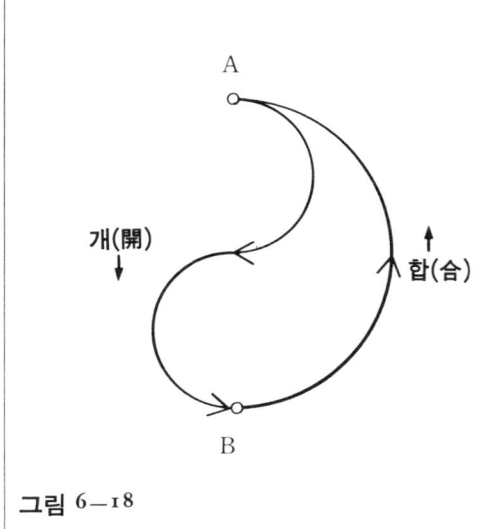

그림② A점에서 손바닥을 바꾸어서 B점까지 S자형으로 쓰다듬어 내린다. 허리는 편다. 개경이다.
　B점에서 손목을 밖으로 비틀어서 손바닥을 지배(指背)로 바꾸고 오른쪽 반원을 밑으로부터 쓸어올린다. 허리는 굽힌다. 합경이다.

그림 6-18

그림③ A점에서 지배를 손바닥으로 바꾸고 S자형을 쓰다듬어 내린다.
B점에서 손바닥을 지배로 바꾸고 왼쪽 반원을 쓸어올린다. 허리는 굽힌다. 합경이다.
이상을 되풀이한다.

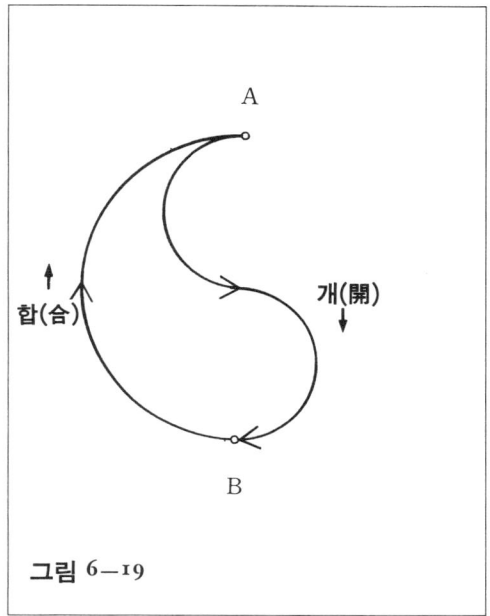

그림 6—19

(사진 설명)
벽에 팔괘도를 걸고 연습한다. 왼쪽이 개, 오른쪽이 합이다.

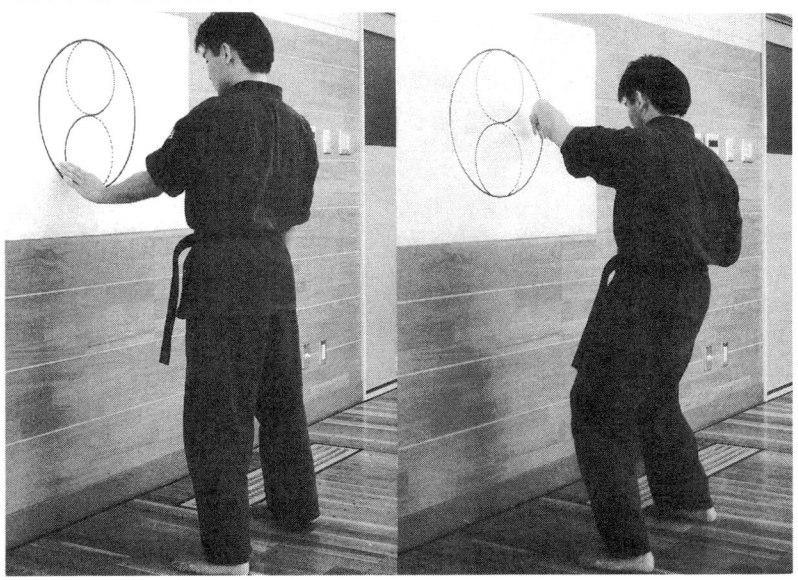

6-6 전사경(纏絲勁)

전사경은 또 하나의 경력이다. 그것은
허리의 운동이 손의 원전(圓轉)·팔의 선전(旋轉)이 된다
는 경력이다. 이 허리의 운동은 두 종류가 있다. 하나는 신축(伸縮) 운동이고 하나는 좌우로 비트는 운동이다. 그 허리의 각각의 운동이 손 끝에 전달된 뒤 손 끝을 움직이는 것이 「경력」이다. 우선 허리의 신축 운동은 앞의 절(節)처럼 손 끝을 몸에서 떼거나 접근시키기도 하는 개경·합경이 되지만 팔의 선전 운동이 되게 할 수도 있다 이런 경우에는 전사경이다.

파워원은 허리의 신축으로
① 팔이 신축한다.　② 팔이 선전한다.

다음에 좌우 허리의 비틀기 운동은 손 끝을 좌우로 움직이므로 이것을 원 운동이 되게 할 수도 있고 또는 팔의 선전 운동이 되게 할 수도 있다. 이것은 모두 전사경이다.

파워원은 허리의 비틀기로
① 손 끝이 원을 그린다.　② 팔이 선전한다.

이처럼 허리의 비틀기 운동이 손 끝에 전달되고서야만 비로소 경력이 되는 것이다. 전사경은 실전에서 화경(化勁) 또는 합기의 흩뜨리기로서 사용된다. 적의 힘을 콘트롤하기 위한 중요한 기법이다.

제6장 경력 기법 193

허리의 신전(伸展) 운동	➡ 팔의 신전 운동	➡ 개경(開勁)
허리의 굴곡(屈曲)	➡ 팔의 굴곡 운동	➡ 합경(合勁)
허리의 신전 운동	➡ 팔의 선전운동	➡ 전사경 외선(纏絲勁 外旋)
허리의 굴곡 운동	➡ 팔의 선전 운동	➡ 전사경 내선(纏絲勁 內旋)
허리의 비틀기 운동	➡ 팔의 선전 운동	➡ 전사경 내·외선(內·外旋)
허리의 비틀기 운동	➡ 손끝의 원 운동	➡ 전사경 원전(圓轉)

(1) 전사경의 연습 ①
허리의 감각화 운동
혼원 기공(混元 氣功) 3종

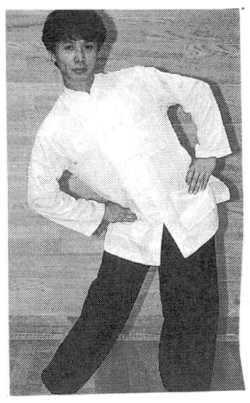

사진① 요과요선요
       (搖胯搖旋腰)
어깨 넓이로 서고 명문(命門)을 의식하면서 허리를 크게 돌린다. 좌우 각 아홉 번.

② 좌우대선요(左右大旋腰)
명문을 의식하며 상반신을 크게 돌린다.

사진③ 악권마반선요
      (握拳磨盤旋腰)
마보(馬步)로 서서 원당(圓襠)·십지조지(十趾抓地)를 지키고 두 손을 뒤로 돌려서 허리를 충분히 비튼다. 허리와 어깨의 중간에 있는 근육에 긴장을 만든다. 좌우 각 아홉 번.

(2) 전사경의 연습②
당경(膽勁)의 전환

사진① 마보·원당이 되게 하고서 선다.

사진② 어깨를 왼쪽으로 돌리며 허리도 따라서 왼쪽으로 돈다.

사진③ 어깨를 오른쪽으로 돌리며 허리도 따라서 오른쪽으로 돈다.

(3) 「당경의 전환」의 의의

당경의 전환은 진식(陳式) 태극권에서 전사경을 행하기 위한 기초 단련법이다. 경력은 허리의 움직임이 손 끝 또는 몸의 말단에 전달되는 것이었다. 다만 이 때의 조건으로서 가랑이를 원당, 즉 아치형으로 벌리고 땅바닥과 각부(脚部) 신장력과의 대항력을 허리에 전달시킬 필요가 있었다. 그리고 허리의 움직임이 손 끝에 전달되기 쉽도록(경력의 전달) 그 움직임과는 반대의 운동, 즉 「어깨가 움직이기 때문에 허리가 움직인다」고 하는 운동을 행하는 것이 당경의 전환이다. 이 훈련에 의해 전사경의 움직임이 숙달된다.

당경의 전환은 실전의 기술로서 중요하다. 자신의 상반신에 가해 오는 상대의 힘을 허리의 회전으로 무력화시키기 때문이다.

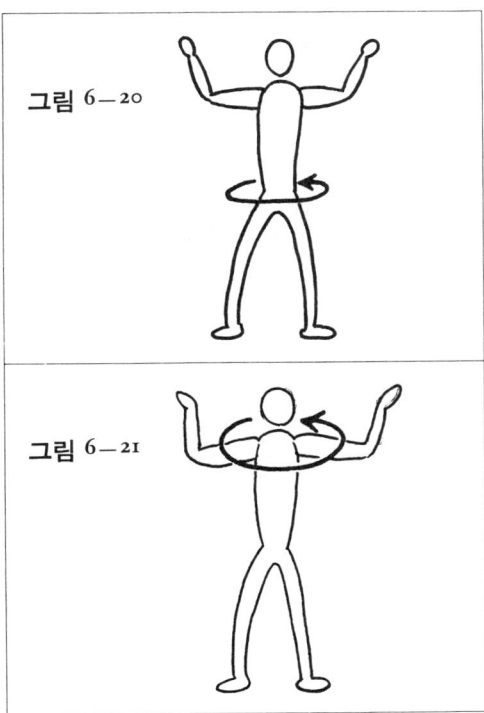

그림 6-20

그림 6-21

그림① 경력의 움직임
허리가 돌면 어깨(상체)가 도는 것이 「경(勁)」이다.
가랑이는 원당이 되게 한다.
다만 신체는 유체(柔體)이기 때문에 어깨의 움직임이 늦다.
허리 ⇨ 어깨 = 경력

그림② 당경(膽勁) 전환의 움직임
어깨(상체)가 돌면 허리가 도는 것이 당경의 전환이며, 경력과 안팎의 관계에 있다. 이 안팎의 훈련을 통해 원당의 다리와 허리의 관련이 확립된다.
어깨 ⇨ 허리 = 당경 전환

(4) 전사경의 연습 ③
순원(順圓)을
그린다(좌 · 우)

이 연습은 허리로 순원을 그린다. 허리→어깨→팔꿈치→손 끝으로 잇달아 움직이는 것이다. ①~② 허리를 왼쪽으로 비틀면 오른손은 왼쪽으로 움직인다. 손바닥은 아래로 향한다.

⑤ 허리의 움직임이 멈춰도 손바닥은 계속 올라간다.

⑥ 허리를 오른쪽으로 비틀어 되돌린다. 그 움직임을 따라 오른손은 외선(外旋)을 시작한다.

제6장 경력 기법 197

③~④ 허리는 더욱
왼쪽으로 비튼다. 비틀면서
허리 근육의 긴장으로
움직임을 멈춘다. 손목은
내선(內旋)하면서
손바닥으로 원을 그리면서
올려 간다.

⑦ 허리는 더욱 오른쪽으로
비틀고, 손목은 외선하면서
허리의 움직임에 뒤따라서
오른쪽 전방으로 원을 그린다.

⑧ 허리를 멈춘다. 손목은
아직도 전방에서 움직이고
있으며 손바닥은 아래로
향한다. 손목이 전방으로
뻗혀들 때 처음으로 되돌아가
허리를 왼쪽으로 비튼다.

(5) 전사경의 연습 ④
역원(逆圓)을 그린다
(좌·우)

순원과 마찬가지로 허리의
파워로 원을 그린다. 손은
허리의 움직임에 약간 뒤져서
따라온다. ①~② 허리를
왼쪽으로 비틀면 손목은
내선(內旋)하면서 간다.

⑤ 손목은 그래도 돌고
있지만 허리는 바야흐로
역방향으로 비틀려고 한다.

⑥ 허리는 오른쪽으로
비틀고 손목은 오른쪽으로
방향을 바꾸려고 한다.

제6장 경력 기법 199

③ 허리는 더욱 왼쪽으로 비틀고 손목도 더욱 왼쪽으로 돌린다.

④ 허리 근육의 긴장으로 움직임을 멈추지만 손목은 그래도 왼쪽으로 돌고 있다.

⑦ 허리의 움직임은 멈추지만 손목은 외선하면서 오른쪽으로 돈다.

⑧ 손목이 오른쪽으로 다 돌았을 때 허리를 왼쪽으로 비틀기 시작한다. 여기서 처음으로 돌아오고 되풀이한다. 좌우의 손을 바꾸어서 행한다.

(6) 전사경의 연습 ⑤
운수(雲手)

두 손에 의한 전사경의 연습이다. 마보로 선다. ②의 자세에서 허리를 오른쪽으로 비틀면 ② 손목은 외선하면서 오른쪽으로 돌려고 한다.

⑤ 허리는 바야흐로 역회전을 시작하고 양손은 왼쪽으로 원을 그리려고 한다. 오른손은 내선하면서 배 앞에 온다.

⑥ 허리는 왼쪽으로 비틀고 왼손목은 외선하면서 왼쪽으로 원을 그리려고 한다.

제6장 경력 기법 201

③ 허리의 움직임을 멈춰도 양손은 위아래로 교차하면서 타성(惰性)으로 원을 그리려고 한다.

④ 바야흐로 허리를 역방향으로 비틀어 돌리려고 하지만 양손은 그대로 위아래로 교차한다.

⑦ 허리는 멈추지만 왼손목은 더욱 외선하면서 원을 그린다.

⑧ 허리를 오른쪽 방향으로 비틀어 되돌린다. 양손은 위아래로 교차하면서 원을 그리려고 한다. 왼손은 내선하면서 배 앞에 되돌리고 ①로 돌아간다. 이하 되풀이한다.

제 6 장의 요점

경력은 전달되는 힘이다. 그 시발점은 발과 땅바닥의 접점이며, 각부 신근, 요근(腰筋), 배근의 힘이 주로서 팔을 통해 손 끝으로 또는 몸의 말단으로 전해진다.

그 실제적인 사용법을 살펴보면 각력(脚力)은 신장성의 힘으로 땅바닥과 대항해서 섬으로써 허리에 전할 수가 있다. 이것은 「어떤 특수한 서는 방식」을 의식하는 것만으로 가능하다.

그래서 실제적으로는 허리의 움직임을 손 끝에 전하는 것이다. 허리의 움직임이 가슴에 전달된다 하고 생각하면 된다. 즉 「허리로 손을 움직인다」, 「허리로 가슴을 움직인다」는 것 등이 경력이라고 생각하면 되는 것이다. 보통 「허리를 움직인다」고 하는 것을 착각하는 경우가 많아서 허리와 함께 궁둥이를 움직이곤 한다. 그래서 제일 먼저 그 「허리」 위치의 감각을 허리의 운동을 정확히 행함으로써 터득하는 일이 중요하다.

허리의 움직임은 신축 운동과 비틀기 운동의 두 종류이다. 그리고 그 두 운동에 대응하는 각각의 경력이 있다. 처음의 허리 신축 운동이 손 끝에 전달되는 것이 전사경이다. 전사경의 습득은 이 장(章)에서 제시한 연습 외에 풍지강(馮志強) 선생에 의한 「전사공적 기본 연법(纏絲功的基本鍊法)의 단련이 유효하다. 「전사공적 기본 연법은 《진식 태극권 정선(풍지강 편저)》에 수록. 인민체육출판사 간(刊)」

허리를 편다 ➡ 팔이 펴진다, 팔이 외선한다 ➡ 개경이나 전사경

허리를 굽힌다 ➡ 팔이 움츠린다, 팔이 내선한다 ➡ 합경이나 전사경

허리를 비튼다 ➡ 손 끝이 원을 그린다 ➡ 전사경

허리를 비튼다 ➡ 팔이 내선·외선한다 ➡ 전사경

제7장
합기(合氣), 발경(發勁) 기법

7-1 힘의 집중력

40여년 전 강유류(剛柔流) 공수도를 배우던 시절 필자는 강유류의 안목은「강유의 법」, 즉「힘을 집중하는 법」이라는 가르침을 받았다. 다만 필자는 힘 집중의 방법으로서 가능한 한 부드럽게 행해야 하는 전신의 근육을 순간적으로 가능한 한 강화시켜서「최대의 힘을 주는 것」이라고 믿었던 것이다(현재도 그렇게 믿고 있는 사람이 의외로 많은 데 놀라고 있지만). 스승의 생각을 곡해했던 것이다.

공수도를 배운지 7,8년쯤 되었을 때 오키나와 출신의 천재 소년 U군을 알게 되어 2년쯤 함께 연습한 적이 있었다. 그와는 소림류의 형이라든지 타격법, 지금에 와서 생각하면「발경의 일부」인 소림류의 구쿠치 등을 열심히 연습했는데, 그것이 훗날 대동류의 숙달을 곤란하게 만들었던 것이다.

그후 얼마 있다가 인연이 있어 대동류합기무술의 명인에게서 배울 기회를 얻어

합기란 무엇인가

를 오늘날까지 계속 생각하게 되었다. 당시의 필자를 생각해 보면 스승이 어떻게 해볼 수 없을 만큼 심각한 상태였던 것 같다. 힘을 강하게 주고, 자기식의 구쿠치 덕분에 기술을 걸 때마다 허

제7장 합기, 발경 기법　207

리를 흔드는 버릇까지 있었다. 아마 3년 정도는 스승에게서 매일 같이 책망만 들었다. 그후 엄한 지도 덕분에 이럭저럭 힘주는 버릇은 경감되었지만 장장 10년이란 긴 세월이 걸린 것이다. 근육을 강화하는 것은 간단히 할 수 있지만 한 번 습득한 잘못된 방법(힘주기)을 없애는 것은 거의 불가능한 것이 아닐까 하는 것을 몸소 체험한 세월이었다.

어쨌든 그런 경험을 거쳐서

힘의 집중은 근육을 순간적으로 강화한다

는 식의 몸의 사용법으로는 할 수 없다는 걸 알게 되었던 것이다.

그럼 힘이 집중된다는 것은 무엇인가? 여기에 다음과 같은 말이 있다.

단전력(丹田力)　중심력(中心力)　일본 씨름의 힘
기(氣)의 힘　호흡력　합기력
내기(內氣)　내경(內勁)　경력(勁力)

혹은 또 감성적으로

몸의 용수철을 사용하라, 전신의 힘을 사용하라

는 말도 곧잘 듣게 된다(합기의 힘을 합기력으로 삼았다).

실은 이것이 「집중된 힘」을 나타내는 말이다. 그러나 이처럼 여러 가지의 명칭이 붙여지고 있다는 것 자체가 그 내용이 옳게 파악되지 않고 있다는 것을 나타내고 있다. 그리고 이런 「힘」의 대부분은 신비한 힘, 일종의 불가사의한 힘으로 생각되어 왔던 것이다.

그래서 《합기도의 과학》에서는 합기도에서 말하는 「기의 힘」, 「호흡력」을 받아들여 그것은 중국 권법에서 말하는 「경력

(勁力)」과 같은 것이며, 그리고

전달되는 힘

이자 또 집중력이라고 해명했다.

  본래 인간이 팔을 통해서 사용하는 힘은 두 종류밖에 없다. 하나는 인간 본래의 힘이며, 또 하나는 체기에 쓰이는 「힘」이다. 따라서 상기(上記)한 여러 가지 명칭의 내용은 모두 같다고 할 수 있다. 즉 체기에 따르는 힘이며, 그것은 집중력이다.

경력 = 합기력 = 전달력 = 집중력 = 체기력(體技力)

  그러나 체기에서 집중력이 사용되는 것은 이상이며, 대개의 사람은 인간 본래의 힘에 의해서밖에 체기를 행할 수가 없다. 그래서 집중력을 사용할 수 있게 되면 능숙하다는 말을 듣게 되는 것이다. 태극권이나 대동류합기무술이 다른 무술이나 스포츠에 비해 뛰어난 점은,

합기라는 집중력
경력에 의한 집중력

에 의해 기술을 운용한다는 인식이 확립되어 있어, 그 「집중력」의 훈련이 하나의 안목으로 되어 있는 점이다.

7-2 발경(發勁)은 통합 기술

발경은 요컨대 경력을 내서 집중력을 물체에 투철시키는 기술이다. 팔을 이용하는 기술은 모두 경력을 사용하는 것이 이상이지만 발경에서는 특히
주동력(主動力)에 경력을 사용한다.
그 주동력에 사출력(射出力)과 팔 신장력을 합속(合速)해서 그것을 물체에 투철시킨다.

즉 발경이라는 타격법을 분석해 보면 그것은 지금까지 제1장에서 설명한 것처럼
사출(射出) 기법 + 경력 기법 + 탈력(脫力) 기법 + 투철 기법
이라는 일련의 기법이었다.

다만 이것은 기본 패턴이며 각 유파에 의해, 또는 사용하는 시추에이션(Situation)에 의해 그 기본 패턴을 얼마간 변화시켜서 사용하게 된다. 예컨대 근거리의 타격에서는 사출 기법을 쓰지 않는다.

사출 기법 + 경력 기법 + 탈력 기법 + 투철 기법 ⎫
사출 기법 +　　　　　　 탈력 기법 + 투철 기법 ⎬ 장경식
사출 기법 +　　　　　　　　　　　 투철 기법 ⎭ (張勁式)

　　　　　경력 기법 + 탈력 기법 + 투철 기법 ⎫ 단경식
　　　　　　　　　　 탈력 기법 + 투철 기법 ⎭ (短勁式)

여기서 장경식이란 멀리에서 주먹이나 도구를 날려서 타격하는 방법이며, 단경식이란 가까운 곳에서부터 타격하는 방법이다. 촌경(寸勁)이나 척경(尺勁)이 여기에 포함된다. 단 경력 기법을 사용하지 않을 경우에는 발경이 아니고 「손치기(手打)」이다. 발경은 이런 각 기법을 개개로 완성해서 그것이 한 동작으로 이루어져야 비로소 절대의 위력을 발휘할 수가 있다. 그 위력이 증대하는 원리는 다단식(多段式) 로켓과 비슷하다.

발경 기법의 일반적 구성

사출 기법 ⇩ ⇩	전진력·허리 비틀기의 힘을 사출력으로 바꾼다. 이것을 주동력에 합력하여 주동력의 위력을 높인다.
경력 기법 ⇩	전신의 신장력을 팔에 전달해서 주동력으로 삼는다.
탈력 기법 ⇩ ⇩	팔의 완전한 신장력을 내는 방법이다. 이 힘과 경력이 합력(合力)되고 그 종점에서 집중력이 된다.
투철 기법	집중력을 물체에 투철시킨다.

풍지강 선생에 의하면 진식 태극권의 발경법은 다음과 같다.

    진식 태극권 발경법   ① 원거리법   주먹
                                    ② 중거리법   팔꿈치
                                    ③ 근거리법   카오

이것을 합속(合速) 기법에 결부시켜 생각해 보면 주먹은 사출 기법을 이용한 타격법이다. 바로 앞페이지의 장경식에 해당한다. 주먹을 예로 들어 설명했지만 말할 것도 없이 손바닥이나 수도, 또는 검·봉 등의 도구를 이용한 발경을 포함하고 있다.

    중거리의 팔꿈치도 사출 기법을 이용하고 있는데, 주먹의 용법과는 감각이 다르다. 즉 팔꿈치의 경우에는 카오에 가까운 용법이 된다.

    여기에서 카오란 경력 합력법을 설명한 것으로, 특히 근거리에서의 타격이라든지 적과 접촉해서 투철력을 내는 것이다. 그리고 이것이 발경에 포함되는 것이라면(그리고 위에 적은 것처럼 카오는 발경이다.)

합기는 발경을 이용하는 기법이라고
할 수가 있는 것이다.

7-3 용의 연기법(用意練技法)

앞의 절(節)의 내용을 한 공수가(空手家)에게 이야기 하자 그는 일언지하에 "그런 복잡한 일을 한순간에 행한다는 것은 불가능하다. 탁상 공론이다" 하는 반응을 보였다. 확실히 보통 사람의 신체 기능으로는 그런 일은 불가능하다.

실용(實用) 스피드의 연습 방법, 예컨대 연습 휘두르기에서는 그런 것을 실현할 수가 없다.

일반적으로 인간은 대개 다음에 이루어질 동작이 그 앞의 동작에 영향을 주게 되는 법이다. 그래서 보통 사람은 전후의 동작이 뒤섞여서 겉보기가 비슷할 뿐인 동작을 하게 되는 것이다.

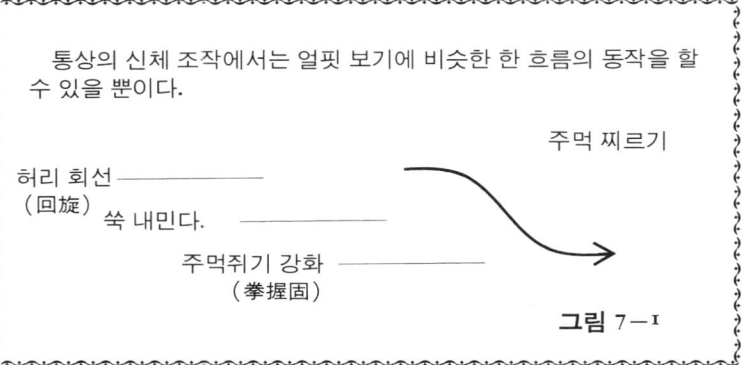

통상의 신체 조작에서는 얼핏 보기에 비슷한 한 흐름의 동작을 할 수 있을 뿐이다.

주먹 찌르기
허리 회선 (回旋) 쑥 내민다.
주먹쥐기 강화 (拳握固)

그림 7-1

그러나 기술이란 그 순간순간에 해야 할 것을 정확히 행하여야 비로소 위력을 발휘하는 것이며, 얼핏 보기에 비슷한 것 같은 하나로 정리된 단순한 동작을 행한들 전혀 위력을 발휘할 수가 없다.

예를 들면 권법(拳法)의 찌르기에서 허리를 회선하면서 주먹을 쑥 내밀고, 쑥 내밀면서 주먹을 꽉 쥔다.

마찬가지로 골프에서는 허리를 회선하면서 클럽을 휘둘러 내리고 꽉 쥔다. 즉 이것은 「축적」이 없는 상태이다.

그러면 이런 각개 기법의 통합은 어떻게 이루어지는 것인가? 그것은

앞기법의 끝이 다음 기법의 시작

이라는 것을 정확히 하는 일이다. 앞의 동작이 끝나기까지는 다음 동작을

축적해 두는

것이다. 다만 하나의 동작을 굴근으로 멈추면 안 된다. 즉 힘의

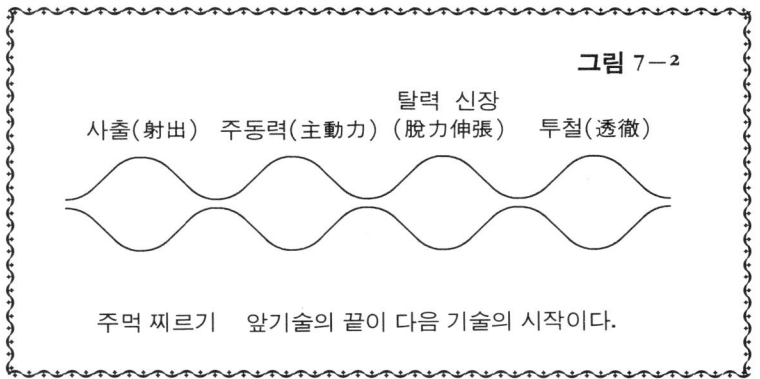

그림 7-2

주먹 찌르기   앞기술의 끝이 다음 기술의 시작이다.

단락이 생기면 기술은 멈추게 되고 다음의 기술로 연결할 수가 없다. 이 때문에 어떤 동작의 이음매는 한 흐름속의 악센트로서 다음의 동작에 이어질 수 있는 신체 조작이 되지 않으면 안 된다. 이런 움직임이 유기법(柔技法)이다.

　이런 일을 짧은 시간 안에서 정확히 행하라고 한다면 현실적이 아니라고 생각될 것이다. 그것을 실제로 가능하게 하는 것이 의식적인 느긋한 분해(分解) 연습이다. 기법을 분해하고서 그 절차를 천천히 정확하게 의식하면서 되풀이함으로써 그것은 잠재의식 수준으로 기억되는 것이다. 다만 그 목적은 최고의 스피드로 기술을 정확하게 행하는 데에 있다. 이것은 의식적으로만 기술을 훈련하므로 「용의 연기법」이라고 이름지어 보았다.

학습은 의식적으로, 사용(실용)은 무의식적으로

이다. 그러나 사실 실용(實用) 스피드로 연습하는 연습 휘두르기에서는 의식적 훈련이 어렵고, 「스포츠는 재능이라고」하듯 바로 할 수 있는 사람도 있지만 아무리 해도 어려운 사람이 있다.

「집중력의 훈련」은 뜻을 갖고 훈련한다. 힘의 집중은 동력 기법에 의하는 것으로 투로(套路) 훈련이 가장 효과적이다. 즉 힘의 집중을 위해 몸을 어느 순서로 움직일 것인가를 의식적으로 단련하는 것이다(용의 연기). 예를 들면 오른쪽의 진식 태극권의 「남찰의(攬擦衣)」는 다음의 순서로 카오를 살리도록 가르침을 받는다.

사진① 우선 어깨의 카오를 살리고.

사진② 다음에 팔꿈치의 카오를 살리며.

사진③ 다음에 손바닥의 카오를 살린다.

이것은 즉 손바닥에 힘을 집중하려면 허리 ⇨ 어깨 ⇨ 팔꿈치 ⇨ 손바닥의 차례로 몸을 움직여야 한다는 것을 가르치고 있다. 그 터득은 용의 연기법이 가장 효율적이다.

7-4 호흡법의 비밀

그런데 이러한 기법을 정확하게 터득하자면 용의 연기법에 의한 「느긋한 분해 연습」이 유효하지만 그것만으로는 복합된 기법을 순간적으로 통합하는 일이 우선 어렵다.

그러면 그것을 가능하게 하는 방법은 무엇인가? 실은 그것이 바로 호흡법이다. 발경(發勁)에 의한 호흡법이란 무엇인가? 그것은

호흡에 의해 순간적으로 근육을 다단(多段) 콘트롤하는

데에 그 의의가 있다.

앞의 절에서 언급한 것처럼 발경은 둘 내지 네 가지의 신체 운동을 거의 한순간에 정확하게 연결해서 행할 필요가 있다. 이것을 보통의 실용 스피드로 행한다면 얼핏 보기에 비슷하기는 하지만 내용이 애매한 하나의 동작으로 이루어지고 만다. 그래서 이치는 그렇더라도 인간의 능력으로 그것이 어렵다고 하는 문제가 되돌아오는 것이다.

그러나 그것을 가능하게 하는 것이

호흡법

인 것이다.

예를 들면 강유류 공수도의 개수형(開手型)에 정원진(征遠

강유류 공수도, 개수형 정원진에서

① 기합 「이」로 띄워서 찌르기.

② 기합 「에」에 뒷주먹치기.

③ 기합 「이」로 하단 후리기.

이·에·이의 순간적 발성으로 세 동작을 한순간에 행할 수 있다. 호흡법의 이용이다.

鎭)이 있는데, 그 중에서
> 띄워서찌르기 ➡ 뒷주먹치기 ➡ 하단(下段) 후리기

라는 세 가지 기술이「이・에・이」의 3모음 발성을 이용함으로 써 순간적으로 이루어진다. 신근은 내쉬는 숨에 의해 제어되므로
>「기합」이라는 순간적인 토기(吐氣)에 의해 순간적인 콘트롤

을 가능하게 하는 것이다.

《태극권 입문(松田隆智著)》에 의하면 발경에는 다음의 방법이 있다.
① 동작 자세에 의한 방법
② 호흡법에 의한 방법   훈・하의 호흡

동작 자세는 이 책에서 지금까지 설명했으므로 호흡법에 의한 방법을 알아보자.

사실은 발경에서도 자세 동작에 의한 방법과 호흡에 의한 방법이 있는 것은 아니다. 호흡법은 복잡한 동작 자세의 방법을 한순간에 콘트롤하기 위한 것이다.

이「훈・하」의 호흡을 보면 통상의 해석으로 훈과 하가 되는데, 여기서는 다른 해석을 해보자.

훈이나 하나 모두 토기(吐氣)이다. 그래서 훈・하의 발성에 의해 다른 부위의 신근을 2단으로 콘트롤하는 것이라고 생각할 수가 있다. 정확히 어느 부위가 되는지는 각자가 생각해 주기 바란다.

> 훈 ⇨ 신근 $_1$ 을 제어   하 ⇨ 신근 $_2$ 를 제어

이처럼 기합의 연구에 의해, 예를 들면 사출·운경(運勁)·탈력·투철이라는 네 가지의 기술을 순식간에, 그리고 정확하게 연결할 수가 있는 것이다.

여기에

발경 호흡법의 비밀

이 있다. 그 때문에 「에·이」라든지 「훈·하」의 2단 콘트롤, 「이·에·이」의 3단 콘트롤 등 발성에 각파가 머리를 짜고 있는 것이다. 호흡법의 또 한 가지 의의는 《합기도의 과학》에 언급한 것처럼 토기에 의한 신근의 강화이다.

기법의 순간적인 통합에는 앞의 절에서 언급한 것처럼 신체의 절대적인 조건이 있다. 그것은 신체의 운용이 부드럽다는 것이다. 하기는 그것이 경력을 사용하는 조건이기도 하다. 유연(柔軟) 체조에서의 유연성과 몸의 운용이 부드러운 것과는 전혀 다르다. 근육이 유연해도 몸을 부드럽게 움직일 수 없는 사람이 흔하게 있는 것이다. 부드러운 움직임이란 굴근을 사용하지 않는 동작이다. 이와 같은 신체를 나는 「투철체(透徹體)」라고 한다. 그리고 그 동작을 호흡법에 의해 순간적으로 통합하는 것이다.

발경 = 투철체 + 호흡법

7-5 일본 무술의 발경

발경은 일반적으로 「기의 폭발」이라고 하는 것 같이 신비적으로 받아들여지고 있는 반면, 최근 각종 대회에서의 진식 태극권 선수의 발경은 대중적인 것이 되어 있다. 그러나 발경의 실상(實像)은 아직도 분명하지 않다.

프로의 명선수, 홈런 왕 등 모두가 발경을 하지 못하면 불가능하다. 그러나 그런 인식이 완성되어 있지 않으면 기술로서 완전한 것이 아니다. 발경을 실제로 할 수 있는 사람은 많아도 「발경이라는 기술」을 갖고 있는 사람은 적은 것이다. 「무엇을 왜 어떻게 한다」는 인식이 있어야만 비로소 그것을 기술이라고 할 수 있기 때문이다.

공수에서는 「허리를 넣는다」, 「어깨를 뺀다」는 식의 지도를 많이 하는데, 이것으로써 발경 기술이 있다고는 할 수 없다. 오키나와 소림류 공수에는 「구쿠치」라는 기술이 있다. 이것도 발경의 일부이지만 완전한 발경이라고는 할 수 없다. 기술은 전면적으로 인식해야 비로소 기술이라고 할 수 있다.

일본 무술에서 분명하게 발경 기법의 완성을 목적으로 삼고 있는 유파가 있다. 그것은 사쓰마 시현류(薩摩示現流)이다. 그 근거는 다음의 두 가지에 있다.

① 잠자리 겨누기 ② 비법・운요(雲耀)의 치기

다만 이하는 외부에서 본 시현류의 해석임을 미리 말해 둔다.

시현류의 특징은 잠자리 겨누기에서의 치기이다. 그것은 벤다고 하기보다 참격(斬擊)이라는 말이 어울리는 것 같다.

잠자리의 겨누기는 팔상(八相)의 겨누기에서의 변화처럼 보이지만 팔상보다 검 끝을 더 하늘로 향하고 어깨 위로 검을 치켜들고 있다. 검의 날은 약간 밖을 향하고 있다.

시현류의 단련에 또 잠자리의 겨누기에서의 입목(立木) 치기가 있다. 그것은 잠자리 겨누기에서 검 끝을 하늘로 올린 순간 내리치고, 이 때 왼팔꿈치는 들지 않는다. 이것은 어떻게 된 일인가?

잘 보면 잠자리 겨누기에서 검을 위로 뻗지만 그저 단순히 손을 위로 뻗어서 올리는 것이 아니다. 가슴을 느슨하게 하고 등은 약간 둥글어지도록 자세를 바꾸고 검을 위로 올린다. 이 자세는 「합(合)」이며, 손을 위로 올릴 때는 등은 둥글어지고 무릎은 밑으로 낮추는 쪽이 올리기 쉽다. 이것은 축경의 자세이다.

이어서 등을 「개(開)」로 하고 검을 하늘로 올린다. 이 때 팔을 펴고서 올리는 것이 아니므로 왼팔꿈치가 오르지는 않는다. 그리고 등을 펴고 검을 치올린 순간에 팔을 펴서 내리치는 것이다. 이어서 검이 적의 몸에 맞는 순간에 밖으로 향하고 있었던 검날을 안쪽을 향하게 하여 쳐들어간다. 이것이 투철 기법이다. 즉 전사경(纏絲勁)의 사용에 의해 집중력의 위력을 높여서 투철시키고 있는 것이다. 이처럼 잠자리 겨누기에서의 치기는 「경력 합력법」을 사용한 발경 타격법이다. 그것은 베는 기법이라기보다 타격법으로 생각하는 쪽이 이해하기 쉽다.

요배근 장력(경력) + 팔 신장력 + 투철력 = 경력 합력법

그것이 실제로 발경이라는 것을 증명하는 것이「운요의 치기」라고 하는 비법이다. 운요란 번개를 말한다. 발경의 특징은 번개처럼 빠른 스피드에 있다. 번개의 스피드를 실현한 치기는 분명히 발경이다.

또한 입목치기의 훈련은 (발경의) 몸을 만드는 것을 목적으로 삼는 훈련법이라는 것이 명백하다. 다른 유파의 대전기(對戰技) 지향의 훈련법과 비교하면 명백히 발경의 위력을 주안으로 삼은 유파임을 알게 된다.

일본 검도의 원형은 칼을 끌어당겨 베는 것이다. 물론 원래는 중국에서 전래한 양날의 검이 지배 계급에서 사용되었으므로 그 용법은 주로 찌르는 것이였을 것이다. 그러나 피지배 계급에게는 외날의 칼밖에 갖지 못하게 했고, 그것이 일본인의 긴축체에 의해「끌어당겨서 베는」것이 주체가 되었다고 추리된다. 그것이 시현류에서는「벤다」고 하기보다 오히려 타격한다고 하는 수법, 즉 신장력의 철저한 사용법으로 변화하고 있다. 이 역시도

굴근 사용에서 신근 기술에의 진화

한 예이다.

진식 태극권 18세 · 풍지강 선생과 대담하는 필자. (1992. 11.)

풍지강 선생의 카오(靠)
① 두 팔을 잡히면 등을 합(合)으로 삼고.

② 이어서 등을 개(開)로 해서 경력을 내고, 합으로 하여 경력을 팔로 흐르게 하고, 팔 신장력을 합력시켜 원상(圓相)의 팔에서 투철력을 내서 상대를 날리고 있다.
경력 + 팔 신장력 = 카오

사진 제공은 BAB 재팬 《비전고류무술(秘傳古流武術)》 편집부.

7-6 합기술과 발경

태극권의 비전(秘傳)은 발경이며, 합기유술의 비전은 합기의 기술이다. 일반적인 이해로서는 발경은 타격법이고 합기의 기술은 힘 빼기의 기술이다. 이 양자의 관계에 관해서 정리해 두고자 한다.

체기에서는 기술을 사용함에 있어서 어떤 「힘」이 사용된다. 그리고 인간이 팔을 사용할 경우에 쓰이는 힘은 두 종류밖에 없다. 그것은 「힘과 경(勁)」이다. 그리고 완전한 경력을 사용해야 비로소 집중력을 낼 수가 있다.

경력은 이덕인(李德印) 선생에 의하면 「기술에 따르는 힘」이지만 그것은 기술이 이상적으로 쓰일 경우이며, 보통은 기술에 힘이 따르므로 숙달할 수가 없다.

기술에 사용되는 집중력이란 무엇인가? 그것은,

집중력　기의 힘　합기력　일본 씨름의 힘
관전력　중심력　내기　내경　경력(의 종점)

등으로 불리는 것이다.

이런 것은 주로 「기」와 관련시켜서 이해하려고 하는 경향이 있으며, 일종의 신비적인 힘으로 생각하는 사람도 많다. 그 이유로서 《합기도의 과학》에서 신근 감각을 「기감각(氣感覺)」으로 혼돈하는 것이라고 해명했었다.

그런데 이런 파워는 땅과 몸 신장력의 대항력을 파워원으로서 신근을 통해 몸의 말단에 전달된다. 다만 이 파워를 물체에 가할 때에 투철 기법을 쓰지 않으면 파워는 물체에 투철되지 않는다.

이것들은 또 타격의 주된 파워이다. 왜냐 하면 인간이 내는 거대한 물리적 파워는 땅과의 대항력을 손 끝에 전달시키고 타격의 파워로 삼는 것이다.

이 장(章)의 2항에서도 언급했지만 진식 태극권의 발경 기법은 다음과 같다.

```
┌─────────────────────────────────────────┐
│  진식 태극권 발경법      원거리   주먹   │
│                          중거리   팔꿈치 │
│                          근거리   카오   │
└─────────────────────────────────────────┘
```

여기서 주먹은 사출(射出) 기법을 써서 발경할 경우의 한 예이며, 봉이라든지 검 같은 것도 같은 방식으로 발경된다. 카오는 접촉했을 경우, 잡혔을 경우, 극히 근접했을 경우의 발경법이다.

한편 합기유술은 주로 잡혔을 경우의 기술이기 때문에 합기력은 경력 합력법의 형태로 발휘된다. 그 까닭은 태극권의 카오와 같다. 그러나 합기유술에서도 검이나 주먹이 사출 기법으로 사용되는 것은 당연하며 주먹과 팔꿈치의 발경도 당연히 있다.

그래서 양자 다같이 똑같은 기법을 갖는데, 보통 태극권의 발경이라고 하면 합기 던지기 등을 생각하므로 양자는 전혀 다른 것으로 보인다. 하지만 발경 기법으로서의 주먹·팔꿈치·카오는 합속법(合速法)의 차이에 지나지 않고, 합기력도 경력 합속법이므로 다시 말해 카오이며 양자 다같이 똑같은 발경법을 쓰는 것이다.

근거리 발경법 = 카오 = 합기력

합기의 발경에 관해서 1945년 무렵의 사가와(佐川幸義) 선생의 입문 안내서에는 다음과 같이 씌어 있다.

「합기가 충만한 팔로 적의 관절을 치는 경우 마음대로 그 관절을 부러뜨릴 수가 있다. 안면이나 그외 부분을 치면 물론 골절한다. 또 합기의 손으로 적을 잡을 때는 적의 힘은 빠지고 몸은 마비되며 고통을 참지 못한다.」

여기서 합기 충만한 팔로 치는 것이 바로 경력의 투철법이며, 「합기의 손」이 잡기의 카오이다. 또 합기를 걸려면 카오(합기력)를 사용하는 것도 알게 되었다. 이처럼

합기술의 합기력과 발경력은 전적으로 같은 것

이다.

7-7 추수(推手)와 합기 기법

이처럼 태극권이나 합기 유술이나 발경법은 같다. 하기는 팔을 이용하는 체기의 이상은 경력에 의한 집중력의 사용이므로 모든 체기의 도착점은 같은 것이 당연하다.

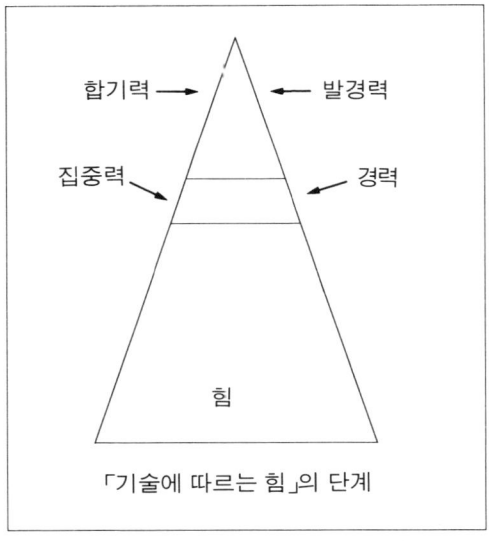

모든 체기는 힘의 사용에서 집중력(경력)의 사용으로, 그리고 발경력의 사용으로 이르는 것이 이상(理想)이다. 여기서 집중력이 사출 기법이나 합속법에 의해 위력이 증대한 것을 발경력이라 한다.

공수에서나 그밖의 스포츠에서나, 개인적으로는 힘 사용의 수준에서 경력 사용의 수준에 도달한 사람까지 여러 레벨이 있을 것이다. 그런데 그 스포츠 자체의 인식 수준에 차이가 있는 모양이다.

그 중에서 대동류합기유술이나 전통 태극권은 발경력 수준의 인식에 도달해 있다고 할 수 있다. 그 때문에 대동류와 진식 태극권의 기법에는 매우 유사한 점이 많다.

그래서 다음은 그 집중력에 의해 쓰이는 기법을 비교해 보기로 한다.

풍지강 선생은 진가 노가식 태극 추수(陳家老架式太極推手)의 목적에 대해서 다음과 같이 말하고 있다.

「추수를 행하려면 피동(被動)과 주동(主動)이 있다. 자기가 걸지 않고 상대에게 걸게 한 피동의 상태에서 상대의 힘을 얼마나 받아들이고 나서 주동으로 바뀔 수 있는가 하는 것이 추수의 연구 테마이다.

이상적으로는 자기가 건 다음에 깨는 것이 아니라 상대의 힘을 전부 받아들이고 나서 반격으로 바뀌는 것이다.」

대동류합기무술에서의 합기의 기법을 생각해 보면 상기(上記)한 추수를 합기로 바꿔서 생각해 볼 수도 있다. 앞에서 든 사가와 고오기 선생의 입문 안내서에서,

「합기의 오묘함에 이르면 적이 나를 잡고 어떻게 밀고 당겨도 내가 움직이지 않고, 호박에 침을 주는 것과 같이 적의 힘은 무력해진다. 나는 이 때 뜻한 바대로 역기술을 행하면 적은 관절의 역

경통(逆激痛)을 견디지 못하여 좌우로 매칠 수도 있게 된다. 합기의 기술은 적의 옷 등에 의지하지 않으므로 나체일 경우에는 한층 효과가 있다.」
고 하는 기술은 이 추수의 요령에 의해 적의 힘을 무력화하는 것이다. 다만 숙련된 합기의 오묘한 상태에서는 받아들이고 나서 반격으로 바뀌는 것이 아니라,

피동은 곧 주동

이라고 생각된다. 아마 그것은 태극권 추수에서도 마찬가지일 것이다.

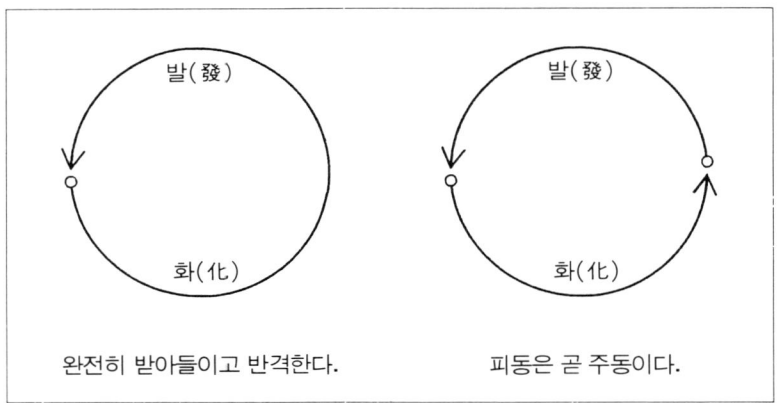

완전히 받아들이고 반격한다.   피동은 곧 주동이다.

7-8 합기의 연체(練體)와 참다운 쿵후

그러면 「피동에서 주동으로」라는 추수의 기술, 「피동은 주동이다」라고 하는 합기의 기술을 체현(體現)하려면 어떻게 하면 되는 것인가?

마찬가지로 사가와 도장(佐川道場)의 안내서에,
「그것은 첫째로 불필요한 힘을 내지 않는 일과, 수련자 자신이 합기의 연체가 되도록 교전(敎轉)에 정통하면 더할 나위 없겠다. 불필요한 일방적이고도 직선적인 힘은 슬모가 없기 때문에 힘을 버리는 수련에 먼저 숙련된 뒤 전력을 내게 한다.」
고 했다.

이것을 설명하면 굴근 사용의 단계에서 신근 기술로 이행하고 최종적으로 굴근의 사용을 버리고 신근의 기술만 존재해야 한다는 것이다. 이것을 할 수 있는 신체 기능을 「합기의 연체」라고 하는 것이다.

이 단계에 도달한 것이 중국에서는 진식(陳式)으로 대표되는 태극권이며 일본에서는 일본 유술이 이상으로 삼던 유(柔)의 경지를 합기의 연체와 합기 원리를 확립함으로써 실현한 다케다 소오가쿠의 대동류합기유술인 것이다.

이 합기의 연체가 곧 발경의 연체라는 것은 《합기도의 과학》에서도 언급했다.

작가인 쓰모토(津本陽) 선생은 어느 주간지의 서평 속에서 다케다 소오가쿠나 사가와 고오기 선생의 오묘한 기술에 대해서 「인간이 훈련해서 할 수 있는 기술이 아니다. 초인이란 생각이 든다」고 언급했는데, 당사자인 사가와 고오기 선생은 「기도 아니고 최면술도 아니다. 진짜 기술이다」라는 말을 하고 있다. 이 기술을 가능하게 하는 비밀은 무엇인가? 그것이 「합기의 연체」이다.

다케다 소오가쿠의 후계자 사가와 고오기 선생의 오묘한 기술은 약 20종의 연법(鍊法)을 매일 수시간 70년 이상 동안 명절에도 쉬지 않고 계속되었다. 그것은 연체법(鍊體法)에 의한 「합기의 연체」에서 나온 것이다. 그 연법도 「그것이 좋은지 나쁜지는 3년간 계속해 보지 않으면 판단할 수 없으며, 그 실행에 의해서 확정된다는 것이다. 최근에는 10종류 정도로 줄였다」고 하지만 여전히 하루도 쉬지 않고 계속하였던 것이다.

명인기(名人技)의 비밀은 합기의 연체에 있다!

풍지강 선생에게 연공(鍊功)에 관해 물었더니

「하루 7시간을 햇하고 있습니다. 거의가 단독으로 연공(練功)하는 것입니다. 추수는 마지막에 하는데 30분 정도입니다. 이것은 상대의 영명도(靈明度)를 알면 되므로 그렇게 필요하지는 않습니다.」하고 말했다. 이에 대해 풍(馮) 선생은 「참다운 쿵후」를 만드는 것이 목적이라고 한다. 이처럼 발경의 기술, 합기의 기술을 체현하자면 참다운 쿵후를 만드는 일, 즉 그것은 합기의 연체를 만드는 것인데, 그것이 명인기를 낳게 하는 것이다.

단련(單練)이 주체인 중국 무술에서는 「몸을 단련한다」는 생각이 일반적이다. 풍지강 선생의 연습은 7시간 중 거의가 몸을 단련하는 데 쓰인다. 연공의 중요성을 이것으로 알 수 있을 것이다. 대부분의 중국 무술에는 각 유파 독자의 체련법(體練法)이라든지 기공법이 부수적으로 확립되어 있다. 이것이 바로 중국 무술의 장점이다.

그러나 일본 무술에서는 「몸을 단련한다」는 생각을 잃어 버리고 있다. 그것은 막부 말(幕府末)까지 이어 오던 형 학습을 잃었기 때문이다. 이것은 얼핏 보기에 「적과 싸우는 공방법(攻防法)의 훈련」으로 보이지만 사실은 초보자가 행하는 상대형(相對型)은 「몸을 단련하는 것」이 목적이라고 생각된다(비장의 형은 당연히 참다운 대전법이다).

일도 정전 무도류(一刀正傳無刀流)의 창시자 야마오카 데슈(山岡鐵舟)는 그 춘풍관(春風館)의 도장훈(道場訓)에, 처음 3년 동안은 입문자의 시합 학습을 금하고 형 학습은 유의(流儀)의 몸을 만드는 것을 목적으로 삼고 있다. 이처럼 형 학습에 의해 몸을 단련한 사람이 막부 말부터 활발해진 시합 학습에 의해 기술의 응용을 훈련한 결과 검이나 유술 등에서 명인, 달인이 배출된 것이다.

그리고 현대에 이르러서 진가(陳家) 태극권의 풍지강 명인이나 대동류합기무술의 사가와 고오기 명인의 존재는 연체(鍊體), 연공(鍊功)이야말로 명인기에 이르는 유일한 길임을 증명하고 있다.

7-9 참다운 파워 원리

《합기도의 과학》에서 발경의 근본 원리로서 「발경은 주로 땅바닥과 발 끝과의 대항력을 기점으로서 각부 신장력, 요배부 신장력, 완부(腕部) 신장력을 가산하고, 그것을 허리의 비틀림 등으로 가속하는 기술이다」라고 말했다. 그리고 그 이후는 타격 파워의 원천은 「몸 신근의 신장력」으로 취급해 왔다.

그러나 발경에 관한 해설이 일단 끝난 이 시점에서 다시 참다운 파워 원리에 관해서 고찰해 보고자 한다.

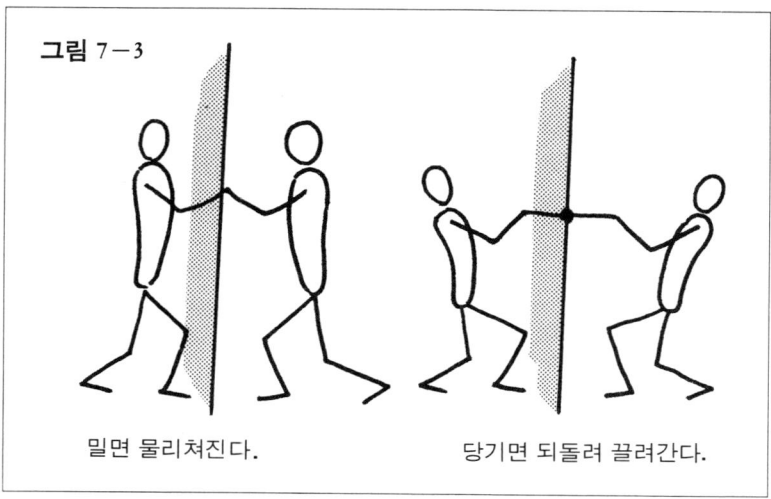

그림 7-3

밀면 물리쳐진다.   당기면 되돌려 끌려간다.

어떤 물체가 다른 물체에 힘을 가하면 후자는 전자에 대해 역방향의 힘을 돌려주는 법이다. 이와 같은 힘을

항력(반발력)

이라고 한다.

항력(抗力)은 가해지는 힘 자체로 정해지는 힘이다. 예를 들어 벽을 밀면 같은 힘으로 물리치고, 당기면 같은 힘으로 되돌려 끌려간다.

여기에 팔의 신근만이 존재하고 있다면 그것이 신장했더라도 아무 일도 하지 못한다. 예를 들면 움츠러든 용수철이 있어 이것을 공중에 내던졌다고 하자. 당연히 용수철은 공중에서 신장하지만 그것은 단지 펴졌을 뿐이고 어떤 일을 하는 것이 아니다. 용수철의 한 끝이 다른 물체와 접촉해야 비로소 그 물체와의 항력으로서 신장력이 일을 할 수 있는 것이다. 물체를 가격할 때에 이 항력이 반드시 생긴다는 것은 이미 투철 기법의 문제에서 다루었다. 예를 들면 지상에 서서 바벨을 들어올릴 때 체중과 바벨의 무게와 같은 항력이 위쪽으로 향해 생기고, 이것을 들어올릴 수가 있었다.

그러면 여기서 인간이 팔을 써서 내는 힘에 대해서 생각해 보자. 앞에서도 언급했지만 인간의 팔 힘에는 끌어당기는 힘과 밀어서 떼어 놓는 힘이 있으며, 거기에는 각각 굴근과 신근이 쓰인다.

끌어당기는 힘　　팔 굴근
밀어서 떼어 놓는 힘　　팔 신근

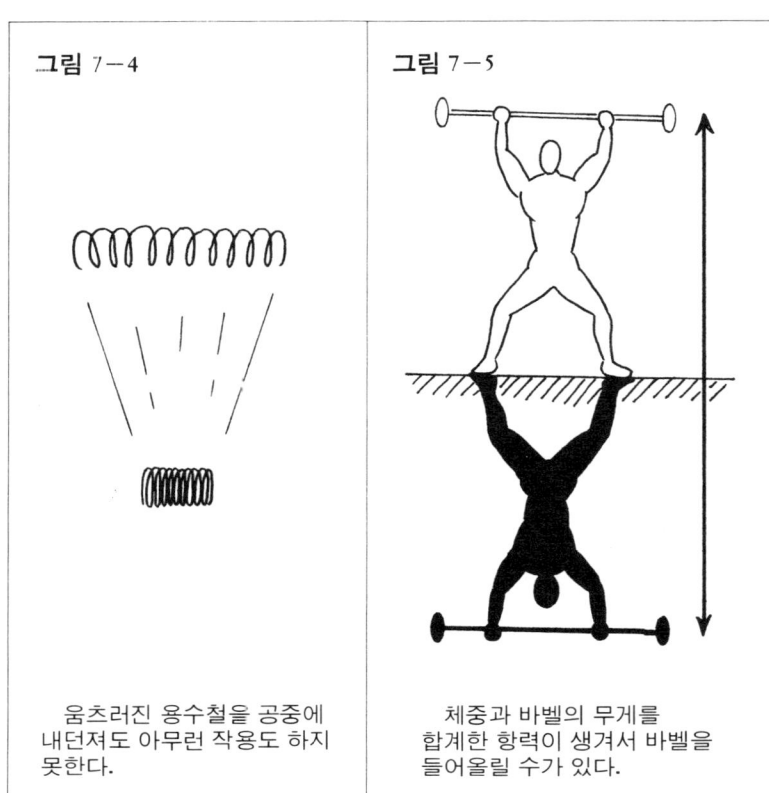

그림 7-4 움츠러진 용수철을 공중에 내던져도 아무런 작용도 하지 못한다.

그림 7-5 체중과 바벨의 무게를 합계한 항력이 생겨서 바벨을 들어올릴 수가 있다.

우선 이 팔 힘의 한계는 어디까지인가? 그것은

자신의 체중까지

이다. 즉 팔의 굴근을 아무리 단련해도 팔을 사용해서 물체를 잡아당기면 자신의 체중까지는 끌어당길 수가 있지만 물체가 체중보다 무거울 경우에는 자신이 그쪽으로 끌어당겨지고 만다.

밀어서 떼어 놓는 경우에는 어떤가? 역시 자신의 체중보다 무거운 물체를 밀면 자신이 밀려서 떼어지게 된다. 따라서 어느 경우에도 자신의 체중보다 무거운 물체를 움직일 수가 없고, 그것이 팔 힘의 한계이다.

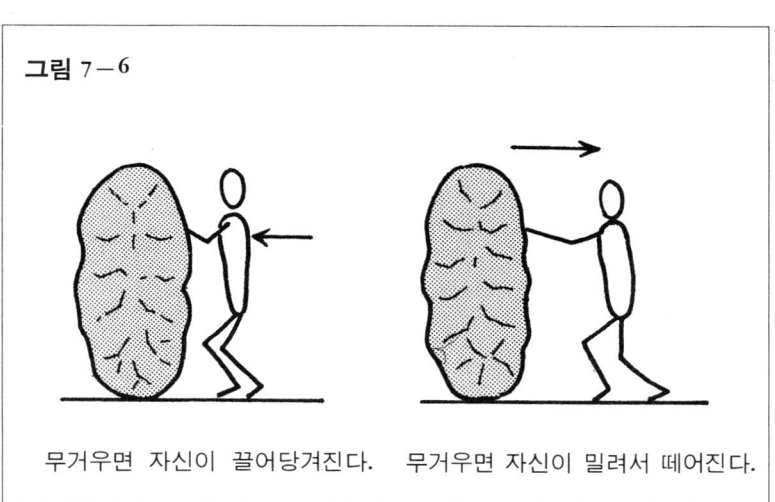

그림 7-6

무거우면 자신이 끌어당겨진다.   무거우면 자신이 밀려서 떼어진다.

그런데 실제로는 당기는 경우나 밀어서 떼어 놓는 경우나 자신의 체중보다 무거운 물체를 움직일 수가 있다. 이것은 어째서인가?

그것은 땅바닥과의 대항력을 사용하기 때문이다.

우선 끌어당기는 운동일 경우 팔 굴근 운동을 바꾸어서 몸의 신장력을 사용하는 방법에 의해 자신의 체중보다 무거운 물체를 당길 수가 있다. 즉 그것은 땅바닥과 몸 신장력과의 항력 이용이다. 팔도 굴근을 사용하지 않고 단지 신근의 끈으로서 사용한다.

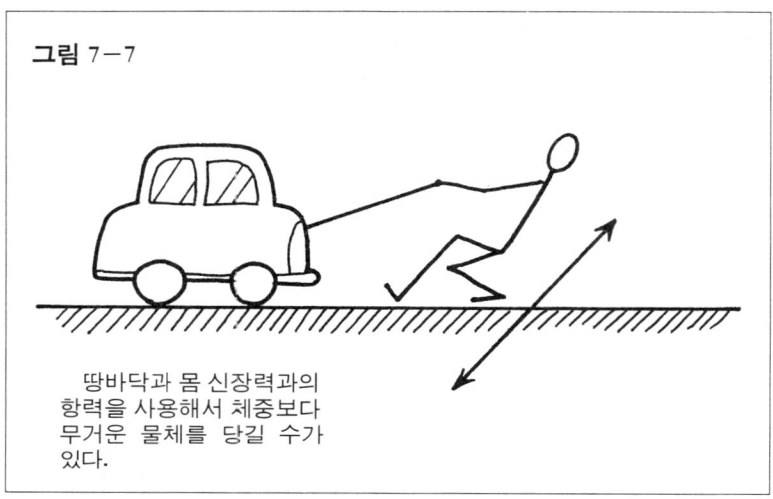

그림 7-7

땅바닥과 몸 신장력과의 항력을 사용해서 체중보다 무거운 물체를 당길 수가 있다.

《합기도의 과학》에서는 줄다리기를 예로 들어서 설명했다.

이처럼 모든 체기는

굴근 사용에서 신근 기술로 진화

하는 것으로써 그 위력을 높일 수가 있다.

다음에 밀어서 떼어 놓는 운동일 경우 팔 신장력에만 의지한다면 자신의 체중까지라는 한계에 다다른다. 그러나 몸 전체의 신장력과 땅바닥과의 항력을 사용한다면 더욱 무거운 물체를 밀어서 떼어 놓을 수가 있다.

인간이 밀어서 떼어 놓는 힘을 강력하게 발휘하자면

힘과 경력(勁力)

이 필요하다. 그러나 힘이건 경력이건 원칙적으로 그것은 땅바닥에 서야 비로소 발휘된다. 그럼 그런 경우 힘의 한계는 어느 정도일까? 그것은 땅바닥과의 대항력이므로 그 한도가 「지구의 무

제7장 합기, 발경 기법 239

(1) 바벨을 힘으로 들어올 릴 경우의 근육 모델

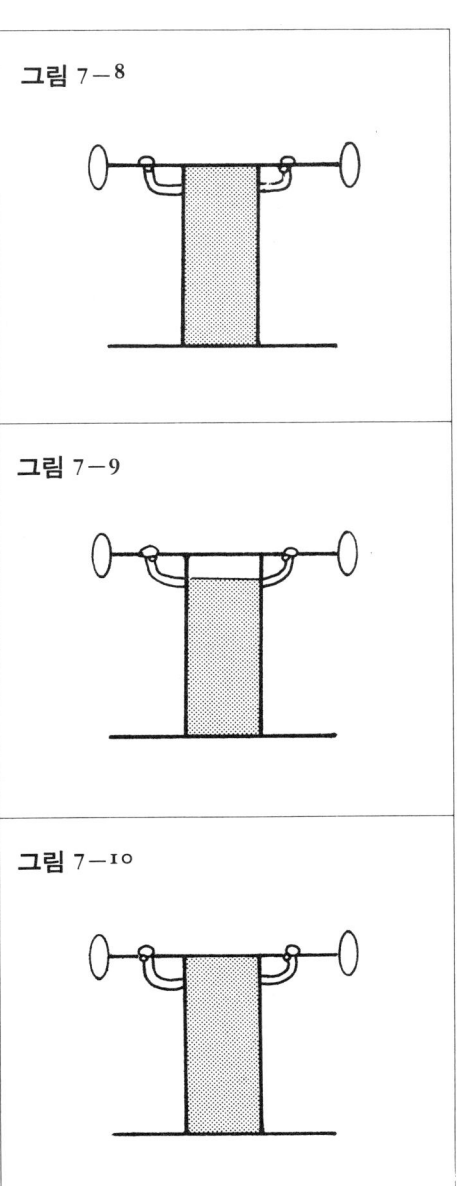

그림① 굴근으로 무게를 지탱하고 있으며 신근은 작용하지 않는다(실제로는 굴근과 신근의 양쪽의 장력을 늘리고서 관절을 고정시킨다).

그림 7-8

그림② 굴근(망으로 된 부분)으로 무게를 지탱한 부분에서 신근(흰 부분)으로 약간 들어올린다.

그림 7-9

그림③ 신근으로 약간 들어올리면 즉시 굴근으로 고정시킨다.

그림 7-10

힘으로 들어올린다는 것은 이 ①에서 ③의 미소(微小)한 조작을 무수히 되풀이하는 것이라고 생각할 수가 있다. 그래서 힘은 더딘 것이다.

게」라고도 할 수 있지만 실제로는 신근을 단련하면 단련할수록 그 신장력에 따른 「힘」을 발휘할 수 있게 된다.

여기서 인간의 골격근(骨格筋)의 작용을 다음과 같이 단순화하여 무거운 것, 예를 들면 바벨을 들어올리는 것을 생각해 보자.

굴근 고정하는 작용 ⇨ 검은 테로 표현
신근 신장하는 작용 ⇨ 흰 테로 표현

(실제로는 굴근의 수축은 관절의 굴곡, 신근의 수축은 관절의 신전(伸殿)이며, 굴근·신근 모두 장력을 늘리는 것이 관절의 고정이다.)

우선 힘으로 바벨을 들어올리는 경우를 모델화해서 생각해 보자. 그림①에서는 바벨을 굴근으로 받쳐서 고정되어 있다. 그림②에서는 신근으로 약간 올린다. 그림③은 즉시 굴근으로 고정시킨다. 또 거기에서 신근으로 약간 올리고 다시 굴근으로 고정시킨다. 힘으로 들어올린다는 것은 이런 조작을 무수히 되풀이하는 것이라고 생각해도 된다.

즉 힘으로 물체를 움직인다는 것은 굴근으로 몸을 고정시켜 무게에 견디면서 신근을 조금씩 사용하는 것이다. 그러므로 이 방법으로는 굴근이 긴장하고 있기 때문에 별로 빠른 스피드로 들어올릴 수가 없다.

다음에 경력을 사용하는 경우를 설명한다. 241페이지 그림④에서는 굴근을 릴랙스하며 용수철인 신근을 줄이고, 펴는 준비를 하고 있다. 이어서 그림⑤에서는 용수철의 신근을 단숨에 펴서 바벨을 밀어올린다. 이와 같이 신근만을 사용하는 것이 경력이다. 그리고 신근은 순간적으로는 강한 파워를 내지만 그것을 유

제7장 합기, 발경 기법

(2) 바벨을 경력으로 들어올릴 경우의 근육 모델

그림④ 우선 전신의 굴근을 릴랙스시켜서 신근을 뻗는 준비를 한다.

그림⑤ 신근을 뻗으며 단숨에 바벨을 들어올린다. 굴근을 전혀 쓰지 않고 신근만으로 드는 것이 경력을 사용하는 것이다.

그림⑥ 들어올린 데서 굴근으로 고정시킨다.

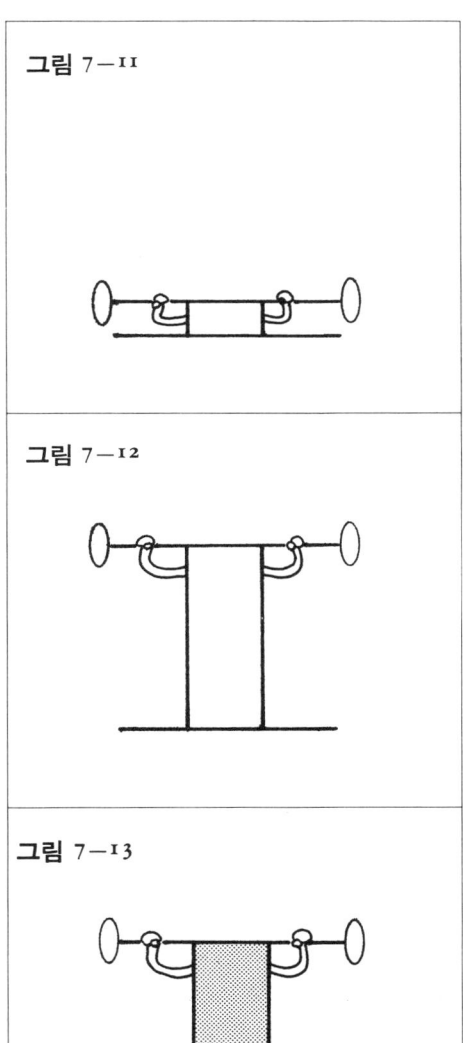

그림 7-11

그림 7-12

그림 7-13

지할 수는 없으므로 들어올린 바벨의 무게를 지탱하려면 굴근의 힘이 필요하다. 그래서 들어올린 순간에 굴근으로 고정시킨다. 그것을 그림⑥에서 나타냈다(타격에서는 그럴 필요가 없다). 이와 같이 순간적으로 쓰이는 신장력이 경력인 것이다.

이렇게 하여, 힘으로 들어올리는 것이나 경력으로 들어올리는 것이나 그 파워는 모두 땅바닥과의 항력에 의해서이다. 즉 같은 힘이라도 밀어서 떼어 놓은 힘일 경우는 발 끝을 기점으로 삼는 항력이 그 파워원이 되고, 요컨대 그 힘도 전달력이라고 하지 않을 수 없는 것이다.

이상으로 인간이 발휘하는 힘에 관해서 정리해 보자. 우선

팔 힘의 한계는 밀거나 당기거나 체중까지

였다. 그런데 당긴다고 하는 운동도 땅바닥과의 항력을 사용함으로써 체중보다 무거운 물체를 움직일 수 있다는 것을 알게 되었다. 이것은 바로

굴근 사용에서 신근 기술에의 진화

이다. 체기에는 이런 법칙이 있다.

그런데 인간이 팔 힘의 한계를 깨고 보다 강대(強大)한 파워를 발휘하려면 땅바닥과의 항력을 사용하는 수밖에 없으며 그것은 항력을 사용하는 테크닉에 의해 가능해진다. 그렇게 해서 바깥쪽으로 발휘되는 힘이 집중력이다.

태극권의 발경, 대동류의 합기술, 합기도의 기의 힘과 발휘법, 골프의 타격법, 야구의 투구법 등 모두 이 땅바닥과 항력을 사용하기 위한 테크닉인 것이다.

그 힘은 인간 본래의 팔 힘에 비해서 힘 감각이 적기 때문에, 또 보통 사람에게 있어서는 자신의 체중의 한계인 팔 힘에 비해서 놀랄 정도의 큰 파워를 발휘하는 명인의 존재에서 신비적인 힘, 불가사의한 힘으로밖에 생각할 수 없었다.

합기도의 유서(類書)에서 그「힘」에 관해 이야기하는 것을 보자.

「힘으로 이끄는 것이 아니라 기로 이끄는 것이다.」

「바른 수련을 계속하면 인간의 무게 중심이 들어앉는 제하 단전(臍下丹田)이 심신 전부의 중심이 되고, 신체에 소우주(小宇宙), 이른바 자연의 극치를 체현할 수 있게 된다. 여기까지 오면 모든 것을 마음대로 움직일 수 있게 된다.」

「제하 단전을 중심으로 양손날을 통해 활력이 넘치는 기의 힘을 무한히 낸다.」

「합기도의 호흡력은 신체 각부의 에너지를 흡수하면서 큰 흐름이 되어 손 끝, 발 끝, 그리고 눈에서도 발산(發散)하며, 그 대상물에 파고들어 간다.」

「호흡력이란 자신의 무게 중심, 즉 제하 단전으로 생각되는 데서 기(氣)·심(心)·체(體)의 일치된 힘이 합기도의 연마에 의해 흐르듯이 나가는 종합적인 것을 가리킨다.」

이런 철학적인 표현에도 불구하고 그것은

땅바닥과의 항력

인 것이다. 그것을 허리의 움직임에 의해, 즉 제하 단전을 중심으로 한 움직임에 의해 몸의 말단에 전달되었을 때 상기와 같은 표현이 되리라는 것을 이 책을 여기까지 읽은 독자라면 이해가 되었을 것이다.

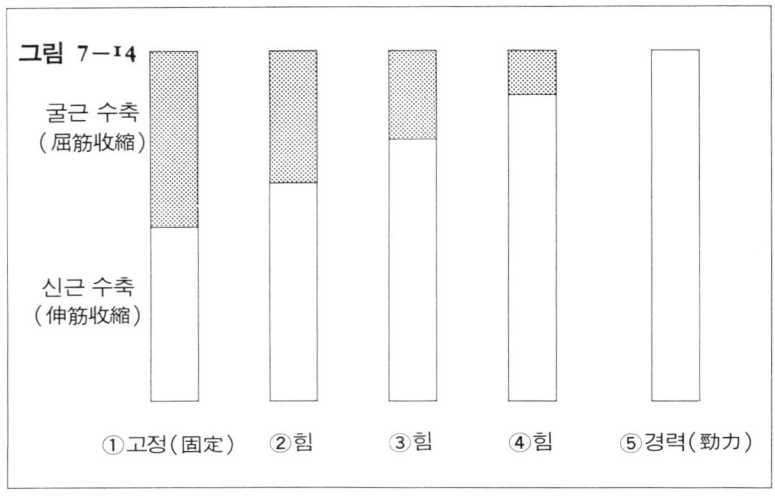

그림 7-14

「힘」이나 「경력」이나 모두 땅바닥과의 항력이다.

그럼 힘과 경력의 차이는 어디에 있는 것인가?

위의 그림에서 흰 부분은 신근의 수축을 나타내고, 검은 부분은 굴근의 수축을 나타낸다. ①은 굴근과 신근 모두 장력(張力)을 늘리고 있으므로 관절은 고정되어 있다. ②,③,④는 신장력이 굴근력에 의해 저해된 것이며, 이것이 힘이다.

그러나 ⑤는 굴근의 긴장이 전혀 없고 순수한 신장력이다. 이것이 경력이며 외향성(外向性)의 파워를 발휘할 경우에는 가장 효율이 좋다. 그래서 태극권도 합기유술도 골프나 기타의 체기도 **땅바닥과의 항력을 경력으로서 전달시키는 기술이 궁극적인 테마**이다.

제 8 장
숙달론 ①
체(體)를 만들어낸다.

8-1 체(體)와 용(用)

야규 신가게류·야규 다지마노가미 무네노리(柳生新陰流·柳生但馬守宗矩)의 《병법가 전서(兵法家傳書)》에 체(體)와 용(用)에 대해서 언급하고 있다. 이 체·용의 용법을 응용해서 기예의 향상법에 관해 말하고자 한다. 우선 《병법가 전서》의 문장을 인용해 보자.

이것을 요약하면 다음과 같다.

「모든 사물에는 체(體)와 용(用)이 있다. 예를 들면 활은 체(실체)이며 당기고, 쏘고, 맞히는 일은 활의 용(작용)이다. 등불

「체」안에 있고,「용」밖에 작용한다.

체(실체·기능) ⇨ 용(작용·표현)
활　　　　　⇨ 당긴다·쏜다·맞힌다
등불　　　　⇨ 빛
물　　　　　⇨ 습기
매실　　　　⇨ 향기·색
칼　　　　　⇨ 베려고 덤벼든다

은 체이고, 빛은 등불의 작용이다. 이와 같이 사물에는 체, 즉 작용 내지 표현이 밖으로 나타난다.」

이처럼 「체와 용」을 사용할 경우 체는 사물의 기능이라든지 실체를 나타낸다. 결코 인간의 신체를 나타내는 것은 아니지만 지금 이 논리를 응용해서 체(體;體)를 「인간의 신체 기능·실체」를 나타내는 것으로 생각해 보자.

그렇게 하면 사람은 각자가 갖는 「체」에 따른 「용」, 즉 표현이라든지 작용이 있다고 할 수가 있다. 즉 A라는 신체 기능에 대해 A′라는 작용이 생기고, B라는 신체 기능에 대해서는 B′라는 작용이 생기는 것이다.

```
체(신체의 실체·기능)      용(신체의 작용)
        A              ⇨    A′
        B              ⇨    B′
      긴축체            ⇨   긴축적 근육의 작용
    신장체(伸張體)       ⇨   신장적 근육의 작용
```

이 신체의 실체를 나타내는 하나의 지표로서 필자는 《합기도의 과학》에서 「일본인의 동작은 서구인과 정반대」라는 사실에서 일본인의 신체 기능을 「긴축체(緊縮體)」라고 했다.

긴축체란 모든 동작에 있어서 신체가 움츠리는 버릇을 갖고 있는 것을 말한다. 또 외국인의 신장체란 모든 동작에 있어서 신체가 펴지는 것을 말한다. 그리고 그런 경향을 생기게 하는 원인은 양자의 자세 차이에 있고, 그 자세는 다분히 좌식 생활과 의자식 생활과의 차이에서 생기는 것이라고 했다.

다음 항목에서는 이「긴축체」에 응하는「용」이란 어떤 것인가를 말하고자 한다.

8-2 일본의 긴축체 문화

일본인의 신체는 긴축체이다.

그러나 최근의 일본 젊은이들이 낯익은 현재로서는 일본인과 외국인의 자세가 필자가 말하는 정도로 다른 것인지 어떤지 의문을 갖게 될 것이다. 그래서 이 항목에서는「일본인의 자세」에 관해서 다시 생각해 보고 싶다.

최근의 일본에서는 이란인이나 동남아시아인을 많이 보게 되는데, 현대의 일본 젊은이들과 비교해서 자세가 특별히 더 좋아 보이지는 않는다. 오히려 일본의 젊은이가 키도 크고 늘씬한 것 같다. 그것을 보면「일본인의 자세가 나쁘고 그밖의 민족은 자세가 좋다」는 설에 무조건 찬성할 수도 없다.

그런 현대의 젊은이들은 보게 된 현재로서는 과거의 일본인 체형(體形)이라는 것은 상상도 할 수 없다.

그러나 잘 생각해 보면 확실히 30~40년 전에 처음으로 거리에 나타난 미국인은 몹시 키가 크고 자세가 좋았다고 하는 강렬한 인상이 남아 있다. 확실히 과거 일본인의 자세는 현개로서는 상상도 할 수 없을 만큼 특이했던 모양이다. 전 아르헨티나 대사였던 가와사키(河崎一郎)씨는 1945년에 출판된 그의 저서 《일본의 실상》에서 일본인의 체형에 대해서 다음과 같이 말하고 있다.

「세계의 인종 중에서 피그미족과 호텐토트를 제외하면 아마도 신체적인 매력이라는 점에서 가장 뒤지는 것이 일본인일 것이다. 머리 부분은 불균형하게 크고 몸통이 짧은데다 다리는 휘어진 경우가 많다. 일본인에 비하면 인상학적으로 매우 가까운 <u>중국인이나 한국인은 키가 크고 직립(直立) 체형을 하고 있다.</u>」(방선은 필자)

외견상 많이 닮은 중국인이나 한국인을 그만 일본인과 똑같은 체형을 갖고 있다고 생각하기 쉬운데 사실 일본인과는 다르게 직립 체형의 특징을 갖고 있다.

고대의 중국인은 일본을 왜(倭)라고 불렀는데, 이것은 작은 사람이라는 의미도 포함하고 있다. 가장 작기 때문에 자세가 나쁘다고는 말할 수 없고 당시부터 직립 체형을 갖고 있지 않았다는 예증(例証)이 되지 않는 건 말할 것도 없다. 그러나 3세기의 《위지 왜인전(魏志倭人傳)》에 다음과 같이 기록되어 있다.

「서민이 높은 신분의 사람과 길에서 만나면 길가에 엎드려 두 손을 짚고 공손히 대하는 진귀한 풍속이 그려져 있는데, 움츠러드는 자세와 어떤 연관을 엿보게 한다.」

또는 《합기도의 과학》에서도 인용한 아이다(會田雄次) 교수의 《일본인의 의식 구조》에 어떤 미국인이 일본인의 자세에 관해서 기록한 논문을 취급하고 있다. 그 미국인이 말한다.

「일본인이란 이상한 인종이다. 일본인이 싸우는 자세를 머리 속에 떠올릴 때 반드시 그들은 고개를 숙인다.(중략)

이런 일본인이 어린아이를 보호할 때의 자세는 재미있다. 맞은 편에서 곰이나 자동차 같은 것이 덮쳐 왔다고 하자. 그 때 일본인은 여성밖에 취하지 않는 아니, 모든 여성이 그렇게 한다고 할 수도 없는 그러한 자세를 남자나 여자, 노인이나 젊은이 모두가 한결같이 취하고 있는 것이다. 그것은 어린아이를 마주하듯이 앞으로 꼭 끌어안고 곰이나 자동차 쪽으로 궁둥이를 돌리고 웅크리는 방어 태세이다. 이것이 일본인의 자세이다.」

확실히 일본군의 돌격 자세를 보면 허리를 굽히고 돌진해 가는 것이 특징이다. 벌서 6,7년이나 지난 일이다. 이치카와(市川) 시에서 총을 든 범인이 한 가정부를 인질로 삼아 농성을 벌였던 사건이 있었는데, 그 실황이 TV에 중계되었다. 그 때 담장 밖에서 형사가 허리를 굽히고 목을 움츠리고 종종걸음으로 걷던 기억이 있는데, 참으로 그 자세는 일본인적이었다. 그에 비해 비록 영화에서 본 것이기는 하지만 외국의 병사나 경관이 즉각 응전할 수 있도록 정신을 바싹 차리고서 허리를 펴고 걸어가는 자세는 당당해 보이기까지 한다.

그 미국인은「왜 일본인은 그렇게 고개를 숙이는 것일까」하는 의문을 갖고 「그것은 일본인은 옛날부터 땅을 향해 괭이질만 했기 때문에 유사시에는 괭이질을 하는 것처럼 되는 모양이다」하고 생각했던 모양이다. 그러나 필자는 일본인은 긴축체이기 때문에 그런 동작을 하게 되는 것이라고 생각한다. 즉 긴축체의 사람은 긴장했을 때에 몸 앞면 굴근이 수축하는 체벽(體癖)이 있기 때문에 유사시에는 고개를 숙이거나 앞으로 굽히게 되기도 하는 것이다.

그러면 왜 그런 체벽이 생기는가? 그것은 좌식 생활에 의해 허리가 둥글어지고, 따라서 몸 앞면의 근육이 항상 긴장해 있으므로 몸 뒷면의 근육에 비해 발달하기 때문이다. 그 증명으로서 「일본인과 외국인의 신체 동작은 정반대」라는 점과, 「세공(細工) 일과 육체 노동의 동작은 정반대」라는 두 가지 시점(視點)을 제시한 것이다.

그런 일을 매일 같이 생각하고 있었을 무렵, 그것은 1981년이었다. 유명한 「후카가와(深川通) 괴사건」이 발생했다. 최초로 습격당한 사람은 유모차를 밀고 있었던 젊은 어머니였다. 앞에서 덮치는 범인에게 궁둥이를 돌리고 어린아이를 덮어 씌워서 지켰기 때문에 쉽사리 뒤에서부터 칼에 찔려 젖먹이까지 죽음을 당하는 비참한 사건이었다. 앞에서 말한 미국인이 관찰한 대로 전형적인 일본인으로서의 반응 동작이었다.

이와 같이 일본인은 정신적으로 긴장했을 때나 힘을 발휘하려고 했을 때 우선 굴근이 수축하고 몸이 움츠러드는 동작을 취한다. 이것이 일본인의 긴축체이다.

그럼 외국인이 곰이나 자동차가 덮쳐올 때는 어떻게 하는가? 곰이나 자동차를 향해 직립해서 막아선다. 이것은 그들이 신축체이기 때문이다. 신장체(伸張體)의 사람은 의자 생활에 의해 허리가 펴져 있으므로 가슴 부분에 비해서 등쪽의 근육(그것은 신근)이 발달해 있다. 따라서 정신적으로 긴장했을 때는 등의 근육이 수축해서 배근이 팽팽하게 뻗는다. 놀랐을 때도 마찬가지이다. 이런 때는 일본인은 몸이 움츠러드는데 반해 중국인에게서 들은 바에 의하면 반대로 등이 팽팽하게 펴진다고 하는 대답이었다.

이와 같이 신체의 조건(몸)에 의해 그에 따른 신체의 동작·표현 또는 기능(작용)이 있다. 그리고 그 신체의 동작·기능에 의해 거기에 대응하는 문화가 생기는 것이다.

그러므로 긴축체에서 생기는 문화를 긴축체 문화, 또는 긴축 문화로 부르고, 신장 경향의 신체, 즉 신장체에서 생기는 문화를 신장체 문화 또는 신장 문화로 불러보자.

예를 들면 일본의 독자적 문화에 다도(茶道)가 있다. 한국인 이어령(李御寧)씨는 《축소 지향(縮小志向)의 일본인》에서 다음과 같이 관찰하고 있다.

「곰곰이 생각해 보면 우리가 중국·한국 등의 대륙 문화에서 보지 못했던 일본 득자의 문화는 다다미(畳)가 깔려 있는 그 방, 즉 다실(茶室), 대합(待合) 다실 등 다다미 네 장 반으로 대표되는 그 좁은 공간과 불가분의 관계에 있다는 것을 깨닫게 되는 것입니다.」

「다실에서는 행동이나 언어 모두가 일상 생활과는 달리 일정한 형(型)으로 축소되는데, 그것은 징검다리를 하나하나 힘껏 밟으면서 터득되는 것입니다.

손 씻는 물그릇이 있습니다. 그것을 「존거(尊踞)」로 부르듯이 객(客)은 앞의 돌 위에 쭈그려 앉아서 손을 씻지 않으면 안 되는 것입니다. 당신이 그 객이라면 대합 다실의 좁은 의자에서 중문을 지나고, 징검돌다리를 걸으며 이제는 쭈그려 앉는 것입니다. 신체·동작의 모두가 축소돼 가는 것입니다. 이것으로 끝나는 것이 아닙니다. 객은 디딤돌 위에서 또 한 번 쭈그리고서 널문을 열지 않으면 안 되는 것입니다. 그러나 드디어 객실로 들어가려고 하면 더 작게 몸을 움츠리지 않으면 안 됩니다. 다실 특유의 작은 출입문입니다.」

여기에 나타나는 존거가 3세기의 위지 왜인전에 나타나는 존거라면 적어도 3세기에 움츠리는 동작이 나타났다고도 생각할 수 있다.

이와 같은 몸을 움츠리기만 하는 예의 범절은 긴축체의 일본인이기 때문에 가능한 문화이며 신장체인 외국인으로서는 그런 답답한 곳에 들어간다는 발상은 하지 못할 것이다.

아이에게 벌을 줄 때에도 구미인의 전통적인 방법은 아이를 좁은 방에 가두는 것이다. 외국인은 벽장이나 광에 갇히는 것이 대단한 고통이지만 일본인이라면 벽장 속은 오히려 너무 편할지도 모른다. 그래서 일본인의 처벌 방법은 반대로 아이를 밖으로 내쫓는 것이다. 일본인은 넓은 공간에 공포를 느끼는 것이다.

이와 같이 이런 「축소 문화」는 축소하는 것이 특징인 긴축체를 갖고 있기 때문에 생겨난다고 생각할 수 없을까?

긴축체에서 생기게 될 「용(用)」에 관해서 다른 예를 들어보겠다.

시노다(篠田雄次郎) 조지 대학(上智大學) 교수는 그의 저서 《일본인과 독일인》에서 서로의 문화를 「새우등의 문화와 가슴을 펴는 문화」로 표현하고 있다.

그러나 이 「가슴을 펴는 문화」라는 명칭도 긴축 문화권의 사람이 아니면 할 수 없는 명명이다. 왜냐 하면 긴축 문화인은 등이 둥글기 때문에 가슴이 움츠러들고, 등의 근육 감각보다도 가슴의 근육 감각 쪽이 발달해 있으므로 가슴의 근육이 콘트롤하기가 쉽다. 그 때문에 바로 「가슴을 편다」고 가슴에 의식을 두고서 발상하는 것인데, 다른 민족은 우선 「배근을 편다」, 「발배(拔背)」 등으로 등을 의식하고 발상하는 것이다.

그럼 이하 동서(同書)에서 인용해 보자.

「식사중에는 말할 것도 없지만 양손을 테이블 위에 내놓지 않으면 안 되고 팔꿈치를 괴어서도 안 된다.(중략)

테이블에 팔꿈치를 괴는 것은 유럽에서는 금지되고 있는데, 일본인이 그렇게 하는 것은 사실 너무나도 당연하다. 왜냐하면 가슴을 펴고 있지 않는 한 양팔꿈치를 테이블에 괴고 마는 것이다.」

「일본의 교향악단을 보아도 일류라는 사람들조차 모두 새우등이다. 등이 당긴 활처럼 멋지게 휘어져 있다. 어떤 음악 교실의 교습 풍경을 본 독일인이 "이 자세로는 당겨질 리가 없다"는 말을 했는데, 피아노도 등을 둥글게 하고 건반을 두들기면 아무리 기술적으로 소리를 내도 힘이 없다. 일본 오케스트라의 기술이 아무리 뛰어나다는 말을 들어도 그 이상의 평가를 못 받는 것은 새우등의 팔에서 힘이 나오지 않기 때문이라고 나는 생각한다.」

이와 같이 시노다 교수는 일본인의 자세에 관해서「새우등」이라 한마디로 표현하고 있다. 외국인이 보면 그처럼 보이는 것인지도 모른다. 또 시노다 교수는 새우등의 팔에서는 힘이 나오지 않는다고 분명히 적고 있는데, 이것이야말로 이 책의 중요한 테마이며 발경(發勁)의 원리이기도 하다. 물론 피아노를 두드리는 힘은 신장력이 아니면 안 된다.

최근에는 식생활이나 생활 양식의 개량으로 젊은이의 허리가 높아지고 키가 크며 외국인과 비교해서 크게 떨어지지 않는다. 하기는 외국인처럼 우람하지는 않지만 거기에는 또 문제가 있다. 아무튼 그와 같은 젊은이는 논리적으로는 팔의 신장력이 옛날 일본인에 비해 크리라 생각된다. 실제로 현재의 젊은이는 골프나 테니스, 축구, 야구 등의 운동을 잘 하는 것 같다. 대신 외국인처럼 세공 일이 서툴다.

어린이들이 칼로 연필을 제대로 깎지 못한다고 해서 문제가 된 것이 벌써 10년도 더 된다. 그것은 젓가락을 쓰지 않았기 때문이라든지, 포크 사용이 좋지 않았다든지 등등 여러 가지의 말이 있었는데, 사실 그런 것은 단지 현상이며 그 본질은

일본인의 자세가 개선된 결과

에 있다(고 나는 생각한다). 그들은 손 끝이 서툴어진 대신에 신장력을 사용하는 운동에 능해진(이 점은 약간 의문?) 것이다.

그런데 이상의 사실에서 무엇을 알 수 있는가? 그것은
일본인이 태극권, 복싱, 골프, 테니스, 야구, 축구 등
신장체 민족의 용(用)으로서 발달한 「신장력을 사용하는 스포츠」가 향상되기 위해서는 제일 먼저
긴축체를 신장체로 바꾸는 일
이 절대적으로 필요하다는 것이다.

즉 「몸」이 다르기 때문에 「용(用)」이 달라지며 신장체의 용, 즉 그 기능은 강한 팔과 다리의 신장력을 말하며, 그 표현이 중국 권법이고 복싱이며, 골프이고, 축구가 될 것이다. 때문에 긴축체인 채로 신장체의 용인 그런 기능이나 표현을 아무리 모방을 하고 훈련해도 그 완전한 표현은 할 수 없다는 것이다. 어쩌면 일본인에게도 세계적인 선수가 있지 않은가 하는 반론이 있기는 하겠지만 일본인이라도 신장체의 사람이 있는 것은 당연하며, 그런 사람들은 재능이 있다는 말을 듣고 자연히 크게 향상할 수 있는 것이다. 그래서 그런 명선수는 자신과 다른 사람과는 몸의 감각이 전혀 다르다는 것을 모르기 때문에 자신은 쉽게 할 수 있는데 왜 다른 사람은 할 수 없는가 하는 것을 이해 하지 못한다.

이밖에도 「일본인만이 견비통에 있다」는 비교적 알려진 이야기가 있다. 몇해 전에 NHK의 뉴스에서(92. 10. 25) 중학생 중 견비통을 갖고 있는 사람은 4명에 한 사람, 고교생중에서는 3명에 한 사람, 그리고 이것은 4년 전의 조사에 비해 60%가 증가했다는 보도를 했다. 그 원인에 관해서 운동 부족을 들었는데, 틀림없이 그렇기는 하겠지만 단순한 근육 부족만이 원인은 아니다.

제8장 숙달론 ① ― 체를 만들어낸다　257

|키가 늘어나는 몸|신장(체) 문화
가슴을 펴는 문화
「늘어남」의 문화
등의 문화|긴축(체) 문화
새우등의 문화
「축소」의 문화
가슴의 문화
견비통
가슴이 움츠러든다|가슴을 움츠리는 몸|

텐션 민족
차렷!
폐활량 소(小)
흉식(胸式) 호흡
외국어가 서툼
혀가 부드럽다

배근이 늘어난다.
　　　릴랙스
함흉 발배(舍胸拔背)
폐활량 대(大)
복식(腹式) 호흡
외국어를 잘함
혀가 딱딱하다

춤
팔 신장력 소(小)
공수도
유도
검도
돌기
하고(羽子)를 치는 채

|가슴을 펴는 문화|코작 댄스
팔 신장력 대(大)
복싱
권법
펜싱
역기
골프·테니스| | |

창 던지기
톱을 민다
대패를 민다
스콥을 민다
성냥을 당긴다
연필은 당겨서 깎는다
　　　「서는 문화」

톱을 당긴다
대패를 당긴다
괭이를 당긴다
성냥을 민다
연필은 밀어서 깎는다
끌어들이기　허리를
　　구부리고 들어감　쭈그림
무릎걸음으로 드나듦
기어서 들어감

　　　　　　　　　　　　새우등의 문화

단련 부족에 의한 근육의 쇠퇴로 등이 둥글어짐으로써 등의 근육이 앞쪽으로 당겨지고, 어깨나 등의 근육이 만성적 긴장을 일으키는 것이다. 이와 같이 모두가 자세의 문제에 이유가 있는 것이다. 여기서 중요한 점은 자세가 다르고 근육의 발달이 다르다는 것은 단순히 근육의 강도가 다른 것이 아니라

근육의 감각이 다르다

는 것이다. 언젠가 또 TV의 한 프로그램에서 위를 향하고 눕거나 엎드려서 눕는 것을 비교하고 있었는데, 그 중에서 등의 감각보다 가슴의 감각 쪽이 민감하다는 측정 결과를 제시하고 있었다. 그러나 필자의 추측으로는 신장체의 외국인이 그 반대가 될 것이며, 외국인이 엎드려서 자는 사람이 많은 것은 거기에 원인이 있는게 아닌가 하고 생각한다.

8-3 긴축체와 언어

그런데 이 책의 목적은 타격법, 발경의 분석이지 문화론이 아닌데도 왜 이런 일본인의 체벽(體癖)에 관해 장황하게 늘어놓는가 하고 의문을 갖는 사람이 있을 것이다.

기껏해야 자세, 그나마 얼핏 보기에는 그다지 신체가 다른 것도 아니지 않은가? 일본인에게도 새우등이 있는가 하면 직립형

의 사람이 있다. 외국인에게도 새우등이 있을 것이다. 그 정도의 차이를 요란스럽게 드러낼 것은 없지 않은가 하고 대부분의 사람은 생각할 것이다.

그러나 허리가 조금 둥글고 허리가 약간 직립이라는 사소한 차이가 앞의 절에서 말한 것처럼 신체 운동의 큰 차이를 만들고, 그것이 나아가서는 완전히 이질적인 문화를 만들어 낸다. 그만큼 그 영향이 크다는 것을 마음속 깊이 납득하는 일이 타격법의 이해를 위해 절대로 필요한 것이다.

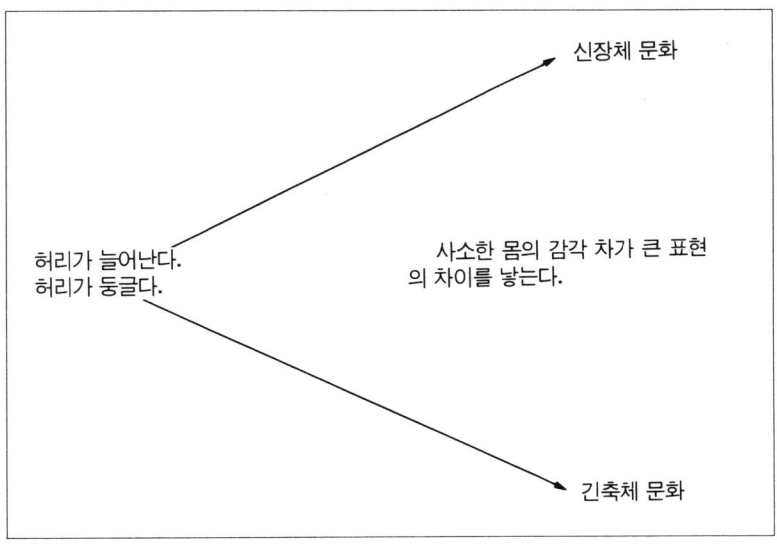

그런 이해를 돕기 위해 다시 「체」의 차이가 「신체의 동작이나 작용」뿐만 아니라 일본어와 외국어의 발성법 차이, 나아가서는

말 자체의 성질에까지도 나타난다는 것을 실례로 들어보겠다.

영어 교육가인 노카쓰(中津燎子) 씨는 그의 저서 《호흡과 음과 입술》에서 일본인의 영어에 관해서 중요한 지적을 하고 있다.

그것은 일본인이 일본어를 말할 때의 호흡법과 영미인이 영어를 말할 때의 호흡법이 다르다는 것이다. 일본어의 경우 호흡과 소리의 관계가 밀접하지 않고 내쉬거나 들이쉬는 호흡과 무관계하게 발성되지만 영어는 그것과 전혀 반대이다.

영미인, 유럽, 중국, 남미의 각 민족들은 거의가 숨을 내쉴 때에 소리를 내는 방식으로 말하고 있다. 한 숨 들이쉬고 내쉬는 것과 동시에 소리를 내는데, 일본인이 노래나 소리지를 때, 또 장단 소리를 낼 때 나는 방식으로 아주 보통으로 말하고 있는 것이다. 이것은 성량이라든지 강약과는 관계가 없다.

이와 같은 외국인은 일본인에 비하면 호흡량이 압도적으로 다르다. 나카쓰 선생의 관찰에 의하면 서양 인종은 대체로 복식 호흡이며 일본인은 대체로 흉식(胸式) 호흡을 하거나 혹은 얕은 복식 호흡을 한다.

그래서 영미인이 일본인에게 발음을 가르칠 때 아무리 입술 모양을 자세히 가르쳐도 나오는 소리는 다르다. 일본인의 혀는 외국인의 혀와 달라 부드러우면서도 두껍고 힘 없이 움직임에도 둔하므로 동작이 같아도 같은 소리는 나오지 않는다.

입을 벌리는 동작에서도 그 벌린 모양을 그대로 모방하지만 호흡량도 다르고 입술의 근육이 부드러운 일본인은 소리를 낸 순간에 입 모양이 바뀌므로 다른 소리가 나온다.

이처럼 나카쓰 선생은 호흡량이 다르고 혀의 딱딱함이나 입술의 딱딱함 등이 다르기 때문에 같은 발음을 하지 못한다고 지적하고 있다.

이와 같이 일본인만의 특이한 발성법과 언어를 갖고 있다는 사실도 그 본질은 일본인의 긴축체에 있는 것이다.

우선 허리를 세운 직립의 자세라면 복식 호흡이 되기 쉽고, 일본인처럼 앞으로 웅크린 자세에서는 흉식 호흡 내지 얕은 복식 호흡이 되기 쉽다.

또 허리를 펴고 배근을 세우면 혀를 힘차게 낼 수 있지만 가슴을 둥글게 하여 시험해 보면 혀는 목구멍 안으로 들어가 앞으로 내기 힘들다는 것을 곧바로 알 수 있게 된다. 혀에 굴근・신근이 있는지의 여부는 알지 못하나 혀는 길게 늘인 쪽이 움직이기 좋고, 또 그 쪽이 단단하게 발달한다. 안쪽에 들어간 혀는 불룩하게 부드럽고 움직임이 좋지 않다.

즉 외국인의 「신장체」는 혀의 근육(신근?)을 딱딱하게 발달시키면서 혀의 움직임도 빠르고 또 폐활량도 크다는 「용」과 겹쳐서 일본인의 노래할 때나 소리지를 때, 또는 장단 소리를 낼 때의 발성 같은 말투(용)를 낳는 것이다.

나카쓰씨는 이에 대해 「영어 음성학」은 영어음의 기초를 어릴 때부터 익힌 영미인을 주체로 한 학문이기 때문에 일본의 성인이 영어를 배우고자 할 때는 초인적인 노력을 기울여야 하고, 청각만은 예리해져도 발성은 좀처럼 잘 되지 않는다고 말한다.

요컨대 신장체의 사람을 대상으로 삼고 있는 「영어 음성학」을 긴축체의 사람이 그 발음을 배우고자 해도 신장체의 용인 「영어의 독특한 발성」을 모방하는 것은 아주 곤란하다는 것이다.

중국인이나 동남 아시아계의 사람들이 간단히 외국어를 말하는데 대해 일본인은 외국어가 특히 서툴다고 한다. 그것은 일본인을 제외한 다른 민족은 모두 신장체이고 발성 기관의 조건, 즉 「체」가 같기 때문에 그 「용」인 발음을 용이하게 모방할 수 있다고 생각할 수는 없을까?

즉 같은 설질(舌質)이고 같은 발성법이기 때문에 발음도 쉽게 모방할 수 있고, 또 간단히 발음을 모방할 수 있으면 그것을 기억하기 쉬운 것도 당연할 것이다. 반대로 신장체인 그들이 긴축체인 「용」인 일본어를 모방하는 것은 곤란한 것일까? 어쩌면 그 경우에는 의외로 간단할지도 모른다.

이와 같이 「체」가 다르면 그 「용」이 다른 것이다. 그래서 외국어를 배우더라도 제일 먼저

긴축체를 신장체로 바꾸는 일

이 중요하다. 즉 외국어를 배운다면 우선 외국인과 같은 「체」가 되게 해야 한다.

마찬가지로 발경뿐만 아니라 중국 권법, 야구, 골프, 테니스, 축구 등 중국인이나 구미인이 잘하는 스포츠(그것은 신장체의 용이다)를 배우는 데는 신장체가 필요하다. 어쩌면 긴축 문화에서 생겨난 기예라도 긴축체의 「용」이라는 것은 존재하지 않고 모두가 오랜 세월 동안 노력한 결과 투철체(그것은 신장체의 연장선상에 있다)가 된 명인에 의해 완성된 것이 아닐까. 요컨대 어떤 체기(기예)를 배움에 있어서도 일본인이 첫째로 할 일은 긴축체를 신장체로 바꾸는 일이다. 일본인에게 빠져 있는 것은 신체의 신장력인 것이다.

「체」가 다르면 교정(敎程)도 다르다. 중국 권법, 골프, 축구, 테니스 등의 지도서는 신장체인 중국인이나 구미인을 대상으로 삼은 교습법이기 때문에 신체의 신장력에 관해서는 그것이 원동력임에도 불구하고 거의 언급하지 않는다. 그리고 그들에게 있어서는 그것으로 문제가 없다. 그러나 긴축체인 일본인이 그 교본(敎本)이나 교정으로 학습하는 경우 신장력이 빠져 있는 일본인은 그야말로 초인적인 노력을 기울여야 하고, 그래도 향상되기가 어렵다.

스포츠 선수는 천성적으로 신장체의 사람들이다. 그래서 무턱대고 노력하기만 하면 향상될 수 있지만 일반인에게 이런 스포츠 교과서는 제일 먼저 자세와 신장력을 추가하지 않으면 안 된다고 필자는 생각한다.

이와 같이 「체」가 다르면 「용」이 다르고 언어까지 달라지는 것이다.

8-4 신장체 일본인가?

식생활의 개선이나 생활 습관의 변화에 따라 허리가 높고 키가 날씬한 젊은이가 늘고 있다. 그런 그들은 창칼을 쓰는 것이 서툴고 골프나 축구를 잘하는 모양이다. 그래서 필자는 지금까지의 긴축체 일본인에 비해 요즘은 신장체가 되어가고 있다고 생각하고 있었지만 어쩐지 요즘의 젊은이가 특별히 팔 신장력이 강하다고 생각되지 않는다. 생활 습관이 변화했는데도 왜 **일본인은 신장체로 변화하지 않는** 것일까?

그것은 기성의 긴축 문화 속에서는 아무리 의자식 생활을 받아들였어도 완전한 신장체로 자라나기 힘들며, 더불어 긴축 문화의 「가정 교육」을 잃었다는 것에도 원인이 있는 것 같다. 일본에서는 옛부터 무가(武家) 사회에서는 오가사하라류(小笠原流) 예법 등으로 상당히 엄하게 행동 거지의 틀이 지켜지고 있었다. 그러나 좌식 문화속에서 바른 자세를 지키는 데는 상당한 노력이 필요했을 것이고, 또 무가 사회나 일부의 교양있는 서민 등에게 한정되어 있었을 것이므로 일본인 전체의 「체」를 바꾸고 문화를 바꾸기까지에는 이르지 못했던 것이다.

그런 가정 교육을 생활 습관이 바뀐 지금 이미 잃고 말았기 때

문에 그 습관을 살려서 신장체를 만들 수가 없다. 시노다 교수의
《일본인과 독일인》에서,

「쓰루미(鶴見俊輔) 씨는 어릴 때는 "식사 시간은 부모에게 꾸
중을 듣는 시간이라고 생각했다"고 말했는데 매너란 그 정도가
아니면 진짜가 되지 않는다. 흔히 "남의 집에서는 그런 행동을
하지 않는다"는 식으로 부모들이 말하지만 버릇없는 식사법을
계속 하는 한 집에서 지켜지지 않는 행동을 밖에서 지킬 리가 없
다.」고 했다. 말할 것도 없이 식사 예의로서는 자세가 가장 중요
한 것이다.

신장 문화 속에서도 의자식 생활이라 하여 무조건 자세가 좋아
지는 것은 아니므로 역시 나름대로의 교육을 하고 있다.

예를 들면 세이죠(成城) 대학 교수인 야마나카(山中正剛) 씨
는 런던 교외의 노동자 주택에서 하숙하던 시절, 식사 때 무심코
테이블에 팔꿈치를 괴었더니 10대의 그 집 딸로부터 「몸을 곧게
하세요. 그렇게 하면 음식물이 몸 속으로 곧장 떨어질 거예요」
하는 주의를 받았다고 한다.

이는 시노다 교수의 《일본인과 독일인》에서도 언급되고 있었
는데, 유럽에서는 테이블에 팔꿈치를 얹는 것이 금지되고 있었
다. 그것은 유럽뿐만 아니라 신장 문화권에서는 모두가 같다. 그
리고 이 야마나카 교수의 말처럼 하숙하는 외국인에게까지 「몸
을 곧게 하라」고 말할 만큼 그 가정 교육이 철저했음을 알 수 있
다.

한편 일본인의 생활 습관이나 식생활이 구미인과 같아진지 이
미 오래고 긴축체는 신장체로 바뀔만도 한데 어쩐지 주위를 둘러
싼 긴축 문화 때문에 그것은 엉거주춤한 상태에 있다. 즉 언제나

「곧게 하라」는 말을 들을 정도로 아무리 위자식 생활을 하더라도 자연 성장적으로 직립의 자세를 만들어낼 수가 없는 것이다. 청소년이나 어린아이들에게 측만증(側湾症)이 늘고 자세가 좋지 않다는 문제는 이미 10년 이상이나 전부터 문제시되어 왔다. 이런 측만증의 교정은 본인의 노력만으로는 어떻게 할 수 없다 해도 허리를 직립시키는 일은 본인의 노력으로 가능하다. 때문에 이것은 사회적인 교육 유무의 문제이다.

전철을 타고 보면 모두가 멋지게 등을 활처럼 휘게 하여 기대고 있는 것을 볼 수가 있다. 이는 일본만의 현상이다.

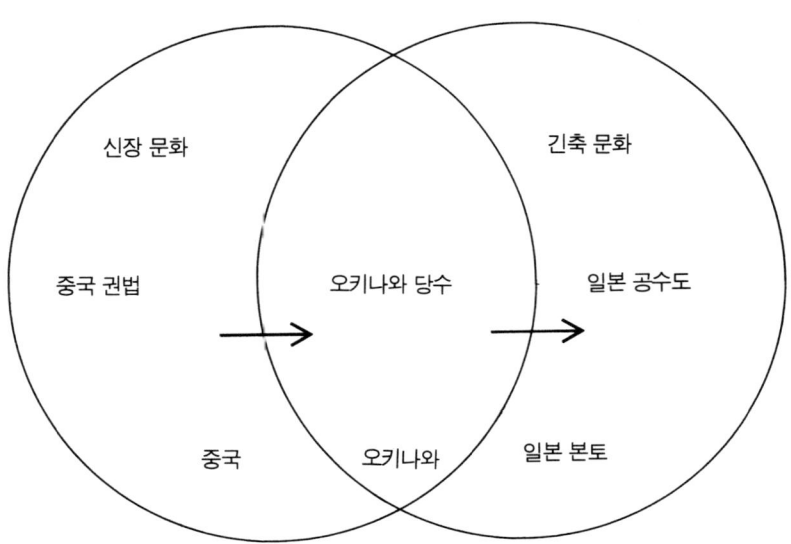

제8장 숙달론 ①—체를 만들어낸다

지금까지

배근을 바로 펴라

는 교육이 없었던 것은 아니다. 그러나 왜 그렇게 하는가 하는 뚜렷한 목적 의식이 없었다. 목적 의식이 없는 행동은 달성하기가 곤란하다. 「체와 용」이란 생각은 그 목적 의식을 명확히 하려고 하는 것이다.

신장 문화인 중국 권법이 긴축 문화에 받아들여졌을 때 어떤 일이 일어나는가? 긴축체의 성질로서 자세를 정하는 버릇이 있다. 가부키(歌舞伎)에서 배우가 남다른 포즈를 취하는 것도 매우 일본적이지만 전형적으로 그것이 나타나고 있는 것이 일본 공수도이다.

널리 알려진 바와 같이 공수도가 오키나와에서 본토에 정식으로 전해진 것은 다이쇼(大正) 연간, 도나고시(富名越週義珍) 사범에 의해 주로 대학에서 교습되고, 이후 대학의 공수부(空手部) 출신자에 의해 독특한 일본 공수도가 만들어졌다고 할 수 있다. 그 특징은 「자세를 정하는 것」에 있으며 자칫 힘을 주는 결점을 낳기 쉬운 것은 보는 바와 같다. 필자의 공수도 스승인 이즈미가와(泉川寬喜) 선생은 도오쿄(東京)에서 거행된 중국 무술단의 표연(表演)을 보고 무대 뒤의 분장실로 찾아갔다. 그 때 「오키나와인은 중국인과 같이 신체가 부드럽지만 일본인의 신체는 딱딱하다」고 비평하는 말을 들었다고 한다. 중국 권법이 일본 공수도로 변질해 가는 원인이 일본인 신체의 긴축 경향에 있다는 것은 명백하다.

8-5 신장체를 만든다

일본인과 다른 민족과는 여러 가지로 신체 동작이 다른 데서 그 행동 양식까지도 크게 달라지는 것을 알게 되었다. 그리고 그 신체 동작의 차이는 의자식 생활과 좌식 생활의 영향에서 나오고 있으며, 허리가 펴져 있지 않다는 차이에 의한 것이었다.

의자생활 ➡ 허리가 펴진다 ➡ 배근이 강하다 ➡ 팔 신장
　　　　　　　　　　　　　　　　　　　　　력이 강
　　　　　　　　　　　　　　　　　　　　　하다
　　　　　　　　　　　　　각력(脚力)이 강하다
　　　　　　　　　　　　　복식(複式) 호흡
좌식생활 ➡ 허리가 둥글다 ➡ 배근이 약하다 ➡ 팔 신장
　　　　　　　　　　　　　　　　　　　　　력이 약
　　　　　　　　　　　　　　　　　　　　　하다
　　　　　　　　　　　　　각력이 약하다
　　　　　　　　　　　　　흉식(胸式) 호흡

```
팔 신장력이 강하다  ➡ 발경(發勁), 복싱, 중국 권법
「신장체」              골프, 야구, 펜싱, 테니스
각력이 강하다        ➡ 축구, 킥복싱
「신장체」
팔 굴곡력이 강하다 ➡ 유도
「긴축체」
```

　이와 같이 신장체는 밖으로 향해 힘을 잘 내고 긴축체는 신체가 긴장해서 움츠러드는 것이 특징이다.
　중국 권법, 복싱, 골프, 야구, 테니스 등은 신장체 민족이 개발한 것이므로 「체」가 신장체라는 것은 처음부터 당연한 일이다. 즉 신장체란 허리가 펴지고, 배근이 펴지고, 강하며, 가슴보다 등의 감각이 좋고, 각력(脚力)이 강하고, 힘을 주지 않고, 복식 호흡이라는 등의 육체적 기능을 지닌 신체를 말하는 것이다.
　한편 일본인의 긴축체란 허리가 펴지지 않고, 배근이 펴지지 않고, 약하며, 등보다 가슴의 감각이 예리하고, 각력이 약하고, 몸이 움츠러들고, 긴장하고, 흉식 호흡이 많다는 식의 육체 기능을 지닌 신체인 것이다.
　그래서 긴축체의 일본인이 신장체 민족의 「용(用)」의 문화를 배울 경우에는 우선
긴축체를 신장체로 바꾸는 일
이 절대적으로 필요한 것이다. 그렇게 하지 않으면 노력을 쌓아 올리고도 좀처럼 효과를 올릴 수가 없다.

이것을 다시 실례로 들어서 설명해 보겠다.

앞에서도 든《호흡과 소리와 입술과(中津燎子著)》에서 인용.
「대체로 가다가나(カタカナ)의 「제(ゼ)」와 「TH」는 많이 다르다. 그 때문인지는 알 수 없으나 일본인의 「TH」음을 들으면 한 번으로는 알 수 없다. **THINK**와 **SINK**가 구별이 안 되고 **THAT**가 **ZAT**로 들린다. 왜일까?
「TH」의 경우 확실히 혀를 내고 위아래의 이빨로 끼운다. 거기까지는 그래도 괜찮지만 마침내 소리를 내기 바로 그 직전에 일본인은 재빠른 솜씨로 혀를 끌어들이고 만다.
<u>왜 끌어들이는 것일까? 그것을 알 수 없다.</u>
너무나도 빠르게 끌어들이기 때문에 이빨에 끼웠던 혀는 「**TH**」의 음을 만들 틈도 없이 안쪽으로 사라진다. 무엇 때문에 이빨 사이에 끼운 것인가? 위아래의 이빨 사이에 끼우고 거기서 숨을 파열시켜 **TH**가 되는 것이다. 그러나 파열이나 소리가 있기도 전에 재빨리 혀는 움츠러든다. (중략)
학생들은(중략) 내가 시키는 대로 움츠러드는 혀를 반대로 앞으로 쑥 내미는 식의 운동에 열중했다. 움츠러드는 혀를 무슨 일이 있어도 앞으로 내미는 습관을 붙여야 한다는 나의 아이디어였다.」(방선 필자)
여기서 「왜 움츠러드는 것인가?」하는 의문에 대한 대답은 그것이 긴축체의 특징이기 때문이라고 할 수 있다.
특 신장체에서는 허리가 펴지고, 배근이 펴지고
또한 혀도 앞으로 펴지는 것
이다. 그리고 긴축체의 사람은 허리가 둥글고, 배근이 펴지지 않고, 혀도 앞으로 잘 펴지지 않는다. 즉 모두가 움츠러드는 것이다. 이것은 시험해 보면 당장 알게 된다. 지금 혀를 이빨 사이에 가볍게 끼우고 가슴을 펴보면 혀는 앞으로 쉽게 펴진다는 것을 알게 된다. 반대로 가슴을 둥글게 되면 혀는 자연히 안으로 끌어들여질 것이다. 나카쓰 선생은 「왜 끌어들이는 것인가? 그것을 알 수 없다.」고 하지만 그와 같이 「움츠러든다」는 것이 긴축체의 「용」인 것이다. 일본인이 끌어들이는 것은 당연한 일이다.

이 「TH」의 연습으로 그 발음을 본받으려고 흉내만 낸들 효과가 오르지 않는다. 즉 「용」 그 자체를 흉내내기 때문이다. 권법으로 말하면 세게, 빨리, 능숙하게만 테크닉의 연습을 하는 식의 연습 방법으로는 어렵다. 일반적으로 그런 방법을 취하기가 쉽지만 그 방법으로 성공하는 것은 본래 「신장체」인 사람뿐이며, 그런 사람이 소질이나 재능이 있다는 말을 듣는 것이다.

그래서 나카쓰 선생이 취한 방법은 「움츠러드는 혀를 반대로 앞으로 쑥 내미는 식의 운동에 열중한 것」이며, 발음의 테크닉 연습을 한 것은 아니었다. 즉 혀를 앞으로 쑥 내미는 단련, 그것은 요컨대 몸을 만드는 일이었다. 그러나 몸을 만드는 가장 좋은 방법은 허리를 강화하고 가슴을 펴도록 신체를 훈련하는 방법이다.

이것을 무술 훈련으로 말하면 서로 기술 걸기, 서로 공격하기, 팔 맞잡기를 하는 등의 실전적인 기법의 훈련에 중점을 두는 것이 아니라 기본 훈련에 중점을 두는 식의 연습 방법이다. 그 목적은 몸을 만드는 데 있다. 몸이 만들어지면 자연히 기술은 향상될 것이다.

이런 의미에서 중국의 권법가는 반드시 기공이나 그와 유사한 훈련을 권법 기법과는 별도로 체계적으로 행하고 있다. 그것에 의해 「쿵후」를 할 수 있다. 쿵후가 없으면 기술의 위력이 없다는 식의 인식을 갖고 있는 것이다. 그들은 이미 신장체이지만
신장체를 투철체로 바꾸지 않으면 안 되는 것
이다. 그것이 「참다운 쿵후」이다.

이와 같이 신장체에서는 신근이 작용하기 쉽고, 긴축체에서는 굴근이 작용하기가 쉽다. 그래서 신장체인 사람들의 기술을 흉내내자면 그 표현(용)을 흉내내는 것보다도 먼저
긴축체를 신장체로 바꾸는 일
이 가장 효율적이다.

발경이나 기합이나 마찬가지로 그것들을 실현하고자 한다면 자신의 신체를
발경의 연체(鍊體), 합기의 연체(鍊體)
로 만드는 것이 가장 중요하다. 그런 다음에 발경의 기법이나 합기의 기법을 훈련하면 훨씬 용이하게 터득할 수가 있다.

기술을 중점적으로 훈련하는 방법에 대해 이와 같이 몸을 단련하는 것은
「급하면 돌아가라」는 식의 훈련법
이다. 중국 권법에서는 반드시 기공 내지는 그 유사한 단련법이 각 유파에 의해 확립되어 있어서,
쿵후를 쌓는다.
내경(內勁)을 만든다.
내기(內氣)를 만든다
고 하는 말로 「연체」의 중요성을 인식하고 있다. 일본 무도에서

도 정전일도무도류(正傳一刀無刀流)·야마오카 데슈(山岡鐵舟)의 춘풍관(春風館)에서는 「유의(流儀)의 몸을 만들기 위해 3년간의 시합 학습을 금한다」는 도장훈(道場訓)이 남아 있다. 연체를 목적으로 한 3년간의 형(型) 학습 중에서 몸이 양성되기를 기대했던 것이었으리라. 이와 같이 일본 무도의 결점은 기술의 훈련법과 몸의 미분화(未分化)라는 점이다.

일본 무도에서는 얼핏 보기에 전투법으로 보이는 형이 사실은 몸을 만드는 것이 그 목적일 경우가 있다는 점에 주의하지 않으면 안 된다.

8-6 몸과 다루기의 「체(體)」

여기서는 우선 「체」의 중요성에 관해서 필자가 처음으로 체험한 일에 대해 말하고자 한다.

벌써 25년이 지난 일이다. 그날 밤도 도장에 나온 것은 나뿐이었고 그럴 때는 어김없이 스승께서 귀중한 이야기를 들려 주셨다.

「요시마루 군, 내가 한평생 연구해서 알게 된 한 가지가 있다. 그것은 재빨리 움직이려면 엄지손가락이 붙은 부분에 무게 중심을 두어야 한다는 것이다.」

대동류합기유술의 한 가지 특징은 「몸 다루기」이다. 적의 공격에 따라 한순간에 자연체인 몸 다루기로 적에게 달라붙어 적을 제압해 버린다. 그 재빠른 자연체의 다루기에서 가장 큰 비결이 「엄지손가락이 붙은 부분에 무게 중심을 두고 움직인다」는 참으로 상식적인 말을 들었을 때 나는 한순간 멍한 느낌이었다.

엄지손가락이 붙은 부분에 무게 중심을 둔다는 것은 이미 복싱, 일본 씨름 등 모든 체기의 책에 씌어져 있었다. 실제로 나의 강유류 스승 이즈미카와(泉川寬喜) 선생은 고양이처럼 걸어다녀 도장을 뛰어다녀도 소리 하나 내지 않았으며, 엄지손가락이 붙은 부분에 무게 중심을 두어야 한다고 늘 주의를 주셨다. 그 때문에 그 때까지의 10년쯤, 일상 생활에서도 발뒤꿈치에 무게 중심을 두지 않았으므로 내 자신도 완전히 습관화할 수 있었다고 생각한 일이었다(그렇기는 하지만 대동류의 재빠른 동작은 할 수 없었다).

그래서 그 이야기를 들었을 때에 공수 경력 10년인 내 자신도 할 수 있는 일을 스승 정도의 명인이 왜 한평생 걸려서 알게 되었다고 하는지 나에게는 의문이었던 것이다. 그래서 더욱 그 때의 이야기는 나에게 강렬한 인상을 주어, 그 의문은 항상 내 머리에 남아 있었다.

그 이야기의 진의를 알게 된 것은 그로부터 10년 이상이나 지난 뒤였다.

그 무렵 나는 어떤 사정으로 스승의 슬하를 떠나 혼자서 권법의 단련을 계속하고 있었다. 그 단련은 어떤 서는 법을 사용한 권법형(拳法型)이었는데, 그 훈련을 반년 가량이나 계속하고 있는 동안에 새벽이면 등이 아프고 괴로와 잠을 깨는 날이 수 개월이나 계속되었다. 실제로 그 때는 병에 걸린 것은 아닐까 하여 진찰까지 받은 일도 있었다.

그러다가 어느날 몸이 가벼워지고 재빠르게 움직이고 있는 것을 깨달았다. 도대체 이것은 어찌된 일인가? 그리고 나는 다리의 한 부분이 이상하게 발달해 있는 것을 깨달았다. 즉

자연체로 엄지손가락이 붙은 부분에 무게 중심을 둔다

것은 째빠른 움직임의 형을 말하는데, 그러나 그저 엄지손가락이 붙은 부분에 무게 중심을 두었다고 해서 재빠르게 움직인다고 하는「용」은 생겨나지 않는다. 실제로 나는 그 때까지 10년간이나 그 형을 연습해서 형태는 완전히 익히고 있었지만「재빨리 움직인다」고 하는「용」은 전혀 생기지 않았던 것이다.

나 이외에도 대부분의 사람들은「재빨리 움직이기 위해서」라는 인식을 뚜렷이 갖고 있는 것은 아니지만 기본형으로서「엄지손가락이 붙은 부분에 무게 중심을 둔다」는 정도는 알고 있었을 것이다. 그러나 그것을 실행하고 있는 사람은 많지만 재빨리 움직일 수 있는 사람은 적다.

그러나 나는「엄지손가락이 붙은 부분」에 부하(負荷)를 주고 그「단련형(鍛練型)」을 철저하게 되풀이했을 때 다리의 근력과 감각이 발달하고, 그 결과로서 재빨리 움직인다는「용」이 생기고 있음을 발견한 것이다. 요컨대「체」를 할 수 있다는 것은,

① **필요한 근육의 감각이 발달하는 것**
② **필요한 근육의 근력이 강해지는 것**

이다. 기술에 필요한 근육의 감각이 발달하지 않으면 콘트롤이

되지 않는다. 오히려 근력을 강하게 하는 것보다도 감각을 발달시키는 쪽이 더 중요하다. 그래서 단순한 근육 트레이닝으로는 「체」가 불가능한 것이다.

자연체로 엄지손가락이 붙은 부분에
무게 중심을 두는 형이어야만

비로소 재빨리 움직인다는 「용」이 생기는 것이다.

그것을 스승의 이야기를 들은지 10년 이상이나 지나고서 나 자신의 체험을 통해 비로소 알게 된 것이다.

그처럼 기법이나 실용의 형을 알고 있는 사람은 많지만 「체」를 만들고 그것을 「기술」에까지 완성시킨 사람은 거의 없는 것은 아닐까? 스승이 그것을 알게 된 것은 그런 체험을 통해서였구나 하고 나 자신이 체험하고서야 비로소 알게 되었으며, 또한 단련형을 되풀이한다는 것이 필요하며 실전형, 즉 「기법」을 아무리 되풀이해서 연습해도 「용」은 생기지 않는 것을 알게 된 것이다.

그 때까지 나는 그 「기법」을 익히기만 하면 「용」, 즉 작용을 할 수 있다고 생각했다. 그것은 「기술」에 대한 오해였던 것이다.

이것을 도식화하면 다음과 같다.

기법 + 양(量) 연습 = 기술이 되지 않는다.
기법 + 기억 · 이해 = 기술이 되지 않는다.

이처럼 일반적으로 빠져들기 쉬운 잘못은 형을 익히기만 하면 당장 그 작용을 할 수 있게 될 것이라는 생각이다. 작용이라는 것은 「체」, 즉 신체 기능이 되어 있지 않으면 절대로 생기지 않는다.

따라서 기술을 만들기 위한 방법은 다음과 같다.

단련형 ＋ 양질 전화(量質轉化) ＝ 연체(鍊體)

연체 ＋ 실용형 ＝ 기술·「용」

8-7 연체를 생각한다

「체」를 만든다는 생각이 일본 무도에서는 의식적으로 받아들여지지 않은 것 같이 보인다. 특히 근대의 경기 무도(경기 스포츠)가 그러했지만 최근에는 근육 트레이닝 같은 형태로 그 중요성이 인식되어 가고 있다(그러나 근육 트레이닝으로 체는 될 수 없다).

경기 무도 이전의 일본 무도는 형(型) 연습을 통해서 의식적은 아니더라도 체를 만드는 것이 보통이었다. 그것을 의식하고 있었던 예가 무도류(無刀流)의 야마오카 데슈였으며, 그의 춘풍관에서는 입문자에게 3년간은 시합을 금하고「유파의 법식 체」를 만드는 것을 목적으로 삼고 있었다는 것은 이미 언급했었다. 일본 무도의 형(形·法形)은 대련형(對練型)이기 때문에 무심코 대전법(對戰法)의 연습인가 하고 생각해 버리지만 사실은 「체」를 만드는 것이 목적일 경우가 많다. 그리고 참다운 대전법은 비전(秘傳)·구전(口傳)으로 전해지는 것이 많다.

대동류합기유술에서는 적어도 4조항까지는 손목 투철력을 발휘할 수 있는「체」를 만드는 것이 목적이며, 절대로 그것은 전투법이 아니라고 필자는 생각한다. 하기는 스승께서는「배운 기술만으로 대전할 수 있도록 늘 생각하고 있지 않으면 안 된다」고 늘 말했다.

그러나「체」를 만들기 위해서는 대련식(對練式) 연습법은 그 효율이 좋지 않다. 하물며 대련식의 연습을 대전법으로 착각하고 행한다면, 요컨대 상대를 던진다든지 기술을 건다든지 상대에게 의식을 두고서 연습을 하면「체」는 만들어질 수가 없다.

몸을 단련시키자면 대련법보다도 단련법(單練法 ; 혼자서 하는 연습) 쪽이 효율이 좋다. 그것은 의식을 자신의 신체에 돌리고 행하기 때문이다. 현재의 일본 무도에서는 이아이도(居合道 ; 검술에서 앉은 채로 재빨리 칼을 뽑아 적을 베는 수)가 몸을 단련하는 데에 적합하다.

경기 무도에서는 시합 형식의 연습이 대부분이기 때문에 그런 연습으로는「체」가 만들어지기 어렵다. 그래서

기본이 중요하다,
아랫도리를 강하게,
근육 트레이닝으로 근육 강화가 필요하다

고 하게 되는데, 그것이 단순한 체력 강화로 그치지 않도록 주의할 필요가 있다.

중국 권법에서는 단련형(單練型)의 훈련이 주체가 되어 있으므로 그런 훈련의 목적은 당연히「체」를 만들어내는 데 있다. 투로(套路)에 의해「체」를 만들어내는 것은 기술에 필요한 몸을

완성시키는 것이다. 그밖에도 기공이나 기공 유사(類似)의 훈련법에 의해

쿵후를 만들어낸다,
내기(內氣)·내경(內勁)을 강하게 한다

는 식으로 목적 의식을 명확히 하고, 효율적으로 「체」를 만들어내기 위한 방법론이 확립되어 있다. 참으로 멋진 일이 아닐 수 없다. 일본 무도가 중국 무도에 비해 부족하다는 것이 아니라 그 훈련 방법에 있어서 유감스럽지만 뒤지고 있다는 것을 인정하지 않을 수 없다.

이와 같이 「체와 용」을 생각함으로써 단련의 목적이 명확해지며, 동시에 효율이 좋지 않은 기법을 함부로 훈련하지 않고 목적 의식을 갖고 단련법(鍛練法)을 선별할 수가 있는 것이다.

여기서 「체」와 「연체(鍊體)」의 용법에 관해서 언급해 두고자 한다.

1945년경에 씌어진 정전 대동류합기무술 종범 사가와 고오기 선생의 입문 안내서에서는 다음과 같이 언급하고 있다.

「그것은 첫째로 불필요한 힘을 내지 않으며 수련자 자신이 합기의 연체가 되도록 교전(敎傳)한다. 팔의 힘이 뛰어난 사람이 술리(術理)에 정통하면 그 이상 좋은 일은 없겠지만 불필요한 일방적, 직선적인 힘은 쓸모가 없다. 때문에 힘을 버리는 것을 수련하여 숙달한 연후에 전력을 내게 한다. 이와 같이 처음에는 힘을 내지 않아도 되는 연습으로써 힘이 없는 약소자, 여자, 노인이라도 쉽게 습득할 수가 있다. 그 수련법은 전신 근육을 자기 법식에 맞도록 발달시키면서 술리를 전수(傳修)시킨다.」

여기서 선생은 「합기의 연체」라는 말을 사용하고, 그것을 「자기 법식에 맞도록 발달시킨 전신 근육」이라고 간결하게 말하고 있다. 나는 선생이 말한 이 「연체」와 체용론(體用論)의 체를 대응시켜, 의식적 훈련에 의해 만들어낸 「체」를 「연체」라고 이해했다. 체나 연체나 똑같이 생각해도 무방한 것이다. 그리고 「합기의 연체」라는 사상은 사가와 고오키 선생이 제창한 것임을 강조하고 싶다.

그럼 다시 「연체」의 의의에 관해서 사이고 시로(西鄕四郎)와 야마아라시(山嵐)의 예로부터 생각해 보고자 한다. 다음에 소설 《가노 지고로(加納治五郎 ; 戶川幸夫著)》에서 인용한다.

「사이고 시로의 연구가인 마키노(牧野登)는 말한다.

"고향에서의 소년 시절 소문으로 알려진 누구누구에 의해 초보를 배웠다는 공연한 유도 수련과는 전혀 관계없이 필시 발가락조차도 문어발식의 기형으로 변형할 정도의 중노동 속에 훗날 천재적이라는 말을 듣게 된 유도가 시로를 낳은 비밀이 숨겨져 있는 것으로 추측된다."」

「이 무렵 쓰가와(津川) 소학교를 다니고 있었던 시로는 어린 나이로 형을 도와 노를 젓는 일을 했다고 전해진다. 이런 성인으로서도 힘든 노동이 그의 아랫도리를 더욱 강하게 하고, 독특한 "달라붙는 것 같은 문어발"을 만들어낸 것이 아닐까 하는 말들은 하고 있다.」

「사이고의 야마아라시수를 보고 있으면(중략), 상대가 이쪽을 물리치는 찰나 마치 봉우리에서 폭풍우가 내리부는 것처럼 전속력으로 상대의 몸을 충분히 뒤집어쓰고 어깨를 걸치는 동시에 허리 후리기와 마찬가지로 상대의 오른발목을 잡아채듯이 후려서 날리고 있다. 이 기술은 허리 후리기와 업어치기의 콤비네이션으로 보아도 무방하다. (중략)」

이상으로써 「야마아라시의 체(體)」, 즉 야마아라시를 만드는 조건을 말한다면, 첫째는 「강한 아랫도리와 문어발」이며, 둘째는 물리치는 상대의 몸을 그대로 끌어들여 허리를 낮추지 않아도 상대를 둘러메는 데 이상적인 신장의 높이가 되는 것이다.

만약 후세 사람이 야마아라시의 명인이 되려고 한다면 야마아라시를 거는 훈련을 하기 보다 우선 야마아라시의 체를 만들어낼 필요가 있다. 아마도 아랫도리의 강화는 훈련에 의해 가능하며 문어발도 노력하기에 따라서는 훈련이 가능할지 모른다. 이것이 「연체」이다.

그런데 신장이 낮다고 하는 「체」는 천성적인 것이므로 이것은 소질이다. 요컨대 키가 작은 사람밖에 야마아라시의 명인이 될 수 없는 것이다.

이와 같이 사이고 시로의 비기(秘技) 「야마아라시」의 비밀은 사이고 다노모에게서 초보를 배웠다든지, 합기의 기술을 배웠기 때문이 아니다. 또 그것은 대동류 6조항의 비기도 아니며, 실로 그것은 강한 아랫도리와 기형이라고도 할 수 있는 문어발에 있었다는 것이다. 이것이야말로 이 장(章)에서 설명했던 「체」라는 것이다.

야마아라시의 기술 = 야마아라시의 체 + 야마아라시의 기법

즉 사이고 시로가 야마아라시를 쓸 수 있었던 것은 「야마아라시의 체」를 갖고 있었기 때문이다. 그 체(연체)는 힘든 노동에 의해서 만들어졌다. 그리고 그 연체가 있었기 때문에 가노 지고로의 지도로 「야마아라시」라는 기술이 완성된 것이다. 그러므로

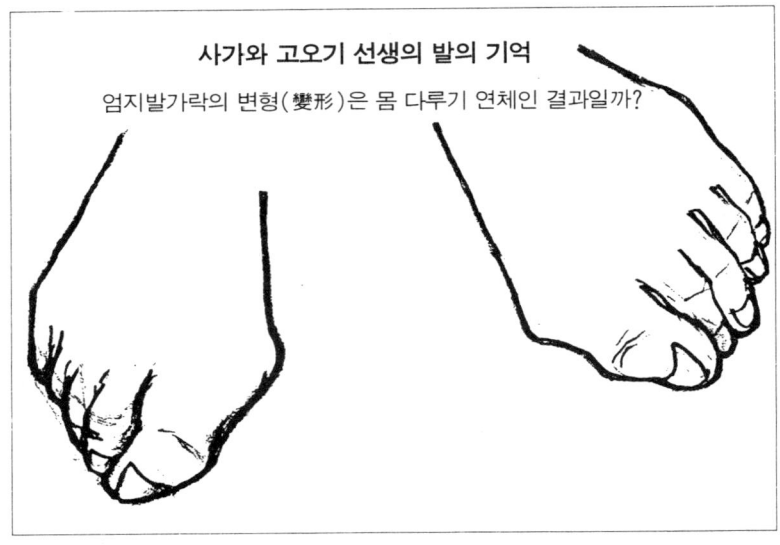

사가와 고오기 선생의 발의 기억
엄지발가락의 변형(變形)은 몸 다루기 연체인 결과일까?

「야마아라시」를 터득하기 위해 그 기법을 아무리 되풀이해 흉내를 낸들 무의미하며, 먼저 「야마아라시의 체」를 만들어낼 필요가 있는 것이다. 그것은 「근육 트레이닝」에 의한 근력・체력의 강화하고는 좀 다르다.

여기서 「체」와 「용」에 관해서 정리해 둔다. 물체에는 모두 기능이 있어 그것에 대응하는 작용이 생긴다. 기예로 말하면 어떤 사람이 갖고 있는 신체의 기능에 응하는 작용이 기법을 매개체로서 나타나는 것이다. 그래서 기예의 향상에는 체를 만들어내는 일이 가장 중요하다. 이것을 연체라고 한다.

이것은 「기본이 중요하다」, 「단련이 중요하다」고 한 종래의 생각과 결국에는 같은 것이다. 그러나 종래는 그것을 근육 트레이닝으로 체력·근력을 강화한다든지 목도의 연습 휘두르기나 러닝을 계속한다는 식으로 무목적으로 해왔다는 것 같이 나에게는 생각된다.

그러면 여태까지의 어떤 점이 좋지 않은가? 거기에는 어떠한 용에 대해 어떠한 체를 필요로 하는가 하는 과학성이 빠져 있는 점이다. 만약 그 목적성을 분명히 하고서 그런 트레이닝을 행한다면 획기적인 효과를 볼 수 있을 것이다.

그럼 타격으로 대표되는 「치기·찌르기·던지기」 운동에 어떤 「체」를 필요로 하는 것일까? 그것을 나는 「투철체」라고 했다. 투철체를 만들어내자면 우선 「신장체」가 되지 않으면 안 된다. 일본인은 일부의 스포츠 엘리트를 제외하고 대부분이 긴축체이기 때문에 우선 그것을 신장체로 바꾸지 않으면 안 되는 것이다. 신장체의 궁극적인 도달점은 투철체이다.

합기술 회대의 명인인 대동류합기무술 종범 사가와 고오기 선생이 말하는
「합기의 연체가 되면 움직이기만 하면 곧 합기가 된다」
는 것은 「체」를 만들어내는 것의 중요성을 깨우쳐 주는 명인의 귀중한 체험이다. 합기의 연체는 곧 발경의 연체이며, 그것이 투철체이다.

8-8 투철체 문화

그런데 처음에 긴축체의 「용」으로서 나타난 기예(技藝), 예를 들면 일본 유술 같은 경우라도 신체를 축소시키는 쪽이 좋다는 법은 없고, 역시 어깨의 힘을 빼고 릴랙스시켜 느긋하게 행하도록 진화하는 것이다. 즉

굴근 사용은 신근 기술로 진화한다

는 것은 이미 언급한 대로이다.

그리고 최종적으로 그 체기는 천재들의 필사적인 연구 노력에 의해 투철력의 사용에까지 진화하고 투철체의 「용」인 명인기(名人技)로 진화해 간다. 즉

신근 기술은 투철 기술로 진화하는 것

이다. 이 투철 기술의 세계를 투철 문화라고 하자.

굴근 사용 ⇨ 신근 기술 ⇨ 투철 기술

투철 기술이란 무엇인가? 투철체의 「용」이다. 그것은 모든 기예의 이상적인 상태, 명인의 기술이다. 태극권이라면 마음대로 전신의 카오(靠)를 능숙하게 구사하고 발경을 마음대로 하는 것

제8장 숙달론①—체를 만들어낸다 285

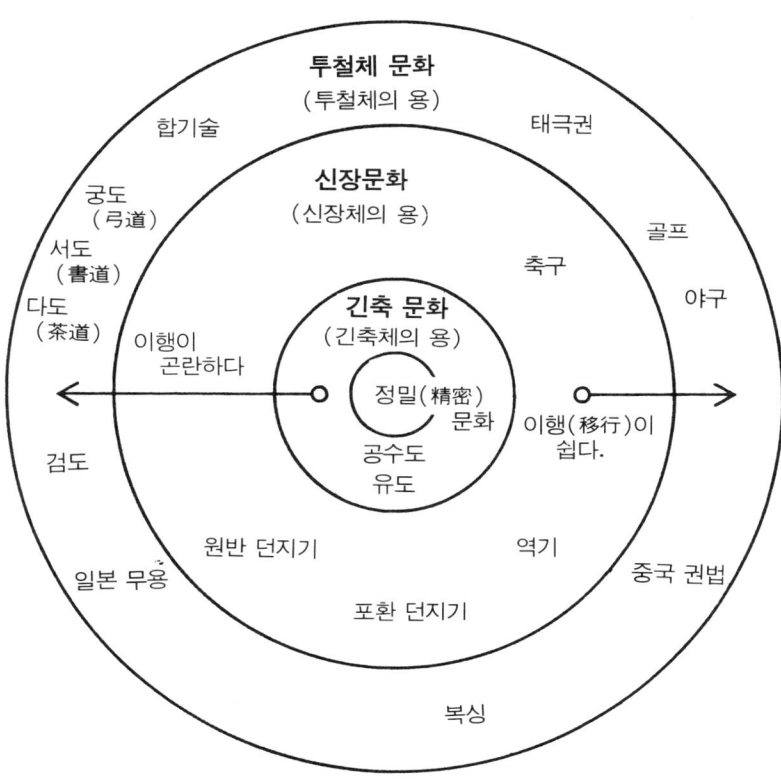

긴축 문화 · 신장 문화 · 투철 문화
기예의 극치는 투철 문화이다.

이다. 또 합기유술은 합기를 마음대로 하는 것이고, 무용이면 조금의 힘도 주지 않고 경력으로 동작하는 그것이다.

긴축체 문화와 신장체 문화에 관해서는 제2절에서 언급했는데, 그것은 긴축체 및 신장체의 용으로서 나타난다. 각각의 체에 관해서 간단히 복습해 보면 다음과 같다.

> 긴축체　모든 동작에서 긴축 경향을 나타내는 신체 기능.
> 신장체　모든 동작에서 신장 경향을 나타내는 신체 기능.

이런 「체」의 관계를 285페이지의 그림에 의해 설명해 보고자 한다.

우선 중심에 있는 것은 특수한 긴축 문화이다. 밖에 있는 것은 인간의 모든 기예의 극치이며, 명인·달인의 경지인 투철 문화이다.

이 그림으로서 일본인과 외국인을 비교해 보면 일본인의 대부분의 사람이 긴축체이며 외국인은 대부분이 신장체라는 경향을 갖고 있는 것은 지금까지 언급한 대로이다. 긴축체에서 생기는 문화는 외국의 보편적인 문화에 대해 일본의 독특한 문화를 형성한다.

일본의 긴축 문화는 느긋하고 릴랙스한 외향적인 외국 문화에 대해, 긴장된 내향적(內向的)인 문화이다. 반면 정밀하고 섬세한 정서가 넘치는 매우 인간적인 문화이기도 하다.

그러나 건강법이라든지 기예, 예의 범절의 우아함 등을 생각하면 일본 문화도 절대로 긴축 경향을 이상으로 삼은 것이 아니라 느긋하고 릴랙스한 동작을 추구해 왔던 것 같다. 그러므로 신체 동작 역시도 신장체 문화가 이상이라고 할 수 있다.

또한 긴축체 문화 속의 기예나 신장체 문화의 기예나 그 궁극의 명인·달인의 도달점은 동일한 경지이다. 그것은 경력을 완전히 사용할 수 있는 것, 또는 투철력을 마음대로 사용할 수 있는 것이다[단 조체(操體)의 면에서의 시점에서]. 여기서 투철체를 생각해 보면 다음과 같다.

> 투철체 모든 동작이 릴랙스하게 신장하고, 조금의 힘도 주지 않고 모든 동작에서 강력한 투철력을 발휘할 수 있는 신체 기능. 즉 이상적인 신장체이다.

이것은 개인의 기예 진보도 마찬가지인데, 신장체에서 투철체가 되는 것은 비교적 용이하지만 긴축체인 사람은 일단 신장체를 완성한 뒤 투철체로 향해야 하는 곤란이 따른다. 어떻게 해서 투철체를 만들어 가느냐가 기예 향상의 최대 테마인 것이다.

8-9 개(開)와 합(合)

 등의 개와 합에 관해 주의 사항을 추기(追技)해 두고자 한다.
 개경(開勁), 합경(合勁)에 관해 제6장 5절에서는 「일본인의 자세」를 예로 들고서,

> 허리를 펴면 팔이 늘어난다.　　개경
> 허리를 둥글게 하면 팔이 늘어난다.　　합경

이라고 설명했다.
 이해를 돕기 위해 일본인의 자세를 예제(例題)로 설명을 계속해 왔기 때문에 일본인의 자세가 그대로 개·합이라는 오해를 품게 할 염려가 있으므로 여기서 설명을 더하고자 한다.
 우선 개경에 관해서이다. 개경은 허리와 등을 펴는 것인데, 이때 등은

> 탈력 신장

을 한다. 긴장하고 등을 펴도 「개」는 아니다. 일본인이 등을 펼 경우에는 가슴 부위가 긴장하므로 특히 주의할 필요가 있다.

 다음은 합경에 관해서. 일본인의 자세는 가슴 부위가 긴장해 있기 때문에 허리와 등이 둥글어지는 것인데, 이것은 「합」이 아니다. 합이란 등의 합을 말하는 것이다. 즉 가슴 부위를 긴장시키

고 등을 둥글게 하는 것이 아니라 가슴 부위의 근육은 릴랙스한 상태에서 등을 뒤쪽에 신근으로 쓱 내밀고 둥글게 하는 것이다. 이것도

굴근 사용에서 신근 기술에의 진화

에 대한 예이다. 즉 보통은 등을 둥글게 하는 데에 가슴 부위를 긴장시키지만 등의 신근을 써서 둥글게 함으로써

축경이 되는 것

이다.

제 9 장
숙달론 ②
기술을 만들어낸다

9-1 스포츠 숙달

 수년 전이었을까?《법칙집(法則集)》이라는 책이 출판되었다. 수학의 공식이나 물리학의 법칙을 모은 그 속에「스포츠 숙달의 법칙」이라는 항목이 있고 그 페이지는 단 한마디「되풀이하는 것」이라고 씌어져 있었다.

> 스포츠 숙달의 법칙
> 되풀이하는 것
> 『법칙집』에서

 바로 기예 숙달의 방법은 계속 되풀이해서 연습하는 수밖에 없다. 이것을 좀 과장되게 표현하면

양질 전화(量質轉化) 법칙

이라고 할 수 있다.
 단 양질 전화의 법칙은 연습량을 늘리면 확실히 숙달할 수 있다는 것이 아니라 서투른 연습을 많이 하게 되면 좋지 않은 버릇이 붙어서 회복할 수 없게 되는 경우도 있다. 단지「양이 바뀌면

질이 바뀐다」고 하는 사실을 말하는 것에 불과하다. 그러나 숙달을 위해서는 양질의 연습을 수많이 되풀이해야 하는 것은 진리이다.

일본에서는 기예의 수련은
형(型)을 배우는 것
에서부터 시작된다. 그리고 형을 정확하게 계속 되풀이해 연습함으로써 그 형에 익숙해져 종국에는 형을 떠나 자유자재로 기술을 행할 수 있는 것을 이상으로 삼고 있다. 이것을 옛사람은
배움을 떠나서 배움에 어긋나지 않는다
고 말한다.

즉 형을 통해야 비로서 기술이 만들어지는 것이다.

형 + 양질 전화 = 기술

그럼 다음에는 형이란 무엇인가? 그리고 기술을 만들어내기 위해서는 왜 「형」이 필요한가에 관해서 알아보자.

9-2 형이란 무엇인가?

　일본 문화는 「형의 문화」라고 할 수 있다. 일본에서는 기예의 교수(敎授)에서 형의 습득을 특별히 강조하는 경향에 있었던 것처럼 느껴지는데, 그것은 일본인의 특질인 것일까? 아무튼 일본에서는 형이라는 것이 눈에 띈다. 이하 인용(引用).
　『그렇더라도 우리들의 주변에 많은 형이 있는 것에는 놀란다. 꽃꽂이의 형만 해도 구체적으로는 각 유파에 따라 다른 모양이지만 「천(天)·지(地)·인(人)」이라든지 「진(眞)·행(行)·초(草)」라고 하는 기본형을 생각하고 있는 점은 공통적이다. 다도에서도 「예법의 형」이라든지 「마시는 법의 형」이라는 것이 있어 그 당사자들에 의해 「예(禮)」의 경우와 마찬가지로 「규범」이 되고 있다. 이 규범이라는 것도 역시 일종의 「형」인 것이다. 또 고전 춤도 형이다.』《형(源円了著)》에서
　이와 같이 무도뿐만 아니라 기예에는 모두 형이 있다. 형(型)은 형(形)이라고도 쓰이며 무도에서는 법형(法形)이라고도 하는데, 모두가 일반적으로는 「기법의 규범」을 나타내는 것으로 받아들여지는 적이 많다.
　그럼 무예(武藝)의 경우 「예(禮)」란 무엇인가? 이것도 미나모토(源円了)씨의 저서인 《형》에서 인용해 보자.

「그런데 이 예에 관해서 니시야마(西山松之助)씨는 다음과 같이 말하고 있다. 예란 육체를 이용하여 춤추거나 연기하거나 이야기하거나 연주하거나 그리거나 냄새를 맡거나 맛보는 것 등, 몸의 전체 또는 일부를 작용함으로써 문화 가치를 창출하든지 또는 재창조하기도 하는 작용을 말한다.」(방점은 源円了씨)

즉 예란 인간의

육체를 사용해서 표현하는 문화 가치의 창조

라고 하는 것이다.

그리고 형은 일단 육체에 의해 창조된 문화 가치를 보존하며 그리고 재현을 목적으로 삼아 그 문화 가치에 관한

인식을 육체 표현의 형태로 변환

한 것이라고 말할 수 있다.

그래서 육체 표현만 정확히 전승하면 과거에 창조된 문화 가치를 언어에 의하지 않고도 전승할 수가 있다. 그리고 그

문화 가치의 인식을 가진 형

을 정확하게 계속 되풀이해 배움으로써

그 인식을 재창조할 수가 있는 것

이다.

그와 같이 해서 옛 사람이 고생 끝에 얻은 어떤 문화 가치를 우리들의 육체에 의해 재현할 수가 있는 것이다. 즉 옛 사람이 갖고 있었던 예(禮)를 자신의 예로 삼을 수가 있다. 여기서 예란 기(技)이다. 왜냐 하면 「어떤 인식」을 육체가 표현할 수 있을 때 이것을 기술이라고 하기 때문이다. 즉 다음과 같다.

인식＋육체 표현＝기술

이와 같이 예에 있어서 「형」의 특징은 추상적인 어떤 문화 가치의 인식을 육체 표현의 인식으로서 보존하는 것이다. 그래서 그 형태가 흐트러지게 되면 그 인식은 잃어버리게 된다. 그 때문에 옛 사람이 창조한 인식을 재현하지 못하는 일도 생겨나게 되는 것이다.

이와 같이 형을 기술로 바꾸고자 할 때 정확한 형태로 흉내낼 수가 있다면 이미 문제가 될 수 없다. 얼마든지 응용의 형태를 만들어낼 수 있게 된다. 이것이

배움을 떠나서 배움에 어긋나지 않는다

고 하는 것이다.

  주(注)1 : 바둑의 정석(定石)도 형이다. 그러나 이 경우에는 어떤 창조된 문화 가치를 기록한 것이며 육체 표현의 인식으로 바꾸어 놓은 것은 아니다. 그래서 기술이나 예를 몸의 동작으로 표현하는 것과 두뇌의 기능에 의해 표현하는 것으로 나눌 필요가 있다. 후자는 바둑, 장기, 꽃꽂이 등일 것이다.

  주(注)2 : 어떤 기법은 종이에 기록할 수 있어도 「기술」이라는 것은 어려우며, 그 기법이 인간의 기능과 결부되었을 때에 A라는 사람의 기술, B라는 사람의 기술로서 존재한다.

| 기(技)·예(禮) A | = | 인식 | + | 육체의 기능으로 표현 |
| 기(技)·예(禮) B | = | 인식 | + | 두뇌의 기능으로 표현 |

어떤 인식이 인간의 기능과 결합했을 때 기·예라고 한다.

9-3 현대 무도와 형

여기서 현대 무도의 형(型;形)에 관한 생각을 살펴보자.

우선 유도이다.

막부 말(幕府末)까지 유술은 형 연습을 주체로 삼고 있었다. 그러나 강도관(講道館) 유도는 자유 대련을 주체로 삼아 근대 스포츠로서 성립했다.

현대에는 유도의 「고식(古式)의 형(形)」이라든지 「극(極)의 형」 등은 고단자기 되기 위한 승단 시험의 과목이나 연무회(演武會)에서 시행하는 것이라는 정도의 인식밖에 없다. 일상의 수련에 쓰이지 않는 것이다. 다시 말해 형(形)을 기술의 규범이나 이론 정도로밖에 생각하지 않는 것이다. 이것에 관해 유서(類書)에서 인용해 보자.

「형(形)에 관해서.

유도의 수련은 형과 자유 대련에 의해 이루어집니다. 가노 선생은 이렇게 말씀하셨습니다.

"자유 대련이란 일정한 방식에 의하지 않고 각자 자기식의 연습을 하는 것을 말한다."

또한,

"형이란 공격 방어에 관해 미리 여러 가지의 경우를 상정하고 이론에 입각해서 신체의 조종을 규정(規定)하고, 그 규정(規程)에 따라 연습하는 것을 말한다."
　요컨대 유도의 정신과 원리는 변함이 없으며 같은 것은 자유자재로 하느냐 미리 어떤 약속하에 하느냐 하는 것입니다.」
　　　　　　《유도를 배우는 법》 (田中八段)

「형의 방법.
　유도를 수련하려면 보통 자유 대련과 형에 따라 행합니다.
　자유 대련이란 서로가 자유로이 최대한의 기술을 걸면서 연습하는 것인데, 초보자는 우선 자유 대련부터 시작합니다. 자유 대련의 연습으로 유도의 순서도 알게 되고 신체도 민첩하게 움직일 수 있게 된 뒤에 형에 들어가는 쪽이 좋은 것입니다.
　형이란 미리 「받기」와 「잡기」를 정하여 연습하는 것입니다. 즉 유도의 이론대로 움직이고 공격하거나 수비하는 원칙을 아는 일인 것입니다.」
　　　　　　《유도에 강해진다》 (醍醐七段)

　즉 형(型;形)이란 「공방의 이론·원리·원칙을 알기 위한」 것으로 생각하지만 자유 대련으로도 「유도의 순서」를 알게 되므로 특별히 형 연습의 중요성은 없다고 생각하는 것 같다.
　그러나 서로 자유로이 힘껏 기술을 건다고 하는 그 「기술」을 초보자가 어떻게 알고 있는 것일까? 어떻게 해서 획득하는 것일까?

그럼 검도에서는 형에 관해서 어떻게 생각하고 있는지 알아보자.

「형의 유래.

형은 우리들의 조상이 목숨을 건 시합에서 얻은 귀중한 체험에서 생겨났다. 따라서 각 유파들은 모두 자파의 형을 매우 존중하고, 또한 형에 따라 구별했다. 목숨을 건 승부를 겨뤘던 시대에는 진짜 칼로 연습하는 것이 불가능했기 때문에 기술을 연마하기 위해 각 유파의 독특한 형을 인출하고, 거기에 의해 연습했다.

형 연습의 목적.

자세를 바르게 하여 기벽(技癖)을 제거하고, 동작을 민활 경첩(敏活輕捷)하게 하고, 정확한 돌격을 행하고, 기안(機眼)의 양성과 함께 틈을 알고서 몸의 운용에 따른 돌격의 기회를 발견하고, 기술과 이치를 연구하고, 기(氣)·검(劍)·체(體)일치의 돌격 방법을 연습하고, 기합의 충실과 정신을 더욱 연마시키고 예양(禮讓)·규법의 양성에 힘쓰는 등 그 형에 따라 얻을 것이 매우 많은 것이다.」

《劍道修行》(電山)

이상과 같이 1932년경의 검도는 아직 형의 중요성이 강조되고 있다. 또 검도의 형은 상기(上記)한 목적「인식」을 포함해서 구성되었다고 생각되며, 이것을 계속 되풀이해 배움으로써 이상의 항목에 관한「옛 사람의 인식」이 자신의 인식이 되고, 기술을 터득하게 되는 것이다.

그러나 실제로는 이것으로는 목적이 너무 많아서 일반적이고도 참다운 목적을 이해할 수가 없다. 형의 효과를 높이기 위해서는 목적이 단순해야 한다.

형 연습에서 만들어낸 기술을 실제적인 움직임속에서도 응용할 수 있도록 하기 위해 고안된 것이 막부 말부터 시작된 「격검(擊劍)」이다. 이것은 방구(防具)나 죽도의 발명에 의해 가능해진 것으로 막부 말에 검의 명인들이 배출된 것은 그 때까지의 충분한 형 연습에 더하여 격검을 행할 수 있게 된 덕분이다.

형(形)＋양(量) 연습＝기화(技化)
기술＋격검 연습＝실용화(實用化)

이 사정은 유도도 마찬가지다. 막부 말부터 메이지(明治) 초년에 걸쳐서 유도의 명인이 배출된 것은 그 때까지 형 연습에 충실했던 사람이 자유 대련을 행한 데에 원인이 있었다고 생각된다. 그러나 현재는 이런 연습이 전혀 행하여지지 않고 경기에서 선수의 자연 성장적인 숙달을 기대하고 있는 것은 유도와 마찬가지이다.

아직 기술을 전혀 갖고 있지 않은 사람이 죽도로 싸워서 승부를 겨루면 그것은

운동 능력(소질)의 승부

가 되는 것이 아닐까?

그렇기는 하지만 스포츠 경기라는 것은 모두 소질의 승부이며 시합에 의해 소질이 있는 사람이 승리하게 마련이므로 자신의 운동 능력을 최대한도로 발휘시키기 위한 방법론인

근성론(根性論)　정신론(精神論)

이 어느 정도 유효한 면도 있는 것이다.

스포츠 경기와 무도의 차이는 여기에 있다. 스포츠 경기에서는 아무리 좋아해도 소질이 없는 사람이 프로 선수가 되려고 노력해도 노력이나 근성만으로는 어렵다. 또 몸이 작은 사람이 역사(力士)가 되려고 해도 무리이다.

그러나 무도는 소질이 없어서 약하기 때문에 무도에 의해 몸을 수호하려는 사람도 있는 것이며, 그런 사람이 숙달하기 위해서는 근성이나 정신력에 관계없는 이론적인 숙달법이 필요해지게 된다.

그 숙달법이 중세 이후 노력해 왔던

형 엽습

에 의한 기술의 창출법인 것이다(주로 일본 검도).

그러나 일본의 현대 무도는 경기화에 의해 이런 형 연습은 완전히 잊혀지고 있다.

주(注)1 : 일본 검도는 몸을 수호하는 일에 일관함으로써

무념 무상(無念無想)

이라는 경지에 도달해 있다. 검의 비법서에 「적을 생각하지 않는 경지」를 설명하는 것은 이 무념 무상을 구현하기 위해서이며, 검을 버리고 인류애에 산다는 것은 아니다. 이것은 철저한 형 연습에서 비로소 가능해진다.

주(注)2 : 현대의 실전(實戰) 무도의 실천자, 예를 들면 레인저 부대 등의 대원은 소질있는 사람을 선발하는 것이 당연하며, 이 점 스포츠 경기의 선수와 성격이 비슷하다. 또 양자 모두 「공격 기법」을 주체로 하여

훈련받고, 소질의 싸움이라는 점이 공통점이라고 할 수 있다. 따라서 형 연습보다도 자유 대련 연습을 중시하게 된다.

9-4 형의 본질

여기서 형(型)의 본질에 관해 간단한 예를 들어 설명해 보겠다.

예전에는 낙수물에 의해 구멍이 난 숫돌을 곧잘 볼 수 있었다. 즉 돌 위에 작은 힘의 낙수물이 똑똑 떨어지는데 세월이 지나는 동안에 숫돌에 구멍이 뚫리고 마는 것이다. 거기에는 의외로 수년의 단위가 있는 것이다.

여기서 「낙수물이 같은 장소에 떨어지는」것이 「형」인 것이다.

그리고 수년간에 걸쳐서 「같은 장소에 떨어지는」 것처럼 **정확한 형이 되풀이됨에** 따라서 비로소 **구멍이 뚫린다는 효과**가 생겨난다.

아무리 거센 폭풍우라도 그것으로 돌에 구멍을 만들 수는 없다. 그러나 비록 작지만 낙수물이 같은 장소에 계속 떨어짐으로써 단단한 돌에 구멍이 나는 것이다. 이 낙수물이 떨어질 때마다 위치가 다르면 말할 것도 없이 돌에 구멍이 날 리가 없으며, 바로

계속은 힘이다.

그러나 어떤 효과를 얻기 위해 무엇을 계속하느냐가 문제다. 자신이 무엇인가를 생각해 내서 계속 노력해 보아도 과연 기대하는 효과를 얻을 수 있을지의 여부는 알 수 없다. 그렇다고 시행착오로 일생을 끝내 버릴 수도 없다.

즉「어떤 효과」를 얻기 위해

계속해야 할 동작

을 제공하는 것이 옛 사람에 의해 확립된「형」인 것이다.

즉「형」이란 그것을 정확히 되풀이함으로써

어떤 효과를 얻을 수 있는 것

이라고 할 수 있다.

여기서 기예의「형」에 관해 정리해 보자(낙수물의 예처럼 인간이 관계하지 않는 형 같은 경우도 생각할 수 있으므로 여기서는 몸을 쓰는 기예로 한정한다).

① 형(型)은「어떤 인식」에 입각한 육체적인 형(形) 또는 동작이다.

② 형을 정확하고 또한 대량(大量)으로 되풀이함으로써 그에 포함되는「어떤 인식」을 재창조할 수 있다. 또는 구하는 효과를 얻을 수 있다.

여기서 「정확히」, 즉 「완전히 똑같이」 하는 것과 「대량으로」 하는 것이 중요하다. 대량으로 되풀이하기 위해서는 「형」이 단순화되어 있는 쪽이 바람직하다.

예를 들면 검술에서

정면에서 내리치는

「형」을 되풀이한다고 하자. 스승에게서 배운 자세대로 매일같이 「정면에서 내리치는 자세」를 정확히 되풀이하는 것이다.

그렇게 하면 그 형에 옛 사람의 인식이 빠져 있지 않은 한 옛 사람에게 도달하는 것과 동시에 바르게 베기 위한 바른 자세와 동작을 터득할 수 있다. 그리고 그 형에 「기·검·체 일치의 베는 방식의 인식」이 포함되어 있다면 그 기술을 재창조할 수가 있으며, 동시에 그 인식을 얻을 수가 있다.

또 「정면에서 내리치는 형」에 의해 이상적인 기술이 터득되었다면 이제는 「정면에서 내리치는 것」만이 아니라 몸통을 베거나 손목을 베거나 또는 발을 베거나 어느 부분이든 자유자재로 할 수가 있다.

이와 같이

기술이란 인식의 육체 표현

이다. 즉 스승에게서 정확한 형(육체적인 표현)을 배우고, 그것을 되풀이함으로써 옛 사람의 「인식」을 자신의 것으로 삼을 수가 있다. 즉 형을 양질 전화(量質轉化)에 의해 「기술」로 바꾸는 것이다.

형 + 양 연습 ⇨ 기술

9-5 용의 연기법(用意練技法)②

형을 기술로 바꾸려면 어느 정도 형을 되풀이하면 되는가?
 이것은 정체 수기(整體手技) 치료를 지도하고 있는 한 친지에게서 들은 것이다. 그의 경험에 의하면 기본 수기 한 가지를 완전히 마스터하자면 3만 번, 즉
기화(技化)에 3만 번
의 연습이 필요하다는 것이었다. 아마도 그것은 타당한 수치일 것이다. 따라서 그런 형은 너무 길고 시간 걸리는 것이어서는 안 된다. 또 짧다 해도 기본형의 수가 너무 많아서는 안 된다.
 그러나 그 연습량은 형에서 인식을 발견하는 것인가, 또는 스승에게서 인식을 물려받는가에 따라 또 달라지게 된다. 연습의 방법에 따라서도 달라진다.
 전통적 지도법으로는 스승은 보통 외견(外見)의 형을 보일 뿐이며 설명은 전혀 하지 않았다. 제자의 연습을 지켜보다「좋지 않다」고 할 뿐 어디가 어떻게 좋지 않다는 설명도 없다. 그 때문에 제자는 스스로 인식·이론을 완성시키지 않으면 안 되었다. 그래서 대개는 스승과 일상의 행동을 함께 하며 스승의 전부를 모방함으로써 스승의 사고 방식을 자신의 것으로 삼고서 비로소 스승과 같은 인식에 도달하게 된다.

스승이 그 인식을 추인(追認)하는 것이 「면허(免許)」이며, 따라서 이심 전심이라는 것이 가능했다. 이런 전승 방식은 자기 힘으로 고도한 인식에 도달하기 때문에 매우 깊은 기술을 지닌 명인을 탄생시키기도 한다. 그러나 그런 반면 인식을 창출하기까지 오랜 세월을 필요로 하고, 재능이 없는 사람은 쉽게 숙달되지 못한다는 결점이 있다. 그 때문에 재능이 있는 제자를 얻지 못할 경우 이따금 전승에 실패하는 수도 있다. 명인의 제자가 꼭 명인이 되지는 않는 것이다. 이른바 명인의 솜씨가 이어지지 않는 경우가 많은 것이다.

이런 전통의 교수법은 극히 일부의 전통을 잇는 전문가 이외에는 앞으로 취득하지 못할 것이다.

따라서 이 장(章)의 목적은 제공된 인식이나 또는 형에서 어떻게 하여 기술을 창출하는가 하는 생각을 제시하고자 한다.

형을 기화하자면 3만 번 정도의 연습을 되풀이해야 한다고 말했는데, 이것은 연습 방법에 따라서 달라질 수도 있다. 그 효율적인 연습 방법으로서 태극권에서 행하는 「부드럽고 느긋한 연습법」이 있다. 우선 태극권은 왜 느긋하게 행하는가를 살펴보자.

마쓰다(松田隆智)씨는 다음과 같이 말하고 있다.

「진가(陳家) 이외의 태극권이 부드러움 일색이 된 것은 현대에 들어선 뒤이다. 옛 시대부터 형은 양가(楊家), 오파(吳派), 무파(武派) 등 모두 진가의 형과 마찬가지로 강(剛)의 기법을 포함하고 있다. 그것이 부드러움 일색이 되고 만 원인은 문인이나 귀족이 연약한 연습을 한 것과, 보수적인 무술가가 진전(眞傳)을 숨기는 비밀주의 때문이다.」

「태극권의 실용성에 관해서 부드러움 일색인 태극권의 수련자들은 "오랜 세월 수련을 쌓으면 기공(호흡에 의한 내면적인 힘)이 배양되어 강대한 위력을 발휘할 수 있게 된다"고 역설한다. (중략) 모처럼 얻어진 기공의 힘도 폭발시키는 방법을 연습하지 않으면 쓸모가 없으며 무엇보다도 무술적인 강함을 원해 수련을 시작하는 사람이 오랜 세월 동안 기공을 배양하는 데에 견뎌낼 수 있을까?」

《진가 태극권 입문》에서.

「심호흡에 맞춰서 부드럽게 연습하는 초보의 태극권은 노약자나 남녀 누구나 배울 수가 있다. 또 그 동작과 호흡법이 도가(道家:仙術)의 도인토납법(導引吐納法 ; 중국 고대의 건강법)과 상통해 건강 증진 뿐만 아니라 치병(治病)에도 많은 효과가 있는데서 현재에는 무술이라고 하기보다 체조로 간주되고 있다. 그 사실이 태극권은 느긋하게 움직이는 것으로 생각되는 주된 원인일 것이다.」

《태극권 입문》에서.

이것에 의하면 마쓰다씨의 느긋한 연습에 대한 의견은 「부드럽고 느긋한 연습은 초보자용의 것으로 건강 체조로서의 의의는 있지만 무술로서의 실용성은 없다」는 것이라고 할 수 있다.

그럼 똑같이 중국 무술 연구가인 가사마(笠間恭治)씨의 느긋한 연습에 대한 의견을 《태극권 기법》에서 인용해 보자.

「무술을 가르칠 경우 처음에는 부드럽게 힘을 빼고 행하도록 지도하는 것은 필요 불가결한 조건이다. 힘을 빼는 법을 가르치는 이유는 바른 힘을 주는 법을 가르치기 위해서이다. 또 느긋하게 동작한다는 것은 기격(技擊)으로서 가장 효과적으로 올바른 궤적(기술의 절차)을 터득하게 하는 것이 된다.」

「한 동작의 세세한 부분에까지 가능한 한 자기의 의념(意念)을 다해서 되풀이하는 쪽이 그 사람의 잠재의식에 훨씬 깊이 영향을 미친다. 이른바 "기술을 익히게 되는 것"이다. 태극권에서 곧잘 말하는 "힘을 쓰지 말고 마음을 쓰라"는 말은 이것을 말한다.

힘을 빼는 것이 바른 힘을 주는 법을 익히는 것이라면 가능한 한 의식적으로 단련하는 것이 결국은 무의식하에 기술을 내는 것을 가능하게 하는 것이다.」

《태극권 기법》 (笠尾恭二著)

위와 같이 태극권을 느긋하게 동작하는 것은

바른 기술의 절차

를 터득하기 위해서이며 부드럽게 힘을 빼고 행하는 것은

바른 힘을 주는 법

을 가르치기 위해서라는 것이다.

바른 힘을 주는 법이란 힘의 집중 기법이며 그것은 앞에서도 말한 것처럼 경력 기법(勁力技法)이다.

바른 힘을 주는 법 = 집중력 기법 = 경력 기법

이것을 습득하려면 경력 조법(操法)을 의식적으로 느긋하게 되풀이해서 행하며, 이와 같이 「마음을 쓰는」 연습법은 제7장에서

용의 연기법(用意練技法)

으로 명명하고 간단히 설명했다.

일본에도 태극권과 똑같은 느긋한 연습이 있다. 그것은
오가사하라류(小笠原流) 예법의 연습
이다. 이 연습 방법에 관해 오가사하라(小笠原淸信)씨의 설명을 인용해 보자.

「예법의 연습에서 템포를 늦추는 것은 동작의 흐름속에 속임수가 없도록 하기 위해서이다. 단락은 멈추는 것이 아니라 유동성속의 액센트이며 마치 파도 같은 일련의 흐름이다.

예법의 연습에서는 어느 순간을 포착해도 틈이 없는(속임수가 없는) 움직임을 요구하기 때문에 부자연스런 만큼 느긋한 움직임으로 연구한다. 그리고 자기 움직임의 세세한 부분까지 감지할 수 있게 되었을 때 일상의 빠른 변화가 있는 행동에도 그것이 살아나게 되고, 또 그것이 무대 예술이나 스포츠에도 살아나는 힘을 준다.」

《자세와 건강》 (小笠原淸信著)

이와 같이 오가사하라 씨는 가사오씨와 같은 견해를 말하고 있다. 즉 동작의 흐름속에
속임수가 없어야 한다
는 것이다. 그리고 그것이 결국
빠른 변화가 있는 행동
속에 살아나는 것이며, 태극권의 느긋한 연습의 목적과 동일하다고 하겠다.

또 자세를 바르게 하고, 아랫도리를 강하게 하고, 아름다운 동작을 창출하고, 나아가서는 그것이 건강을 창출한다는 점에 있어

서 중국의 태극권과 똑같다. 즉 일본인은
일상 생활에서의 예법의 실천
이라는 자세로 행하고 있는 것이다(단 일부의 계급이).

　이렇게 보면 흔히 스포츠에서 자주 언급하는「신체로 익히라」는 말의 진의는「철저한 단련을 쌓고 그 경험을 총괄하라」는 것이다. 그러나 현대에는 그만큼의 시행착오의 시간 · 노력은 기대하는 것이 무리이다. 그것은 전문가의 방법이다.

　따라서 현대에서는 스승에 의해 주어진「인식」을 우선
「머리로 익히는 것」이 중요
하며, 머리로 익힌 인식을 느긋한 연습에 의해「속임수 없이」몸이 익히게 하면 된다.

　태극권이 북경(北京)의 귀족이나 문인들에게 교수되었을 때부터「부드러움 일색」이 되었다는 설이 옳다고 하자. 그러나 그것은 연습법의 진화이며, 그 때까지의 자신 스스로가 인식을 재창조해야 하는 무술 전문가의 연습법과 스승으로부터 인식을 물려받아 호신을 위해 무술을 익히려는 사람의 경우와는 습득법이 다른 것이 당연할 것이다. 부드럽기 때문에 건강법이며, 격하기 때문에 무술이라고는 할 수 없다. 부드럽게 행하는 것은 바른 신법(身法)의 훈련과 속임수가 없는 기술의 절차를 익히기 위한 가장 좋은 방법인 것이다.

　실제로 상해(上海)의 무술가 정금우(丁金友) 선생이 전승하는 전통 양식(傳統楊式) 태극권은 부드러움 일색이면서도 모든 동작에 발경 기법이 포함되어 있다.

　이와 같이 기술을 가장 짧은 시간에 완전히 익히는 방법은「기술을 구성하는 인식」을 가능한 한 의식하면서 되풀이하는 것이다. 기술 동작의 세세한 부분에까지 가능한 한 자기의 의념을 다해서 되풀이해야 하는 것이다.

그리고 그와 같이 행하면 「가능한 한 자기의 의념을」 다하기 위해서는 느긋하게 행하지 않을 수 없게 된다.

그럼 언제나 느긋하게 행하는 것이 최상인가 하면 그렇지는 않다.

기술을 구성하는 인식을 스피드를 내도 행할 수가 있다면 거기까지는 스피드를 내도 된다. 느긋한 연습의 목적은 「기법을 익히는 데」 있다. 때문에 일단 그것을 익힌 다음에는 실용의 스피드에까지 오르지 않으면 안 되는 것이다. 즉

빨리 가기 때문에 느긋이 연습하는 것

이며 느긋한 연습 그 자체가 신비적인 힘을 갖고 있는 것은 아니다.

9-6 사용과 학습

앞의 절(節)에서 언급한 대로 양식(楊式) 태극권처럼 부드러움 일색이 건강법이며, 진식 태극권처럼 격한 발경 동작이야말로 무술이라고 생각하는 사람이 많다. 그러나 이것은 사용과 학습이라는 것을 생각하지 않기 때문이다. 기술의 습득에서는 그 기술을 실제로 사용하기 위해 무엇을 습득해야 하는지를 늘 생각하고

훈련할 필요가 있다. 합습에 실제적인 상황을 가지고 들어와서는 안 된다. 오히려 학습중에는 실제의 경우와 정반대가 되는 것이 보통이다.

예를 들면 발경 동작은 말할 것도 없이 빠르고 격하다. 그러나 초보자가 그것을 모방하여 빠르고 격한 동작을 행한다면 기술의 절차도 엉터리가 되며, 결국 빠르고 격하기는 하지만 그 내용은 큰 차이가 난다. 옳은 기술로 도달하지 못하게 되는 것이다.

```
   초보자            숙련자
  빠르고 격하다  ⟶  빠르고 격하다
    (무법)            (적법)
      숙련자를 모방하면 실패한다
```

그래서 일단 「빠르고 격한」연습은 그만두고 「느긋하고 부드러운」연습으로 바꾸면 비로소 숙련자의 「빠르고 격한」내용을 습득할 수 있게 된다. 이것이
부정의 부정 법칙(이중 부정의 법칙)
이며 사물의 진보에 관한 과학적인 법칙이다.

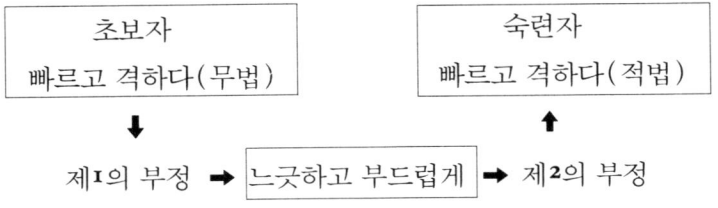

이것은 또 다음과 같다.

「명인의 모방을 하면 실패한다.」

예를 들면 경력의 습득에 관해서 보자.

앞의 절에 인용한 가사오(笠尾) 씨의 문장에서「힘을 빼는 것이 올바르게 힘을 주는 방식을 익히는 것이 된다는 역설적인 표현으로 말한다면」이라고 했지만 실은 역설적인 것이 아니라 그것이야말로 과학적인 방법이다.

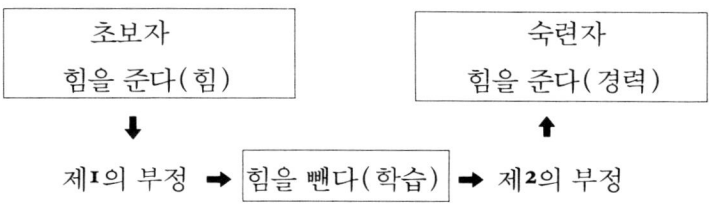

즉 숙련자도 힘을 주고 초보자도 힘을 주지만 그 내용이 전혀 다르다. 즉 초보자는 힘이고 숙련자는 경력이다. 그래서 초보자가 힘을 주고 연습해서는 힘이 강화될 뿐 경력에는 변함이 없다. 그래서「힘을 준다」는 것을 일단 부정하고「힘을 뺀다」고 하는 연습이 필요하게 된다. 그리고 거기에 익숙해지면 그 자세를 또 한번「힘을 주는」연습으로 바꿈으로써 숙련자의「힘을 주는 방식」을 알 수 있게 된다.

이런 점에서 강유류 공수도의 삼전(三戰)이 초보자들이 기본형으로서 훈련하는 것은 잘못이 아닐까 하고 생각된다. 삼전은 분명히

경력의 강화법

이기는 하지만

경력의 터득법은 아니기

때문이다. 초보자가 힘을 주게 되면 인간 본연의 힘을 발휘하는 수밖에 없고 그 연장선상은 어디까지 가도 인간 본래의 힘을 강화할 뿐 경력에는 도달하지 못하는 것이다.

그래서 삼전은 경력의 감각을 알고 난 뒤에 훈련하면 매우 유효한 경력의 강화법이 되지만 초보자가 그것을 행하면 힘의 강화법밖에 되지 않고 경력을 깨달을 수 없게 될 염려가 있다.

다음에는 왜 의식적으로 형을 되풀이하는가 하는 점에 관해서 알아보자.

원래 명인이란 완전히 무의식적으로 기술을 행하고 게다가 한 획 한점의 착오도 없이 그것을 행한다. 다쿠안 선사(澤庵禪師)의 《부동지신 묘록(不動智神妙錄)》에서는 「마음을 어디에 놓아도 안 된다. 무의식으로 기술을 사용하라」고 설명하고 있는데 바로 그것이 기술을 사용할 때의 이상이다.

생각하지 않는다고 하는 점에서는 초보자도 마찬가지이다. 초보자는 아무 것도 생각하지 않고 아무렇게나 「기술?」을 사용한다. 그러나 한쪽은 명인의 기술을 사용하고 다른 한쪽은 엉터리 기술이며 양자 다같이 무의식으로 동작하고는 있지만 결과는 천

양지차의 차이가 있다. 그리고 초보자의 무의식적 동작이 자연 성장적으로 명인의 무의식적 동작으로 발전하는 일은 절대로 없다.

그래서 초보자는 명인의 「무의식」을 모방해서는 안 되며 의식적인 학습을 되풀이해야만 한다. 그렇게 의식적인 학습을 무의식적인 훈련으로 바꾸고서야 비로소 명인의 「무의식」에 다가설 수 있는 것이다.

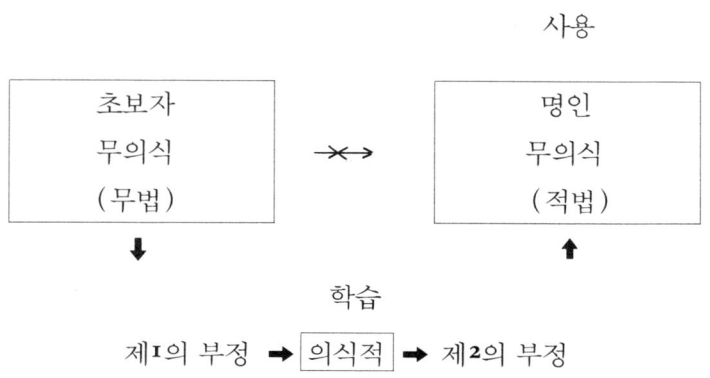

그리고 또 한 가지 대련법의 연습법을 생각해 보자.

앞에서 유도나 검도의 예에서 본 것처럼 대련 연습법으로서 자세 연습과 자유 대련 연습이 있었다. 초보자가 아직 기술을 갖고 있지 않은 경우라면 자유롭게 하는 수밖에 방법이 없다. 그러나 그것은 법칙도 아무것도 없는 엉터리 싸움밖에 안 된다. 한편 명인도 자유자재로 하지만 아무리 어지럽게 싸울지라도 움직임은 법칙에 어긋나지 않는다. 이렇게 해서 양자 다같이 자유로이 대련하지만 그 내용은 완전히 다른 것이다. 그리고 그런 훈련에 의해 초보자의 자유 무법한 대련 방식이 명인의 자유 적법한 대련 방식으로 발전하는 일은 절대로 없다.

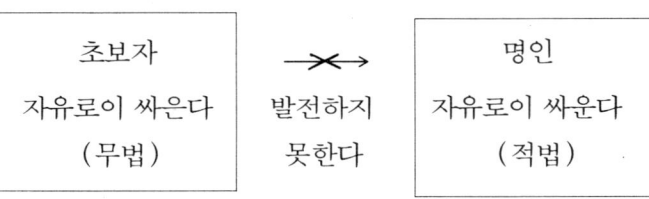

그래서 초보자가 자유롭게 대련한다는 방법론을 부정하지 않을 수 없다. 그리고 자유롭지 않게 정해진 방법, 즉 자세의 훈련이 과정적으로 필요하게 된다. 자세의 훈련을 습득한 뒤에는 또 「판에 박은 듯한 대련 방식」을 부정하고 자유로이 대련하는 것을 훈련해야 되는 것이다. 이와 같이 해서 비로소 적법하고도 자유자재한 싸움이 가능해진다.

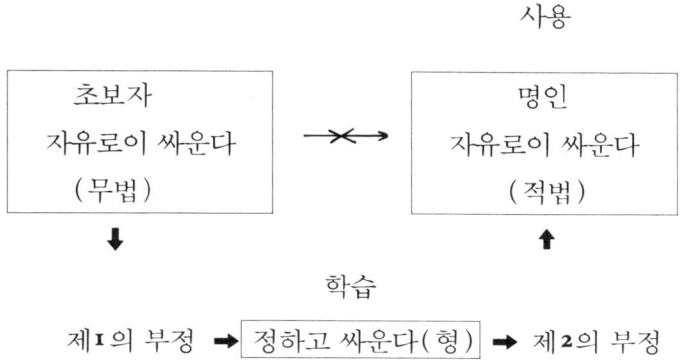

 이와 같이 학습의 비결은 직접적인 목적에 부딪치지 않는 것, 우회하는 것, 바꾸어 말하면
사용과 학습을 분명히 나누는 것
에 있다. 그것은 또 무슨 목적 때문에 현재 무엇을 익히려고 하는가, 즉
목적과 과정
을 잘 생각하는 일이다. 또 바꾸어 말하면 최종적인 목적인
명인의 기술을 모방하지 않는 것
이 명인 기술을 사용할 수 있게 되는 과학적인 조건이 되는 것이다.

9-7 기술의 절차

 기술이란 당겨야 하는 데서 당기고 밀어야 하는 데서 밀지 않으면 효과가 없는 법이다. 그러나 대부분의 사람은「밀고 당기는 것」인지「당기고 미는 것인지」를 모르고 애매한 동작으로 행하기 때문에 기술이 걸리지 않는다. 골프로 말하면 체중을 이동하면서 허리를 돌리고, 허리를 돌리면서 골프채를 휘두르는 것 같은 식이다.

 이것은 우리 인간의 특유한 버릇이다. 즉 현재 행하여야 할 동작에, 머리 속에 있는 미래의 동작이 영향을 주어 뒤섞이기 때문이다. 동물에게는 미래를 상상할 능력이 없기 때문에 현재 해야 할 행위에만 집중할 수 있다.

 이와 같이 이것은
상상력을 지닌 인간의 필연성
이기 때문에 엉거주춤해서는 고쳐지지 않는다.

 명인의 기술은 그 순간순간에 이루어야 할 것을 면밀하게 그리고 착실하게 이루어진다. 반면 범인의 동작은 아무리 관찰하고 모방해도 애매하게 표면의 자세를 본뜰 뿐이기 때문에 자세는 닮아도 기술은 전혀 효력이 없다.

 즉 a, b, c 라는 기술의 요소를 A라는 일련의 흐름이 되게 해 버리므로 기술의 효력이 없는 것이다.

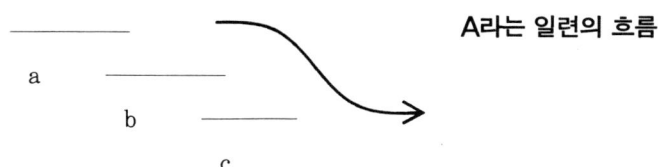

예를 들면 골프 스윙의 각 요소,

> 몸 이동 ⇨ 허리 돌리기 ⇨ 운동 ⇨ 팔 탈력 ⇨ 휘둘러 빼기

를 착실히 행하지 않고,

단지「휘두른다」는 의식

만으로 행하게 되므로 완전한 스윙이 안 된다.

대개 골프 서적들을 보면 스윙은 단 몇 초의 동작중에 행하여지기 때문에

「아무 것도 생각하지 않고 자연스런 움직임에 맡기자」

고 씌어 있는데 그것으로는 안 된다. 실제로 실행(사용)에 옮길 경우 그것을 확실히 알 수 있다. 학습시 아무 것도 생각하지 않으면 자연적으로 기술이 익혀지는 일은 절대로 없다. 그래서 태극권에서

생각하기 위해 느긋하게 연습

하는 것이다.

태극권의 키워드는「용의 불용력(用意不用力)」이라고 하며, 신경을 쓰고 힘을 쓰지 않는다고 되어 있다. 이것이 바로 학습의

비결을 설명한 것이다. 의식적으로만 동작하고 학습을 해야지 아무렇게나 동작을 학습한들 숙달되지 않는다는 것이다.

앞에서 말한 골프 교본처럼 스윙은 한순간에 이루어지므로 아무 것도 생각하지 않고 그저 신체에 맡기고 치라고 하는 것은 「사용과 학습」을 전혀 고려치 않고 있는 것이다. 물론 초보자도 동작하기 전에는 「그렇게 하자」, 「이렇게 하자」하고 나름대로 열심히 생각하겠지만 동작할 때에는 한순간이기 때문에 아무 것도 생각할 수가 없다. 그래서 이런 기술은
실용 스피드의 연습 휘두르기로는 익힐 수 없는 것
이다. 그럼 연습 휘두르기는 무엇이 목적인가? 그것은 기술의 터득이 아니라 기술의 위력 강화법이다.

그러나 종래는 연습 휘두르기라는 방법론밖에 없었으므로 재능이나 운동 신경이 뛰어난 사람만이 그런 불완전한 연습 속에서 기술을 터득할 수 있었다. 바로 그런 사람을 명인 또는 명선수라고 하는데, 그런 방법론으로는 일반 사람은 기술을 터득할 수가 없다.

그럼 어떻게 하면 기술을 터득할 수 있는가? 그것이 태극권에서 말하는 「용의 불용력」이라는 가르침인 것이다. 몸을 움직이는 일이기 때문에 「몸으로 익히라」고 하는 가르침은 타당성이 있다. 태극권을 가르칠 때 단련하라고 하면 당장 「네, 몸으로 익히는 것이군요」하는 반응이 있는데, 필자는
우선 머리로 익히라, 그것을 생각하면서 연습하라
고 정정한다.

인간이란 처음 어떤 미지의 기법을 익힐 때에는 「생각」하면서 행하는데, 어느 정도 익히고 나면 생각하지 않고도 그것을 할 수

있게 된다. 그러나 서투른 사람은 「생각하지 않고」 잘못된 동작을 한다. 그것을 버릇이라고 한다.

한편 명인이나 잘 한다는 사람도 무의식적으로 몸을 움직여서 기술을 행하지만 아무리 무의식적으로 동작해도 그것이 이치에 맞는 것이다.

버릇은 무의식적 동작이기 때문에 보통 방법으로는 시정할 수가 없다. 아무리 결점을 지적받고 그것을 머리로 납득해도 반드시 버릇은 나오고 만다. 그래서 아무리 연습 휘두르기를 되풀이해도 그 버릇은 바로잡을 수가 없는 것이다. 스스로 생각하고 체크하며 동작하는 일이 중요하다.

예를 들면 프로의 씨름꾼이라면 지도자나 선배가 있어 좋지 않은 점은 기합을 받으면서라도 바로 잡아 주므로 몸으로 익히게 되겠지만 자기 혼자서 기술을 마스터하려는 사람은 그저 「몸으로 익힌다」고 연습 휘두르기를 되풀이해도 나쁜 동작이 좋아지지는 않는다. 오히려 결점이 더욱더 커지고 그것이 영원한 버릇이 되어 수정할 수 없게 되고 말 것이다.

그래서 제일 처음에 필요한 것은 기술의 인식을 획득하는 일이다. 스승은 「자네는 이치만 생각하는데, 우선 몸으로 철저하게 단련하면 이치는 나중에 자연히 알 수 있게 된다」고 늘 말씀하셨다. 이 경우 스승이라는 코치가 올바른 기술을 지도하고 늘 질책하며 잘못된 방향으로 나아가지 않도록 주의시켜 주므로 일단 몸으로 익히면 그 뒤에 이치는 알 수 있게 되겠지만 아마추어에게는 적합한 지도법이라고 할 수 없다.

제자는 몸으로 익히면서 항상 이치를 생각한다. 기술에 대한 올바른 인식을 키우는 일, 즉 이사 병중(理事併重)이 중요하다.

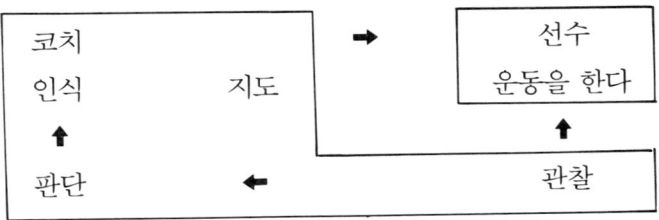

그럼 연습 휘두르기를 생각하면서 행하면 숙달하는가? 우선 그런 일은 할 수 없으며 또 할 수 있어도 숙달은 불가능하다. 왜 그런가?

생각하며 행한다는 다음 도식을 보라.

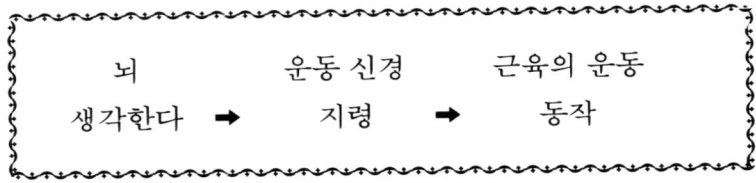

여기서는 생각하며 동작은 하고 있지만 생각했던 대로의 동작이 되는지 여부는 체크되어 있지 않다. 따라서 생각하나 생각하지 않으나 마찬가지인 것이다. 용의 불용력이란 의식적 동작, 의식적 체크가 필요하며, 그저 생각하고 하는 운동은 「용력(用力)」인 것이다.

강유류 삼전

① 강유류(剛柔流)의 삼전(三戰)은 경력의 터득법이며 강화법이다. 단 적절한 지도자가 직접 신근(伸筋)의 감각을 전할 필요가 있다. 지도자 없이 혼자서 이 형을 사용해 신근 감각을 터득하는 것은 불가능하다. 그래서 초보자가 혼자서 이것을 단련한다면 인간 본래의 힘을 강화할 뿐이고 폐해 쪽이 오히려 커진다. (이런 의미에서 본문에서는 삼전은 경력의 터득법이 아니라고 했다.)

② 삼전에서는 지도자가 등의 신근을 치는 감각에 의해 신근의 감각을 터득시키는 것이다. 절대로 몸을 죄는 법을 가르치고 있는 것이 아니다.

신근 감각을 터득할 수 있게 된 뒤는 혼자서의 단련으로 경력을 강화하기 위한 유력한 단련법이 된다.

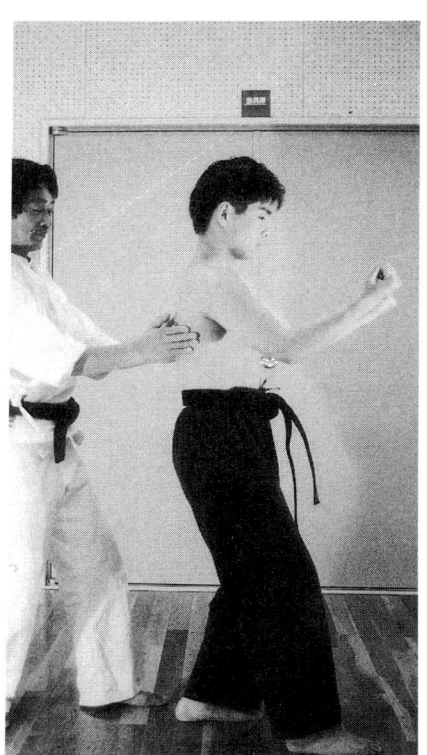

제 10 장
숙달론 ③
기교를 만들어낸다

10 – 1 재주와 서투름

　체기(體技)의 소질에도 여러 가지가 있겠지만 그 하나로 인간의 신체 기능이 있다. 이 신체 기능에 대해 신장체와 긴축체라는 사고 방식을 도입함으로써 「소질」을 개선할 수가 있다. 제8장에서는 이 「체(體)」에 관해 언급했었는데, 이 장(章)에서는 또 다른 소질인 「기교」를 향상시킬 수 있는가, 즉
인간은 재주가 있게 될 수 있는가
하는 테마로 생각해 보고 싶다.
　같은 사람이라도 재주가 있는가 하면 재주가 없는 사람도 있는데, 아무리 재주가 없는 사람이라도 원숭이에 비하면 훨씬 재주가 있다고 할 수도 있겠다. 왜냐 하면 인간은 손가락 하나하나를 콘트롤할 수 있지만 원숭이는 엄지손가락과 집게손가락을 마주보게 하여 잡는 일밖에 할 수 없기 때문이다.
　이 손가락 운동은 각각
정밀(精密) 파악, 악력(握力) 파악
이라고 한다. 원숭이는 악력 파악밖에 못하지만 인간은 정밀 파악이 가능하다.
　왜 이와 같이
인간만이 손 끝의 섬세한 운동을 할 수 있는가!

그 대답의 한 가지는

「촉각이 매우 뛰어나기 때문에」

라고 할 수 있다. 확실히 인간의 손 끝의 촉각은 혀 끝의 촉각 다음으로 예민하다. 지금 촉각계(觸覺計)로 피부의 두 곳을 동시에 닿게 한다고 하자. 두 곳 사이의 거리가 충분히 떨어져 있으면 두 곳으로서 느끼지만 그 거리를 점점 좁히게 되면 한 곳으로밖에 느낄 수 없게 된다. 그 두 곳으로서 느낄 수 있는 최소 거리를 「동시역(同時閾)」이라고 하는데, 이것으로써 피부의 예민도(銳敏度)를 알게 된다.

이 예민도와 촉점(觸点)의 밀도는 대체로 비례하며 다음 표에 제시하는 동시역의 거리 속에 약 10개의 촉점이 있다. 이와 같이 인간의 지두(指頭)나 손바닥은 혀 끝 다음으로 민감한 감각을 갖고 있다.

혀 끝	1, 1 mm
손가락 끝	2, 3 mm
손바닥	11, 3 mm
손등	31, 6 mm
등 중앙, 상박, 대퇴	67, 1 mm

그럼 왜 손가락 끝이나 손바닥은 민감한 감각을 갖고 있는가?
사람과 원숭이만은 지문을 갖고 있기 때문
이라고 대답하는 사람도 있는 모양이다.

그러나 손 끝의 감각이 예민하기 때문에 손 끝의 섬세한 운동을 할 수 있는 것이라고 하는 것은 단지 현재의 사실을 말하고 있을 뿐 정확한 대답이 되지 못한다고 생각한다. 즉
왜 손 끝의 감각이 예민해졌는가?
하는 것이 문제라고 생각한다. 그리고
「눈과 손은 외부의 뇌」
라고 할 만큼 손과 뇌의 발달은 관계가 깊다. 즉 눈이나 손 안의 중추(中樞)를 보면 운동과 감각의 분야가 뇌 전체의 1/3을 차지하고 있다. 그렇기 때문에 손 끝을 섬세하게 움직이거나 미소(微小)하게 움직일 수 있다는 것은 상당히 뇌가 발달해 있다는 것이 된다.

그럼 대뇌에서 손이나 눈의 중추가 크기 때문에 인간은 손 끝을 섬세하게 움직일 수 있는 것일까? 그것은 현재 상태에서 진실이기는 하지만 대답은 되지 않는다. 문제는
왜 인간은 대뇌에서 눈이나 손의 중추가 커진 것인가?
하는 것이 아닐까?

제10장 숙달론③—기교를 만들어낸다 329

10-2 용의 불용력

그러면 어떻게 원숭이가 악력 파악을 할 수가 있으며, 인간이 정밀 파악을 할 수 있게 되었는가? 왜 인간은 대뇌에서 눈이나 손의 중추가 커졌는가? 이 점을 생각해야 한다.

원숭이가 지상을 떠나 숲의 나무 위의 생활을 시작했을 때 그 이동은
브래키에이션(팔로 건너기)
에 의해 행하여지게 되었다.

원숭이의 브래키에이션

한 손으로 나뭇가지에 매달린 원숭이는 우선 허리를 비틀며 흔드는 것에 의해 반대측의 손을 앞으로 뻗으며 나뭇가지를 잡는다. 이어서 또 허리를 흔들며 뒤쪽의 손을 앞으로 뻗어서 나뭇가지를 잡는다. 이와 같이 되풀이해서 나무 위를 이동해 간다. 이것이 원숭이의 브래키에이션이다.

논점에서 벗어났지만 이런 좌우의 허리 비틀기에 의해 복부에 긴장점이 생기고 그것이 단전(丹田)으로 발달했다. 즉 좌우의 허리 비틀기 중심이 되는 것이 단전인 것이다. 이 때문에 인간의 신체 운동은 단전을 중심으로 삼지 않으면 힘을 낼 수가 없게 되었다. 예를 들면 원숭이가 나무에서 땅으로 내려와서 사람이 된 뒤에도 왼발을 내디딜 때 허리를 비틀면서 오른손을 앞으로, 오른발을 내디딜 때에는 왼손을 앞으로 흔들어 내게 된 것이다.

그리고 단전을 중심으로 삼은 허리의 비틀기 운동이 손 끝에 전달되는 것이 앞에서 설명한 경력인 것이다.

전사경(纏絲勁)의 강력한 의미가 이것에 있다.

그것은 어떻든 원숭이의 브래키에이션은 사지를 사용한 땅에서의 이동과 크게 달라 의식적으로 동작할 필요가 생겼다. 왜냐하면 아무렇게나 하는 제멋대로의 원숭이는 나뭇가지를 잡다가 놓치고 나무에서 떨어지게 되고, 때로는 생명까지도 위험해지게 한다. 이 아무렇게나 하는 운동을 태극권에서는

용력(힘을 사용한다)

이라고 한다. 그래서 브래키에이션에서는 우선 앞쪽의 나뭇가지를 주의해 보고, 그런 다음 허리를 앞으로 흔들면서 뒤의 손을 뻗고 나뭇가지를 잡아야 한다. 이런 조심스런 의식적인 운동이 태

극권에서의 **용의(신경을 쓴다)이다.**

원숭이가 사람이 됨에 있어서 노동이나 도구의 사용, 즉 「목적 달성을 위한 의식적 행동」이 중요한 역할을 했다는 설은 엥겔스에 의해 설명된 것이지만, 그 노동이나 도구의 사용 이전에 이런 브래키에이션이라는 목적 의식적 행동이 존재했다고 생각되는 것이다.

즉 나무 위의 생활 초기에서는 아직도 희미한 의식이기는 하지만 앞쪽의 나뭇가지를 잡으려고 하는 목적 의식을 갖고 허리를 비틀어 서투른 손으로 나뭇가지를 꽉 잡는 동작을 수십 만년(?)이나 되풀이하는 동안에 흐릿한 의식은 차츰 뚜렷해졌다. 그리고 손의 감각도 예리해지고 서툴렀던 손은 능숙해져서 적당한 강도로 잡을 수가 있게 되었던 것이다.

그럼 왜 목적 의식적인 동작이 의식을 뚜렷하게 하고 손의 감각을 예리하게 하는 것인가? 다시 다음 항목에서 고찰해 보자.

10-3 피드백 제어계(制御系)

그럼 왜 목적 의식을 가진 동작이 원숭이를 사람으로 진화시키고, 또 인간의 재주를 만드는가? 그 대답은 대뇌에서 눈이나 손의 중추가 왜 커졌는가 하는 의문을 풀게 한다.

우선 우리가 무엇인가를 조작하려는 경우에 대해서 생각해 보자. 우리가 무엇인가를 조작할 경우 그것이 아주 간단한 것이라도 그 결과를 관찰하면서 조작한다. 예컨대 도면 위에 종이를 씌우고 밑의 도면을 연필로 모사할 때에 도면의 선과 연필 끝이 일치하는지 눈으로 확인하면서 움직이고 벗어날 것 같으면 손의 운동을 수정하여 올바른 선 위를 더듬을 수 있게 한다.

또한 아래의 그림처럼 튀김 냄비를 가스 난로에 올려 놓고 기름의 온도를 일정하게 유지하고자 냄비에 꽂은 온도계를 보면서 온도가 너무 오르면 손잡이를 돌려서 가스의 양을 줄이고, 온도가 너무 낮아지면 손잡이를 돌려서 가스의 양을 늘리도록 한다.

가스 난로의 온도 제어

이런 것은 모두 결과로서 나타난 양의 정보가 인간의 감각이나 신고를 통해 입력(入力)되고 처음에 목표로 정해진 양과 비교하며, 수정을 위해 조작하는 양을 결정하게 된다.

이와 같이 출력(出力)을 입력 쪽으로 되돌리는 것을 피드백이라고 부른다. 그리고 인간에 의해 조작되는 일련의 작업계(作業系)는 인간을 포함해서 하나의 피드백 시스템을 형성한다고 할 수 있다.

이와 같은 원리에 의해 자동적으로 온도 등을 콘트롤하는 시스템이 네가티브 피드백 콘트롤 시스템이며, 일반적으로 밑의 블록 그림으로 제시할 수가 있다.

각 부분의 요소나 신호량(信號量)을 그림으로 설명하면 다음과 같다.

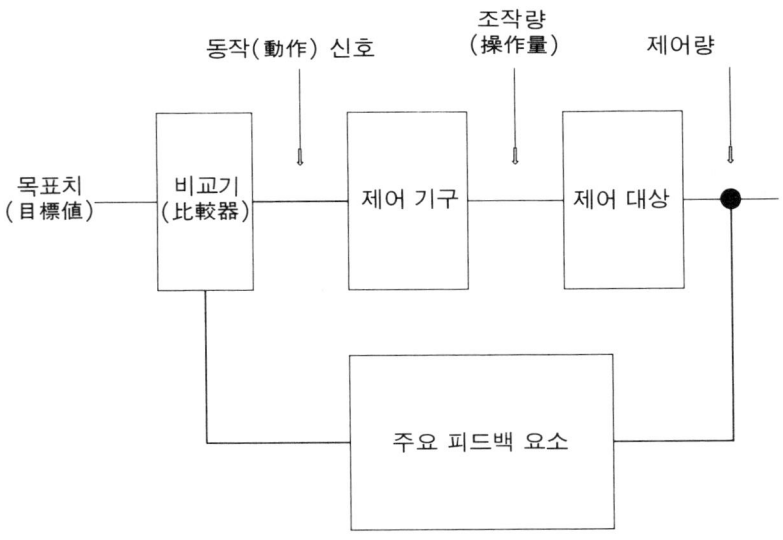

네가티브 피드백 콘트롤 시스템

① 제어 대상(制御對象) : 예를 들면 공기 조정에 의해 온도를 콘트롤받는 방이나 회전 속도를 콘트롤받는 모터 등 제어의 대상이 되는 것.

② 제어량(制御量) : 온도나 회전 스피드 등 측정되고 콘트롤받는 제어 대상의 양.

③ 목표치(目標値) : 목표로 삼는 온도나 회전 스피드이며, 제어량을 목표치와 일치시킨 콘트롤 시스템의 목적이다.

④ 비교 장치(比較裝置) : 제어량(피드백의 양)과 목표치를 비교하여 그 차이를 동작 신호로서 제어 기구에 보낸다.

⑤ 제어 장치 : 동작 신호에 대응하여 제어 대상에 제어량을 준다.

즉 이상의 관계를 요약하면, 제어 대상에 있어서 검출되는 제어량을 비교 장치의 입력으로 삼는다. 이 양자의 차이에 의한 동작 신호에 의해 제어 장치가 작용해서 제어량을 목표치에 일치시키는 것이다.

이상의 지식에 의해 태극권에서 행하고 있는 「용의 불용력」
신경을 쓰고 힘을 쓰지 않는다
고 하는 운동을 검토해 보자.
용의 — 신경을 쓴다
는 것은 자주 말했듯이 의식적으로만 동작하는 것이며 그것은 피드백 콘트롤을 행하는 것이다.

그럼 무엇을 어떤식으로 의식하고 동작하는 것인가? 그것은 자신의 신체 조작에 관한 인식을 말한다. 우선 동작해야 할 기준 동작을 세부에 이르기까지 기억해야 한다. 행하여야 할 동작을 먼저 머리로 이해하고 기억하는 것이다. 그런 다음 기억을 따라 의식적으로 근육을 움직이고 그 운동을 재현한다. 그와 동시에 감각을 가지고 그 운동이 기억한 동작과 일치하는지의 여부에 의식을 집중하고 표준 동작을 재현한다. 상세한 동작의 기억에 따라 「신경을 쓰기」 위해서는 필연적으로 동작을 느리게 하지 않으면 안 된다.

이와 같은 「신경을 쓰는」 운동을 태극권은 백년도 더 되기 전에 개발했다. 그럼 또 한편

용력 – 힘을 쓴다

는 것은 어떤 운동인가? 그것은 무의식적으로 아무렇게나 하는 운동을 가리키는 것으로 생각된다. 혹은 어떻게 동작하는 것인가에 대해서 일단은 기억하고,

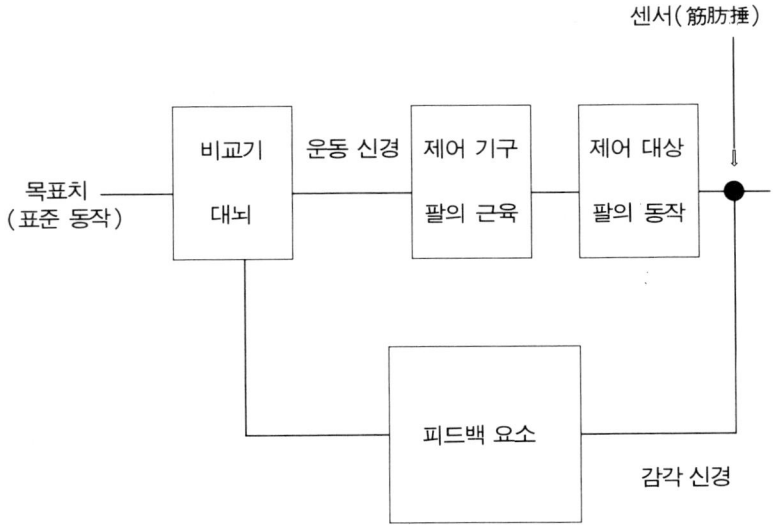

그대로 운동을 한다고 생각하며 동작한다고 해도 그것은 다만 생각했을 뿐이며, 그 기준 동작과 일치하는지에 의식을 집중하지 않을 경우에는 「힘을 쓰는」 운동이다. 보통은 누구나 어떤 식으로 움직일까 하고 「생각」하며 동작하기 마련이지만 실제로 동작 중에는 그 생각은 무의미하여 아무것도 생각하지 않는 것과 같다. 당연히 동작의 체크는 하지 않는다.

따라서 「신경을 쓴다」고 하는 것은

① **의식적인 동작**
② **의식적인 감각**
③ **의식적인 사고**

가 이루어지는 것이다.

이것을 335페이지 그림에서, 신경을 쓰는 운동에서 팔의 동작을 콘트롤하는 경우를 설명해 보자. 우선은 표준 동작을 기억하고, 그 이미지를 따라 제어 기구인 팔의 근육을 움직여서 제어 대상인 팔의 형태·동작을 행한다. 동시에 감각을 느끼며 그 동작이 기억한 표준 동작과 같은가를 판단하고, 차이가 있으면 근육을 미묘하게 제어함으로써 표준 동작에 일치시킨다. 이 동작이 현재 어떻게 되어 있는가를 아는 것은, 근육의 압력을 감지하는 센서인 근방추(筋肪錘)이다.

이렇게 해서 근육을 움직이고, 그것을 근방추로 감지해서 대뇌에 보내 대뇌에서 판단하고, 또 근육을 미묘하게 제어한다고 하는 피드백·제어계가 완결되는 것이다.

그 의의는 무엇인가? 인간은 기계가 아니라 생체(生體)이다. 때문에 조작기(操作器)라고 하는 시스템(糸)에 의식을 집중해서 동작하고, 그 학습 효과에 따라 각각의 기능, 피부의 예민도,

근방추의 기능, 대뇌의 기능 등이 발달한다. 특히 근육의 긴장도(緊張度) 센서인 근방추의 기능이 발달한다. 그렇다는 것은

몸의 소질을 변혁할 수 있다는 것

이다. 스포츠는 소질이다. 소질이 없는 사람이 아무리 좋아하더라도 프로 야구 선수나 프로 복서가 될 수 없다. 지방급의 선수, 국제급의 선수, 프로급의 선수 각각 어느 수준까지 갈 수 있느냐 하는 것은 소질에 의해 정해지며 노력으로 되는 건 아니다. 아무리 야구의 천재 플레이어라도 소질이 있는 사람을 발굴해 오지 않는 한 똑같은 선수를 양성할 수가 없는 것이다.

그러나 태극권만은 그 소질을 변혁시키는 방법을 개발했다. 그것이 슬로 모션 트레이닝이며, 그 키워드가

용의 불용력

인 것이다. 즉 「의식적으로만 훈련하라, 아무렇게나 하는 동작은 소질의 향상에 도움이 되지 않는다」고 하는 것이다.

10-4 용의 연체법

누구나 능숙해질 수 있다는 그 이론적 근거에 관해서는 앞의 절(節)에서 언급했다.

나는 누구나 능숙해질 수 있다고 확신한다. 그것은 무재주인 (인간에 비하여 훨씬) 원숭이가 능숙한 (아무리 무재주라도 원

숭이에 비하면 그래도 훨씬 낫다) 인간으로까지 진화한 그 방법을 재현하면 된다고 생각한다.

그럼 그 구체적인 방법은 무엇인가?

철저하게 의식적인 신체 운동

을 하는 일이다. 그리고 그것은 필연적으로

가능한 한 느긋하게 행할

필요가 있다. 이런 능숙함을 만들어내기 위한

연습법을 용의 연체법

이라고 이름짓기로 했다. 즉 「신경을 써서 몸을 단련하는 법」이란 뜻이며, 이런 경우의 몸은 능숙함이다.

그럼 무엇을 의식하면서 하는가? 그것은 신체 동작에 관한 정밀한 인식이다. 능숙함을 만들기 위한 교재로서 특별히 태극권이 아니더라도 상관없지만 다만 그것은 가능한 한 정밀해야만 한다. 그러나 정밀한 신체 조법(操法)의 교재로서는 현재 태극권의 투로(套路) 이외에는 어려우므로 그것을 사용하는 수밖에 없다.

태극권의 신체 조법이란 무엇인가? 그것은

경력 조작법

이다. 즉 태극권의 상세한 신체 조법은 경력 조법의 올바른 방법을 제시하고 있다. 그런 의미에서 간화(簡化) 24식 태극권은 건강법이지 무술이 아니라고 하는 식의 논의는 의미가 없다. 간화 24식이라도 어느 정도는 경력 조법을 익힐 수 있으며, 또 능숙함을 만들 수 있는 것이다. 단 고도한 경력 조법은 역시 전통권(傳統拳)을 배울 수밖에 없다.

합기도를 비롯해 대련식의 일본 무술에서는 의식을 자신의 신체로 돌리는 훈련법이 없으므로 능숙함을 만들어낼 수가 없다. 똑같은 이유에서 경력 조작법을 익힐 방법론이 없다. 경력 조작법을 익히려면 의식을 경력 조작법으로 돌린 단독 연습이 절대로 필요하다. 합기도에서는 「기의 힘」, 「호흡력」의 습득을 목표로 삼으면서도 그것을 터득하기 위한 단독 연습법이 없다는 것은 애석하기 그지없다.

여기서 제9장에서 명명한

용의 연기법

과의 차이를 말해 둔다. 용의 연기법의 안목은 의식적인 기법의 훈련을 계속적으로 되풀이하면 양질 전화(量質轉化)에 의해 그것은 무의식에 기억되고 무의식적으로 그 기술이 발현(發現)된다.

따라서 의식을 돌리는 대상은 기법이다. 예를 들면 「대전(對戰) 기법」을 익히려고 하면 의식을 대전 기법의 인식에 두고 연습을 되풀이하면 된다. 이 경우에는 능숙함을 만드는 경우와 달라 그렇게 슬로 모션이 아니라도 된다. 예를 들면 진식(陳式) 태극권처럼 스피드도 있고 기세도 있는 것을 말한다.

그것이 일부의 양식 태극권처럼 초(超)슬로 모션으로 행하여지게 된 것은 북경의 귀족들에게 발경의 진전(眞傳)을 전하는 것이 아까와서 그렇게 했다는 설을 내세우는 사람이 있는데, 격하게 움직여야만 무술이 되는 것도 아니고 오히려 슬로 모션이 소질이 없는 사람에게는 경력 조법을 터득시키는 데 이롭다. 또 소질을 향상시킬 수도 있으므로 그것은 교수법의 진보라고 할 수도 있다.

이와 같이 단독 연습에 의해서만 기법의 기화(技化)와 연체가 가능하다.

용의 연기법   분해 연습   의식은 기술에   기술을 만든다.
용의 연체법   슬로 모션   의식은 몸에   능숙함을 만든다.

10-5 트레이닝법 정리

스포츠 숙달법은 「되풀이하는 것」이며, 그것은 「형(型)」을 되풀이하는 것이었다. 그리고 형의 목적은 단순해야만 했다. 그럼 어떤 목적의 형을 필요로 하는 것인가?

우선 첫번째 목적은 「집중력」의 체현(體現)이다. 즉

기의 힘, 호흡력, 합기력, 발경력, 내기, 내경,
씨름의 힘, 타격력

을 익히기 위한 형이다.

무술의 경우 두번째의 목적은 「격투법(格鬪法)」의 습득이다. 태극권이면 추수(推手)이며, 합기도라면 팔 누르기수・손목 젖히기・수를 건 기술에서 벗어나는 등의 연습이다. 검도라면 머리치기나 손목치는 법, 또 그것을 받는 법 등 전투를 구성하는 개개의 기법을 습득한다.

그 기술에는

흩뜨리기, 합기를 건다, 화경, 타이밍

같은 요소의 훈련이 포함된다. 이런 기술의 습득은 대련이 주가 되지만 연구 노력해서 단독 연습을 도입하면 더욱 효율적이다.

세번째의 목적은 「대전법(對戰法)」의 습득이다. 이것은 격투법이나 집중력을 사용한 종합적인 싸움 방법이다. 거기에는

작전, 간격, 타이밍

등이 포함된다. 이런 것은 일반적으로 시합 연습에 의해 익힐 수 있는데, 우선 형 연습에 의해야 할 것이다.

이 책의 목적은 첫번째의 집중력이므로 그 범위에 한해서 다음 페이지에 훈련 방법을 정리했다.

발경력, 합기력의 훈련법

① 경력 기초 강화
근육 트레이닝, 러닝, 기공법 등에 의한 하체의 강화 단련.

② 손목 투철력
기구, 기공법에 의한 악장력(握張力)의 훈련.

③ 경력 조작법
용의 연기법에 의한 의식적인 신법(身法)의 훈련. 슬로 모션에서 서서히 스피드를 낸다.

④ 경력 강화법
의식적인 신근의 강화. 감각 훈련 뒤에 근육 트레이닝을 사용해도 된다.

⑤ 소질 향상
용의 연체법에 의한 의식적인 신법(身法)의 훈련. 용의 연기법과 다른 것은 초슬로 모션으로 행하는 점이다.

주의 : 손목 투철력이나 경력의 강화에서는 우선 신근 감각을 지도자에게서 전수받는 것이 필수 조건이다.

제 11 장
연체(鍊體)의 실천
소림 내경 일지선(一指禪)

소림 내경 일지선 소개

「발경의 연체」의 조건 중 하나에 「경력을 사용할 수 있는 체(體)」가 있다. 수련법은 각파 독특한 점이 있는데, 여기서는 유력한 공법(功法)인 소림 내경 일지선을 남경(南京)에서 온 유학생 하근(夏勤)씨에게서 소개받았다. 특히 동공(動功)은 경력의 강화에 유효하다.

하근씨는 홍균생(洪均生;陳發科宗師의 직제자) 선생에게서 오랫 동안 진가 노가식 태극권(陳家老架式太極拳)을 배웠으며 상당한 수준에 올라 있었다. 92년 말에 1년여의 유학을 끝내고 귀국했다.

이하 하근씨의 소림 일지선 초급 공법을 소개한다.

中國 南京市東南大學教師 夏勤

「소림 내경 일지선의 초급 공법을 소개합니다.

나는 남경에서 1983년부터 저명한 기공사(氣功師) 왕서정(王瑞亭) 선생에게서 소림 기공 내경 일지선을 배우고 있습니다. 선생은 그의 스승 궐아수(闕阿水) 선생으로부터 올바른 전통을 계승한 분으로 현재는 중국기공과학연구회 공리공법(功理功法) 위원회의 고문을 지내고 있습니다.

소림 기공 내경 일지선은 중국 복건(福建) 소림사에 전하는 연공(練功)이라든지 선림 정공(禪林靜功)이 있습니다. 일지선은 공법이 많고 연공(練功)의 방법도 독특하며, 그 특징은 「입정(入靜)」과 「의수(意手)」가 필요없다는 것입니다. 수행을 계속하면 건강해지고 수명이 길어지며 정(精), 기(氣), 신(神), 힘이 일체가 됩니다. 그 때 병도 낫고, 동시에 내기가 외방(外放)하고 외기(外氣) 치료를 할 수 있게 됩니다.

　여기서는 일지선의 초급 공법을 소개하지만 그밖에 고급공(高級功)이 있습니다. 예를 들면 고급의 열신공(熱身功), 행공(行功), 철환공(鐵環功), 채기공(採氣功) 등입니다.」

소림 내경 일지선 초급 공법

1. 열신법(熱身法)
　① 요단전(搖丹田) ② 마단전(摩丹田) ③ 전단전(轉丹田)
　④ 압단전(壓丹田) ⑤ 제단전(提丹田) ⑥ 납단전(拉丹田)
　⑦ 차단전(搓丹田) ⑧ 곡단전(曲丹田) ⑨ 마단전(磨丹田 ; 磨豆腐)

2. 마보 참장공(馬步站桩功)

3. 판지법(板指法)(抗老益壽板指法)

4. 동공(動功)
　①쌍비 남월(雙臂攬月) ②십자수(十字手) ③포구(抱球) ④단봉 조양(丹鳳朝陽) ⑤선인 지로(仙人指路) ⑥역벽 화산(力劈華山) ⑦해저 노월(海底撈月), 회중 포월(懷中抱月), ⑧패왕 거정(霸王擧鼎)

5. 조기공(調氣功)
　①납기(拉氣) ②전기(轉氣)

6. 수공(收功)
　①수세(收勢) ②뇌성(雷聲 ; 內氣)

1. 열신법

① 요단전

① 오른발을 내딛고 궁보(弓步), 왼손은 허리에, 오른손은 손바닥을 앞으로 향하고 오른무릎의 바깥쪽에 둔다.

② 오른손을 앞에서 올리고,(사진의 방향 변경)

③ 바로 위까지 올리면 손바닥을 바깥쪽으로 돌리고,

제11장 연체(鍊體)의 실천 – 소림 내경 일지선(一指禪)   347

④ 다시 뒤로 돌려서,
주 : 사진 방향 변경

⑤ 원래의 자세로
되돌아간다. 적어도 20회를
돌린다. 우측이 끝나면 좌측을
똑같이 행한다.
주의 : 팔꿈치를 펼 것.
처음에는 느긋하게 하고 차츰
빨라진다. 눈은 전방을 본다.
상체는 곧게 유지한다. 호흡은
자연스럽게. 발뒤꿈치는
띄우지 말 것.

② **마단전**

① 두 발을 평행으로
벌리고 어깨 넓이로 서서
무릎을 굽힌다. 양손을
자연스럽게 늘어뜨린다.

② 허리를 왼쪽으로 비틀고 오른손을 몸 앞으로 옮긴다. 다섯 손가락을 자연스럽게 펴며 엄지손가락은 몸쪽에, 손바닥은 오른쪽으로 돌린다. 왼손은 왼허리의 뒤가 된다. 왼손바닥은 밖으로 돌린다.

③ 오른손을 몸에 따라 끌어올린다. 최대한 올린 데서 손바닥을 몸쪽으로 돌리고,

④ 허리를 오른쪽으로 돌리면서 오른손을 겨드랑이 밑을 통과하고,

⑤ 다시 손등을 몸쪽으로 돌려서 오른허리의 뒤로 내린다. 왼손이 몸 앞에 오면 엄지손가락은 몸쪽에, 손바닥은 왼쪽으로 돌린다. ②의 반대 자세이다.

⑥, ⑦ 여기에서 좌우 반대의 동작을 행한다. 좌우 각 20회.

주의 : 자세를 바르게, 눈은 전방을 주시한다.

③ 전단전

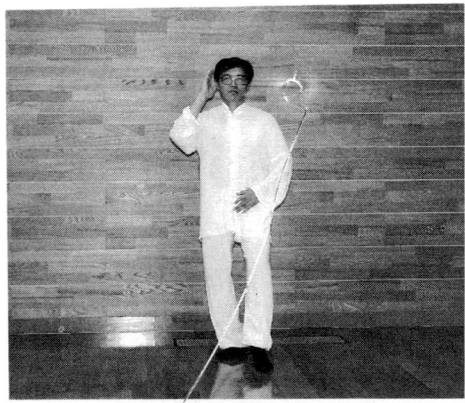

① 왼발을 앞으로 내고 오른발에 무게 중심을 두고 허보(虛步)가 된다. 오른손을 세워서 오른쪽의 태양혈(太陽穴)로 돌린다. 10cm 거리를 둔다. 왼손은 복부 앞에 둔다.

② 허리를 왼쪽으로 돌리고 오른손은 얼굴 앞을 지나서 왼쪽의 태양혈까지 돌린다. 눈은 전방을 주시한다.

③ 오른손을 복부 앞에 내리고 왼손을 세워서 태양혈로 돌린다. 10cm 거리를 둔다.

④ 허리를 오른쪽으로 돌리고 왼손을 오른쪽 태양혈까지 돌린다. 동시에 오른손도 오른쪽 몸쪽까지 돌린다.
주의 : 자세는 바르게, 어깨는 허리와 함께 돈다. 호흡은 자연스럽게. 항문(肛門)을 죈다. 회수 20회, 오른쪽 허보로 바꾸고서 20회.

④ 압단전

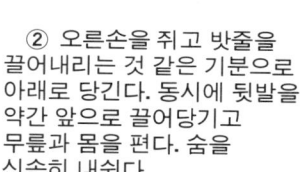

① 오른발을 반 걸음 앞으로 내고 오른무릎을 굽힌다. 오른팔은 오른귀 옆에서 위로 내뻗는다.

② 오른손을 쥐고 밧줄을 끌어내리는 것 같은 기분으로 아래로 당긴다. 동시에 뒷발을 약간 앞으로 끌어당기고 무릎과 몸을 편다. 숨을 신속히 내쉰다.
주의 : 끌어내릴 때 힘을 준다. 호흡은 오름에서 들이쉬고 내림에서 내쉰다. 자세는 똑바르게 유지한다. 눈은 전방을 유지한다. 회수는 7회. 다시 왼손으로 바꾸고 7회.
앞단전은 고혈압이나 내장 하수(內藏下垂)인 사람은 하면 안 된다.

⑤ 제단전

① 오른발을 앞으로 크게 내고 오른쪽 궁보(弓步)가 된다. 양손의 손등을 맞춰서 몸 앞으로 내민 다음 좌우로 나누고.

② 다시 무게 중심을 뒤로 옮기고 양손을 몸 옆으로 당긴다. 숨은 들이쉰다. 눈은 전방을 주시한다.

③ 두 주먹을 쥐고 겨드랑이 밑을 지나서 가슴 앞으로 격하게 밀어올린다. 동시에 오른무릎을 굽히고 왼무릎은 편다. 숨은 짧고 격하게 내쉰다.

④ 앞페이지의 ②와 같다.
측면에서 본 것.

⑤ 앞페이지의 ③과 같다.
측면에서 본 것.
　주의 : 7회 이상 행한다. 발을
바꾸고 7회 이상.

⑥ 납단전

① 왼발을 반 걸음 앞으로
내고 발 끝을 전방으로 돌려서
자연스럽게 선다. 양손을
자연스럽게 늘어뜨린
자세에서 왼손은 앞에,
오른손은 뒤에 수평으로
올려서 손바닥을 위로 돌리고
오른손의 노궁혈(勞宮穴)을
주시한다. 숨을 들이쉰다. 두
팔은 일직선이 된다.
발뒤꿈치를 띄우지 말 것.

② 숨을 내쉬면서 두 손을 내리고.

③ 허리를 왼쪽으로 돌리고 오른손을 앞, 왼손을 뒤로 펴고 왼손의 노궁혈을 주시한다. 숨을 들이쉰다. 10회 되풀이한다. 다시 발을 바꾸고 10회.

⑦ **차단전**

① 왼발을 크게 한 걸음 내디딘 좌궁보(左弓步)가 된다. 왼손은 손바닥을 위로 돌려서 무릎 위에 놓고, 오른손은 왼손에 맞춰서 손가락을 늦추고 편다.

② 오른손가락으로 왼팔의 안쪽을.

③ 오른어깨까지 쓸어올린다.
주의 : 어깨까지 쓸어올렸을 때는 앞다리는 펴고 뒷다리는 굽혀도 된다. 이 때 몸을 가능한 한 편다. 호흡은 가늘고 균일하게, 깊고 길게 한다.

⑧ 곡단전

① 왼발을 크게 왼쪽 옆으로 내딛는다. 무게 중심은 두발의 한가운데에 둔다. 오른팔을 굽혀서 수직으로 세우고 손바닥은 비틀어서 약간 오른쪽 옆으로 돌린다. 왼손은 몸 앞에서 손바닥을 아래로 돌린다. 이 자세에서 오른무릎은 굽히고 왼다리를 펴서 몸을 가능한 한 오른쪽으로 쓰러뜨린다.

② 왼무릎을 굽히고 오른다리를 펴서 무게 중심을 왼쪽으로 옮긴다. 왼손을 왼어깨 앞에 올려 안쪽으로 비틀고, 오른손은 아래로 내려서 손바닥을 아래로 돌리고.

③ 몸을 가능한 한 왼쪽으로 쓰러뜨리고 눈은 전방을 주시한다.
 주의 : 몸은 곧바로인 채 옆으로 충분히 쓰러뜨린다. 약간 만곡(湾曲)한 자세가 된다. 숨은 몸을 일으켰을 때에 들이쉬고 쓰러뜨렸을 때에 내쉰다. 고혈압이나 심장병 환자는 힘을 주지 말 것. 좌우 각 7회 행하고, 끝난 뒤 똑바로 선다.

⑨ 마단전

① 왼발을 내딛어서 좌궁보(左弓步)가 된다. 오른손은 허리에 둔다. 엄지손가락은 뒤로 돌리고, 왼손은 손가락을 자연스럽게 펴서 왼쪽 가랑이 관절 앞 10 cm 정도에 둔다. 손바닥은 아래로 돌리고 손 끝은 앞으로 돌린다. 논은 바깥 노궁혈을 주시한다.

제11장 연체(鍊體)의 실천 – 소림 내경 일지선(一指禪) 357

② 이어서 왼손을 역시계(逆時計) 방향으로 돌린다. 우선 오른쪽으로 펴고,

③ 오른쪽에서부터 앞으로 돌려서 펴고.

④ 다시 왼쪽으로 돌려서 원점으로 되돌린다. 이와 같이 해서 원을 그리기를 5회. 다음에 시계 방향으로 원을 5회 그린다. 손과 다리를 바꿔서 각 5회.
　주의 : 전신을 릴랙스하고 느긋하게, 부드럽게 위아래 가협조되게 하며, 자연 호흡으로 고르게 원을 그린다.

2. 마보 참장공

① 어깨 넓이로 서서 릴랙스하고 똑바로 선다. 단 양발 끝은 안쪽으로 돌린다. 좌우 발 모두 안쪽으로 10도. 양팔은 자연스럽게 늘어뜨리고 손바닥은 몸으로 돌린다. 눈은 전방을 주시한다.

② 손바닥을 마주하게 하여 전방으로 내민다.

③ 손바닥을 위로 돌려서 양손을 허리로 끌어당겨 온다. 팔꿈치는 둥글게.

④ 허리에서 밖으로 원을 그려서.

⑤ 몸 앞에 내밀고 손바닥을 아래로 돌린다.

⑥ 동시에 무릎을 굽히고 마보(馬步)가 된다.
　이 자세로 30분을 선다. 초보자는 10분에서 20분을 선다. 입정(入靜)하지 않는다. 의수(意守)하지 않는다.

3. 판지법(항로익수 판지법)

이 공법은 일지선의 일대 특징이자 주축이 된다.

마보 참장공으로 10분에서 20분을 선 뒤에

(1) 우선 집게손가락을 느긋하게 굽히고 1분 반~2분을 정지하고 느긋하게 되돌린다.

(2) 이하 다음의 순서를 똑같이 행한다.

1. 집게손가락
2. 약손가락
3. 엄지손가락
4. 새끼손가락
5. 가운데손가락

(3) 동시에 이 손가락과 대응하는 발가락을 땅바닥에 누른다.

(4) 이상을 셋 내지 다섯 세트를 행한다.

(5) 종료하면 마보 참장공을 5분간 행한다.

주의 : ① 순서를 바꾸면 안 된다. ② 속도는 느긋하게. ③ 만약 현기증이 나면 일단 수공(收功)을 하고서 쉬고 뜨거운 차를 마신다.

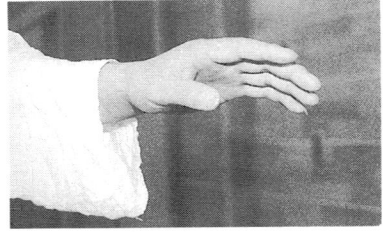

① 마보 참장공으로 손바닥을 와상(瓦狀)이 되게 커브시킨 것.

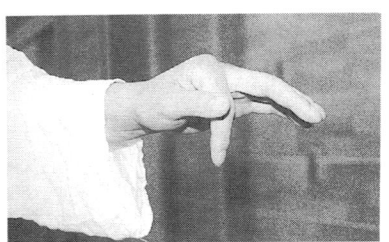

② 우선 집게손가락을 굽힌다. 동시에 둘째발가락을 굽힌다. 1분 반에서 2분.

제11장 연체(鍊體)의 실천 — 소림 내경 일지선(一指禪)　361

③ 약손가락을 굽힌다.
동시에 네째발가락을 굽힌다.

④ 엄지손가락을 굽힌다.
동시에 엄지발가락을 굽힌다.

⑤ 새끼손가락을 굽힌다.
동시에 새끼발가락을 굽힌다.

⑥ 가운데손가락을 굽힌다.
동시에 가운데발가락을
굽힌다.

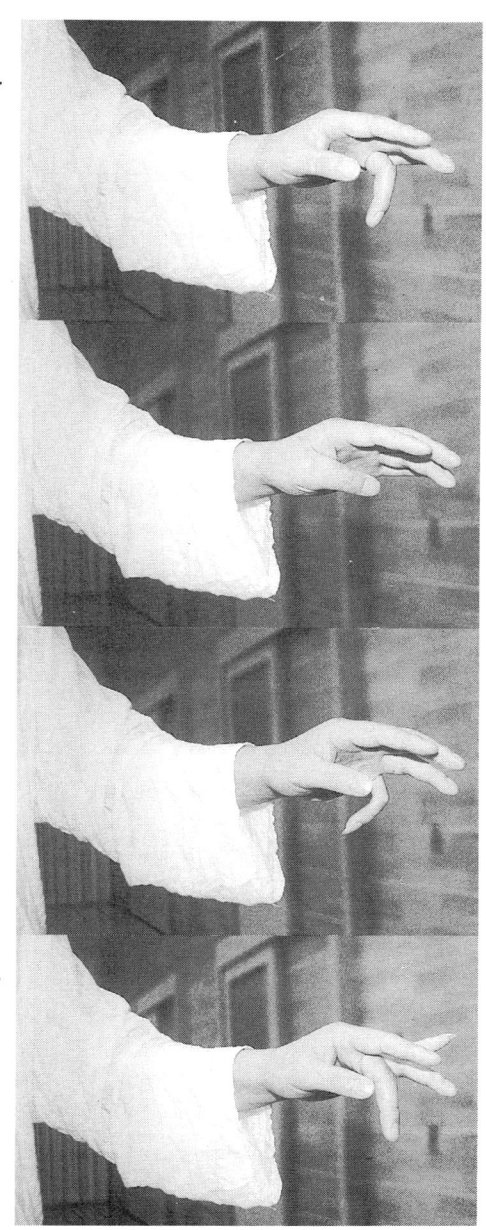

마보 참장공의 요령

1. 두 발의 간격은 어깨 넓이로 한다.
2. 두 발의 발 끝은 10도 안쪽에 넣는다.
3. 발 끝으로 땅바닥을 잡고 선다. (十趾抓地)
단 너무 힘을 주면 안 된다.
4. 무릎을 굽히지만 무릎은 발 끝을 넘어서면 안 된다.
5. 배를 죄고 항문은 꽉 조른다. (收腹, 提肛)
   이것은 하작교(下鵲橋)를 건너는 법이다.
6. 혀를 윗턱에 붙인다. 이것은 상작교(上鵲橋)를 건너는 법이다.
7. 원당(圓膅), 허리와 고관절(股關節)도 늦춘다.
8. 함흉 발배(含胸拔背). 허령 정경(虛領頂頸). 침견 추촌(沈肩墜肘).
9. 눈은 수평을 본다. (二目平視)
10. 코 끝과 배꼽은 동일 수선상(垂線上)에 있다.
11. 백회(百會)와 회음(會陰)은 동일수선상에 있다.

12. 겨드랑이는 릴랙스.
13. 손목을 수평이 되게 하여 두 손목은 평행이 되게 한다.
14. 팔꿈치에서 가운데손가락까지 일직선이 되게 한다.
15. 손바닥은 와상(瓦狀)으로 약간 커브시킨다.
16. 손가락의 모양은 제형(悌形). 엄지손가락과 집게손가락은 압취형(鴨嘴形)이 되게 한다.
17. 상반신은 릴랙스하고 각부(脚部)는 충실케 한다.(上虛下實) 미소를 띠우고 자연 호흡.
18. 입정(入靜)하면 안 된다. 의수(意守)하면 안 된다. 다른 기공의 방법과 개념을 섞으면 안 된다. 자세 동작은 특별히 바르게 하지 않으면 안 된다.
19. 시간은 30분, 초보자는 짧아도 된다. 체력이 증강함에 따라 마보(馬步)를 낮춘다. 몸 밖으로의 투철력이 폭발적으로 강대해진다.

4. 동공

(1) 쌍비 남월
① 마보 참장공에 이어서 두 손바닥을 위를 향하게 하고.

② 두 손을 허리로 끌어당겨서.

③ 밖으로 돌려 오른손을 위로 들어올려서 손바닥을 아래로 향하게 하고.

제11장 연체(鍊體)의 실천 – 소림 내경 일지선(一指禪)　365

④ 가슴 앞에서 오른손을 위가 되게 하고 양손목을 평행이 되게 맞춘다. 거리는 10cm. 손가락은 제형(悌形)이 되게 한다.
오른손의 노궁혈과 왼팔꿈치의 곡지혈(曲池穴), 왼손의 바깥 노궁혈과 오른팔꿈치의 소해혈(少海穴)을 맞춘다. 어깨는 릴랙스. 5～10분. 자연 호흡.

⑤ 느긋하게 두 팔을 좌우로 벌리게 한다.
이것은 납기(拉氣)라고 한다.

⑥ 좌우 수평으로 벌리고 1～3초 멈춘다. 이어서 느긋하게 ④의 자세로 되돌아간다.
이것은 진기(進氣)라고 한다 벌리기에서 들이쉬고 맞추기에서 내쉰다. 7회 반복.

(2) 십자수

① 쌍비 남월에서 두 손을 몸쪽으로 내린 다음, 이어서 가슴 앞에서 손을 십자(十字)로 낀다. 가슴에서 10cm 떨어진다. 손 끝은 바로 위를 향한다. 오른손이 몸쪽.

② 위와 같다. 측면에서 본 사진.

③ 발가락으로 땅바닥을 딛고 배와 항문을 꽉 조르고(十趾抓地, 收腹, 提肛) 다리의 부분에 힘을 주어서 허리, 등, 팔을, 그리고 최후에 손 끝을 신장시킨다. 마지막으로 머리의 부분도 위쪽으로 신장 시킨다. 숨을 내쉰다. 단 어깨와 목은 릴랙스.
 주의 : 전신을 릴랙스하고 손을 가슴 앞으로 되돌린다. 숨을 들이쉰다. 7회.

(3) 포구

① 십자수에서 마보 참장공의 자세로 돌아가고, 손바닥을 위로 향하게 하여 두 손을 허리로 끌어당긴 다음 밖으로 돌리고.

② 몸 앞에서 공을 안는 자세를 취한다. 오른손은 단중혈(壇中穴)의 앞, 왼손은 신궐혈(神闕穴)의 앞, 양손의 노궁혈은 마주한다.

③ 포구(抱球) 5~10분 후 양손을 떼어 놓는다. 왼손은 회음혈(會陰穴)까지, 오른손은 백회혈(百會穴)까지 당긴다. 1~3초 멈춘다. 이것이 납기이다.
주의 : 느긋하게 포구의 자세로 되돌아가서 1~3초 멈춘다. 이것은 압기(壓氣)라고 한다. 7회 반복.

(4) 단봉 조양

① 포구에 이어서 손바닥을 위로 향하고 양손을 허리에 둔다. 목은 릴랙스하여 머리를 곧바로 하고, 코로 들이쉬고 입으로 내쉰다. 눈은 전방을 본다.

② 왼손을 손바닥 위로 향하여 앞으로 내밀고.

③ 손바닥을 아래로 향하게 하고.

제Ⅱ장 연체(鍊體)의 실천 – 소림 내경 일지선(一指禪) 369

④ 팔꿈치를 굽혀서 두 손바닥을 합친다. 거리 10cm. 좌우의 노궁혈을 상대한다. 2~3초 멈춘다.

⑤ 왼손을 앞으로 뻗고.

⑥ 손바닥을 위로 향하고(사진) 허리로 되돌려서 ①의 자세로 되돌아간다.
  주의 : 다음에 오른손으로 행한다. 좌우로 1회씩 7세트 행한다.

(5) 선인 지로
① 단봉 조양의 예비 자세①로 되돌아가서 (368페이지), 손바닥을 위로 향한 채 두 손을 내민다.

② 손바닥을 아래로 향하고.

③ 두 손을 허리로 끌어당겨 작게 원을 그리고 손바닥을 위로 향하게 하여 허리에 둔다.
주의 : 단봉 조양과 마찬가지로 다리를 뿌리로 삼고서 힘을 낸다. 다리는 허리를 밀고, 허리는 등을 밀고, 등은 팔을 밀고, 팔은 손을 민다. 즉 경력의 강화 단련이다. 밀 때는 내쉬고, 당길 때는 들이쉰다. 당기기는 전신 릴랙스. 전방을 주시하고 7회 반복한다.

(6) 역벽 화산

① 왼발을 옆으로 벌린다. 무게 중심은 두 발의 사이. 가슴 앞으로 가슴에서부터 10cm 떨어져서 두 손을 교차시킨다. 손가락은 바로 위로 향한다.

② 바로 위로 편다. 동시에 숨을 들이쉰다.

③ 허리를 쓰러뜨리고 힘을 내서 앞의 아래쪽으로 호형(弧形)을 그리고,
　주의 : 고혈압, 심장병 환자는 힘을 내지 않도록 한다.

④ 산을 둘로 쪼갠다는 의식으로 힘을 내서 쳐내린다. 숨은 내쉰다.
주의 : 릴랙스해서 이전으로 되돌아간다. 숨을 들이쉬고 7회 반복. 허리에서 손 끝까지 신장력을 사용한다. 무릎을 굽히지 않는다. 경력 강화가 된다.

(7) 해저 노월, 회중 포월

① 역벽 화산의 끝, 가슴 앞에서 두 손 교차(交差)로부터 두 손바닥을 바로 앞으로 돌리고, 막을 당기는 것처럼 좌우 수평으로 벌린다. 힘은 양측으로 민다. 손 끝은 위로 향하고 숨을 들이쉬며 1~3초 정지. 팔꿈치는 다 펴지 않는다.
대자장(大字椿)이다.

② 허리를 쓰러뜨리고 두 손을 느긋하게 내린다. 동시에 숨을 내쉰다. 팔은 릴랙스. 손 끝에 기를 통하고 마주한다. 이것이 해저 노월의 자세. 무릎을 굽히지 말 것. 머리는 숙이지 않고 눈은 전방을 본다.

③ 숨을 들이쉬며 허리를 펴고 일어선다. 손 끝에 기를 통하고 무거운 것을 드는 것처럼 가슴 앞까지 올린다. 수견 추촌(垂肩墜肘)이 되도록 주의. 이것이 회중 포월의 자세.
　주의 : 7회 반복한다.

(8) 패왕 거정

① 회중 포월의 자세에서 두 손을 느긋하게 쇄골(鎖骨) 위에서 손바닥을 위로 돌리고.

② 두 손을 머리 위로 밀어올린다. 대퇴, 허리, 팔로 긴장시키지 않고 신장(伸張)한다. 두 가운데손가락을 마주한다. 숨은 들이쉰다.

③ 팔을 릴랙스하여 호(弧)를 그려서 어깨의 높이까지 내리고 좌우로 민다. 대자장이다.
팔꿈치는 다 펴지 않는다. 1~3초 숨을 정지, 수복 정흉(收腹挺胸). 양퇴 협긴(兩腿挾緊). 발의 중심에 힘을 가라앉힌다.
상하지(上下肢) 다같이 신장력을 충분히 낸다. 느긋하게 팔을 내린 다음 되풀이한다. 7회.

5. 조기공

(1) 납기

① 대장장에서 이어서 두 손을 안쪽으로 끌어당기며 허리로 내리고(손바닥 위로 향해), 밖으로 돌려서.

② 단전 앞 10cm에서 포구(抱球)의 자세를 취한다. 오른손 위, 두 손의 간격도 10cm. 노궁혈을 맞춘다.

주:(3) 포구의 ①~②와 비슷하다.

③ 두 손을 돌려서 손바닥을 몸으로 향하게 한다. 오른손 바깥, 왼손은 안쪽. 왼손등에 오른손바닥을 향하게 한다. 다시 돌려서 왼손 위, 오른손 아래가 된다. 다시 돌려서 왼손 바깥, 오른손 안쪽이 되게 하고, 손바닥을 몸으로 보내어 오른손등에 왼손바닥이 향하게 한다. 이전으로 되돌아간다. 3회. 이것은 곤기(滾氣)이다. 되돌아간 데서 두 손을 비스듬히 보내고.

④ 오른손은 오른쪽 비스듬히 위로, 왼손은 왼쪽 비스듬히 아래로 길게 늘인다. 숨은 들이쉰다. 1~3초 멈춘다. 이것은 납기이다.

⑤ 느긋하게 같은 코스로 되돌려보낸다. 이것은 압기이다. 숨은 내쉰다. 다시 예비 자세로 되돌아가서 곤기에서 손을 돌리고 왼손을 위가 되게 하여 반대 동작을 행한다. 좌우로 1회씩 3~5세트를 행한다.
　주 : 손의 중심은 언제나 마주한다.

(2) 전기

① 납기의 끝인 포구의 자세에서 오른손을 외전(外轉)하여 위로, 왼손은 내전(內轉)하여 아래로.

② 이어서 오른손바닥은 하늘로 보내고 왼손은 땅바닥으로 보낸다. 두 손을 위아래로 밀어서 편다. 3회 숨을 들이쉰다. 정천 입지(頂天立地) 또는 금강 탁천(金剛托天)이라고 한다.

③ 오른손은 이마 위, 손바닥을 앞의 방향, 왼손은 배의 앞으로. 오른손을 왼쪽으로, 왼손을 오른쪽으로 밀어 펴면서, 동시에 몸을 왼쪽으로 측만(側湾) 시키기를 3회. 숨은 내쉰다. 이것을 전기라고 한다.

주 : 힘을 우력적(偶力的)으로 작용시키는 것이다.

④ 릴랙스하며 허리를 펴고 오른손은 오른쪽으로 하전(下轉)하고, 왼손은 왼쪽으로 상전(上轉)하여 수평이 되게 한다. 숨을 내쉰다. 이것을 팔괘권(八卦圈)이라고 한다. 그래서 대자장, 두 손바닥을 세워서 좌우로 민다. 1~3초. 기는 대능혈(大陵穴)을 꿰뚫는다. 숨은 들이쉰다.
주 : 팔괘권은, 즉 태극 마크를 그리는 것.

⑤ 오른손은 하전(下轉)하고, 왼손은 상전(上轉)해서 오른손은 땅바닥을 누르고(按地勢), 왼손은 하늘을 얹는 자세(托天勢)가 된다.

주 : 이어서 전기. 몸을 오른쪽으로 측만(側彎)하고, 왼손을 오른쪽으로, 오른손을 왼쪽으로 밀어서 펴기를 3회. 숨은 내쉰다. 이어서 금강 탁천. 오른손바닥은 위로, 왼손바닥은 아래로 밀어서 펴기를 3회. 숨은 들이쉰다.
이어서 팔괘권. 두 손을 수평이 되게 한다. 숨은 내쉰다.
이어서 대자장. 1~3초. 손가락은 바로 위에 보내서 세운다. 숨은 들이쉰다.
이상을 1회씩 3~5세트 행한다. 대자장으로 끝난다.

6. 수공

(1) 수세(收勢)

① 전기의 끝인 대자장에 이어서 손목을 외전하고 손바닥을 위로 보낸다. 팔꿈치를 느슨하게 할 것. 숨을 내쉰다.

② 팔꿈치를 중심이 되게 하여 두 손을 안쪽으로 돌린다. 우선 귀 앞을 지나서 호를 그리며(동시에 숨을 들이쉰다).

③ 손바닥을 아래로 느긋하게 내려보낸다. 숨도 천천히 내쉰다. 기는 용천(湧泉)에 떨어뜨린다.
주: ①~③을 세 번 반복하고서 끝난다. 숨은 손을 들 때에 들이쉬고, 내릴 때에 내쉰다. 수공은 반드시 행한다.

제11장 연체(鍊體)의 실천 — 소림 내경 일지선(一指禪)   379

(2) 뇌성(압기)

① 왼발을 왼쪽 비스듬히 앞으로 내딛어 궁보(弓步)가 된다. 왼손바닥을 위로 향해 무릎 위에 놓고 오른주먹을 왼손바닥 위에 얹는다.

② 주먹을 오른쪽 뒤로부터.

③ 머리 옆으로 치켜올려 (혀를 윗턱에 붙이고 숨을 들이쉬며).
주 : 「얏」하고 큰소리로 기합 소리를 내고 왼무릎 위의 손바닥을 철추(주먹의 새끼손가락 쪽)로 맞춘다.
사진①과 같은 자세이다.
이상으로 소림 내경 일지선을 끝낸다.

내공비결

중관 지음 / 값 15,000원

고전과 현대의 내공 수련법을 진실하게 해설하여 내공의 진위를 가릴 안목을 키워 줍니다.

기공수련 중의 궁금증을 시원하게 해결 할 수 있습니다.

내공세계의 진실

기공, 내공, 무술, 양생술, 중국 의학의 기본 이론과 중국 고대 문명의 철학 사상에 까지 이야기식으로 해설하여 초보자가 쉽게 알고 실천 할 수 있습니다.

기공의 원류과 태극 사상, 하도와 낙서의 설명을 명쾌한 해설로 이해 하십시오.

동양철학, 기공 지도자의 필수 지침서!

최초로 공개하는 차력의 속임수와 위기공의 진실을 맛 보십시오.

팔단금과 역근경 등의 고대 수련법은 어떻게 구성되어 있으며 그 수련의 본질은 무엇인지 상세하게 설명하고 있습니다.

이 한권의 책으로 더 이상의 의문은 없습니다.

무술 비디오 테이프 전문판매

 무술서적 전문 출판사인 서림문화사에서 서림미디어사를 창립하여 중국무술, 기공, 무술, 건강테이프 및 VCD, CD롬 타이틀을 전문제작 판매 합니다

테이프 각개 25,000원

진식 태극권	(노가1로)	42분	우슈 장권	(교본 별도 판매)	
진식 태극권	(노가2로)	25분	무술대관	(43개의 권술 · 무기술)	
진식 태극권	(56식)	25분	중국무공	(34개의 권술 · 무기술)	
양식 태극권	(24식)	25분	중국 경기공	(교본 별도 판매)	
양식 태극권	(40식)	25분	팔극권	(교본 별도 판매)	
양식 태극권	(48식)	30분	합기도 교범 1편(기초 천기편	10~9급)	
42식 태극권	(각파 종합)	30분	합기도 교범 2편(초급 지기편	8~7급)	
42식 태극검	(각파 종합)	30분	합기도 교범 3편(중급 내기편	6~5급)	
무식 태극권		30분	합기도 교범 4편(고급 외기편	4~3급)	
우슈 남권	(교본 별도 판매)		합기도 교범 5편(대급 기합편	2~1급)	

*합기도 교범 교본(1~5) 별도 판매

문의처:서림미디어

전화 : (02) 762-2305 (02) 742-7070 / FAX (02) 745-4802
　　　　주소 : 110-126 서울시 종로구 종로6가 213-1(영안빌딩 405호)
송금계좌 :국민은행 028-01-0279-051 신종호 * 농협 027-01-157072 신종호

내공(內功) · 건강전문도서

제목	저자	가격
성능력 증강술	중 관 저	15,000원
지압 · 퇴나요법 (CD-ROM)	중 관 저	35,000원
중의경혈도 (전지칼라6장)	중관 편저	30,000원
내공비결 (CD-ROM)	중 관 저	15,000원
내공 · 양생술 전서	석원태 저	15,000원
기공과 차력술	박종권 저	15,000원
도인술과 양생법	석원태 저	12,000원
4계절 기공법	소신당 저	9,000원
선도 내공술	경기공추광단	7,000원
소림 내공술(1)	경기공추광단	8,000원
선기공 수련	이명호 저	12,000원
포박자(내편1)	갈 홍 저	8,000원
포박자(내편2)	갈 홍 저	8,000원
포박자(외편1)	갈 홍 저	8,000원
포박자(외편2)	갈 홍 저	8,000원
포박자(외편3)	갈 홍 저	8,000원
금선증론	유화양 저	8,000원
혜명경	유화양 저	10,000원
천선정리	오수양 저	8,000원
선불합종	오수양 저	7,000원
발경의 과학	강태정 역	10,000원
현묘지도	문경섭 저	8,000원
중국 의료 기공	박종관 편저	6,000원
중국인의 장생비록	석원태 역	9,500원
백만인의 요가	김주호 역	4,000원
기적의 속보 건강법	정 화 편저	4,000원
스트레스의 정복	서림편집부	3,500원
자기지압 · 맛사지 · 경혈체조	김주호 역	2,500원
발지압과 발목욕법(CD)	박진배 저	12,000원
발의술 건강법	와다베시미 저	9,000원
발의 지압 · 맛사지 치료법	강태정 역	9,000원
지압과 뜸	서림편집부	10,000원
지압 건강법	서림편집부	9,500원
실용 지압 치료법	박종관 저	9,500원
귀울림 치료(CD-ROM)	이명·난청 연구소	20,000원
위장병 다스리기	김영호 저	9,500원
허리병 다스리기	김영호 저	9,500원
알레르기병 다스리기	김영호 저	9,500원
혈압 다스리기	김영호 저	9,500원
갱년기 다스리기	김영호 저	9,500원
비만 다스리기	김영호 저	9,500원
갑상선 다스리기	김영호 저	8,500원
당뇨병 다스리기	김영호 저	9,500원
아토피성 피부염 다스리기	김영호 저	9,500원
실패한 금연 성공하는 금연	김영호 저	9,000원
태국 안마요법	박종관 편저	9,000원
기공치료와 호흡건강법	김주호 역	8,000원
단전호흡건강법	김주호 역	8,000원
선 · 단식(仙斷食)조기법	박종관 저	9,000원
7일완성 단식법	김주호 역	8,000원
36시간 단식법	서림편집부	8,000원
실용 단식 건강법	박종관 저	4,000원
체질탐구	최병일 저	9,000원
변비의 예방과 치료	서림편집부	4,000원
기적의 수면법	서림편집부	5,000원
자가 진단법	김영호 저	10,000원
최면요법	조지히들러 저	9,000원
여보, 그것도 몰라요?	서림편집부	4,000원
새시대의 건강전략	이상택 저	6,000원
성인병 정복의 길	이상택 저	4,500원
운동요법	김영호 저	8,000원
어린이 구급처치	김영호 편저	8,000원
엄마, 이렇게 키워주세요(1)	김인태 역	5,000원
엄마, 이렇게 키워주세요(2)	김인태 역	9,000원
엄마, 이렇게 키워주세요(3)	김인태 역	7,000원
행복한임신, 안전한출산	조만현 편저	8,000원
수험생의 건강작전	박종관 편저	6,000원
꿈해몽 대백과	강영수 저	20,000원

세계 7개국어로 번역보급된
공수도의 바이블!

강태정 역
나카야마 마사도시 저
명재옥 감수

베스트 空手道全書

공수무도의 진수로 알려진 일본 '나카야마(中山) 공수의 기법'을 전11권에 총수록한 공수도백과인 이 책은 이미 세계 7개국어로 번역보급되면서 '공수도의 바이블'로 일컬어지고 있는 것을 우리나라에서 독점계약으로 출판했다.

이 책은 기초이론에서부터 실전에 이르기까지의 기법과 동작 하나하나를 사진으로 상세히 설명하면서, 곁들여서 명선수들의 절대적인 비기(秘技)들을 적나라하게 공개하고 있다.

전11권

제1권 綜合編
제2권 基礎編
제3권 對鍊 I
제4권 對鍊 II
제5권 平安・鐵騎
제6권 拔塞・觀空
제7권 十手・半月・燕飛
제8권 岩鶴・慈恩
제9권 拔塞小・觀空小・珍手
제10권 雲手・狀鎭・二十四步
제11권 五十四步大・五十四步小・明鏡
　　　　(각권 4,500원)

서림문화사

110-126
서울시 종로구 종로6가 213-1(영안빌딩 405호)
전화(02)763-1445.742-7070
팩시밀리(02)745-4802

발경의 과학   값 15,000원

1판4쇄 2017년 4월 25일 인쇄
1판4쇄 2017년 4월 30일 발행

저   자/ 吉丸慶雪
번 역 자/ 강 태 정

발 행 처/ 서림문화사
발 행 자/ 신 종 호
주   소/ 경기도 파주시 광탄면 장지산로
        278번길 68
홈페이지/ http://www.kung-fu.co.kr
전   화/ (02)763-1445, 742-7070
팩시밀리/ (02)745-4802

등   록/ 제 406-3000000251001975000017호(1975.12.1)
특허청 상호등록/ 022307호

ⓒ1994.Baseball Magazme Co., Printed in Korea
本書는 日本의 Baseball Magazme社와 한국어판 발행을 계약한 도서임.
ISBN 978-89-7186-398-5 13510